中小学课堂教学改进丛书

主编 胡庆芳 王洁

改进数学课堂

GAIJIN SHUXUE KETANG

刘徽 等著

教育科学出版社
·北京·

出 版 人　所广一
责任编辑　樊慧英
责任校对　曲凤玲
责任印制　曲凤玲

图书在版编目（CIP）数据

改进数学课堂/刘徽等著. —北京：教育科学出版社，2011.11
（中小学课堂教学改进丛书/胡庆芳，王洁主编）
ISBN 978-7-5041-5562-7

Ⅰ.①改… Ⅱ.①刘… Ⅲ.①数学课—教学研究—中小学 Ⅳ.①G633.602

中国版本图书馆 CIP 数据核字（2011）第 204583 号

中小学课堂教学改进丛书
改进数学课堂
GAIJIN SHUXUE KETANG

出版发行	教育科学出版社		
社　　址	北京·朝阳区安慧北里安园甲9号	市场部电话	010—64989009
邮　　编	100101	编辑部电话	010—64989449
传　　真	010—64891796	网　　址	http://www.esph.com.cn
经　　销	各地新华书店		
印　　刷	莱芜市东方彩印有限公司	版　　次	2011年11月第1版
开　　本	170毫米×228毫米　16开	印　　次	2011年11月第1次印刷
印　　张	19	印　　数	1—6 000 册
字　　数	310 千	定　　价	31.00 元

如有印装质量问题，请到所购图书销售部门联系调换。

专业透视课堂问题，范例诠释教学改进

课堂观察和在此基础上的诊断改进是一种重要的、常规的，也是"专业性的教研活动"。课堂教学问题的诊断到位，有利于教学问题本身的顺利解决，同时也有助于教师之间相互学习，切磋技艺，从而优化教学艺术，实现专业水平的共同提高。在新旧课程转型的过程中，传统教研实践活动中重要的观课环节还没有真正充分体现课堂观察与问题诊断的专业性，凭经验进行判断的现象还比较突出，这些问题的存在制约了课堂教学问题的解决。在国内当前的课堂观察实践中，归纳起来主要存在以下几个方面的问题和不足。

1. 直接进入教学情境进行观察，淡化观察前对教学内容及教学目标的了解。课堂观察作为一种实践研究和问题诊断的专业活动，要求我们在进入课堂前对要观察的教学内容以及当堂课教学所要达成的目标有充分了解。这种充分的了解是观察的准备和前提，它使观察具有针对性，也使得课前计划和课堂实施有了比较的依据。观察者在进入课堂进行观察之前就必须对即将开展的教学活动有自己的理解和设想。严格意义上的观察不是一种随意进入教学情境就可以实践的活动，观察前的准备不可或缺。

当前，在新课程推进过程中，研究人员越来越多地深入到中小学，进入课堂进行"草根"研究（grass-root research），广大教研员、学科带头人不仅亲身进行课堂观察，还恰到好处地亲身演绎自己对新课程教学的理解。他们的经验表明，有了课堂观察前对教学内容及教学目标的透彻理解，自己做的教学预设，课堂观察的针对性和目的性就会大大提高，从而使得基于课堂观察所发现的问题以及由此提出的解决策略有了更强的指导意义。

2. 紧扣教学内容的完成程度进行观察，注重教学的结果，强调精心的预设和预设目标的达成，对教学过程中偏离预设而生成的新知识、新情境关注不够。传统的课堂观察是教学预设导向的，紧扣教学内容的覆盖和教学目标的达成，注重结果，而忽略鲜活课堂上生动情境中动态生成的新知识。这

1

种导向性的课堂观察，容易使教师有意或无意识地限制学生的个性思维，阻止偏离预设答案的思想火花的形成。

教师在课堂教学中比较关注课前的预设，注意力集中在如何完成预设的教学任务。课堂中，当学生的回答不是预设的答案时，教师要么置之不理，要么直接往预设的答案上引导，不会创造机会让学生自由表达真实的想法。当学生回答有困难或词不达意时，教师往往急于用填空式的问题去帮助他或换其他学生回答。多少年来，课堂所要掌握的知识点都以结论的形式呈现出来，而相关的各种评价也主要考查学生对结论的掌握程度，致使课堂观察陷入实践的狭隘误区而不能充分发挥其预警、诊断和指导的应有功能。

3. 注重教学环节或活动形式，缺乏对其质量和效率的深度审视。传统的课堂观察注重教学环节的完备和教学活动形式的多样。如果执教教师体现了这些形式，评课时往往就会得到很多的加分，但是这些环节和活动本身的质量问题却没有得到专业的审视与分析。

例如，课堂教学中的"互动"。新课程强调教师与学生之间、学生与学生之间的互动，于是许多教师在互动环节里连串地问，有的甚至满堂地问，学生齐声作答。这类问题往往并不利于学生思维的发展，可能还会限制学生的思维，久而久之还可能导致学生思维僵化、丧失创造性。注重教学环节是否完备的传统课堂观察活动，往往因为课堂气氛活跃而隐藏了现象背后的问题。

4. 注重教师教的过程，淡化学生学的过程，难以反映学生学习的情感体验和个性化学习风格的差异。传统的课堂观察，往往注重教师教的过程以及学生的配合程度，这种课堂观察是以教师为中心的，忽视了教与学是一个过程的两个方面。新课程积极关注学生学习过程中的情感体验和学习风格的差异，弘扬人文精神，力主对学生人格的尊重和对生命质量的人文关怀。

新课堂观察要体现新课程的理念，设置对学生学习差异性和内心情感体验关注的维度，力求全面观察到教学经历的全部事件，真实地、深层次地反映教学过程中重要的反馈信息。教师对学生学习过程中情感体验和学习风格差异的尊重可以从许多教学细节反映出来，包括尊重学生的隐私、人格、思维和表达的方式，创造性地设计适合不同学生认知方式的真实性任务，从而达到殊途同归的教学效果。新课程的教学不仅关注知识与技能目标的达成，同时还强调过程与方法、情感态度与价值观。在新课程实践过程中，围绕知识与技能目标的教学设计成为主流，其他的二维目标形同虚设而被边缘化。

5. 注重对规定教材内容的审视,对教师在课程二次开发过程中体现出的智慧与创造性关注不够。传统的课堂观察,以教材为本、以教材为纲的思想过于突出,限制了教师课程实施的创造性。适应了传统课程教学的教师最不适应的就是没有教参造成的失落感。"用教材而不是教教材"的观念转型,要求教师不能停留在教材本身所呈现的知识框架上面,而要根据学生的具体情况做灵活调整,或整合,或拓展,真正实现"用教材来教"。

新课程表达了"教师即课程"的先进理念,手头的教材是一种参考的文本,尚需教师基于自身的经验和理解对教材进行二次的开发和加工,最终实现把专家编制的课程变成教师自己理解的课程,并在鲜活的课堂上和学生合作,一起建构起教师与学生共享的课程。新课程的理念自然要反映到新的课堂观察中来,要求课堂观察充分关注教师对课程进行二次开发的程度。

基于对传统的课堂观察及其评价活动的反思,以及秉承"以专业理性的力量提升课堂观察与问题诊断的品质从而实现教学改进"的理念,"中小学课堂教学改进"丛书的研究团队将分学科深入到中小学课堂教学的第一线,和中小学第一线的教师们共同确定课堂教学中需要克服的教学难题并作为实践研究的专题,以团队合作的方式群策群力,以抓住问题不放松的执著与智慧,以打破砂锅问到底的气魄与韧性,直至促成课堂教学问题得到比较圆满的解决,并由此总结出与专题相关的对教学实践具有借鉴与指导意义的结论与观点,从而尽可能在最大范围内实现实践理性的辐射与推广。

"中小学课堂教学改进"丛书主要面向中小学第一线的广大教师、教研室教研员、教育研究机构的研究人员以及教师培训机构的培训工作人员。本丛书首批推出《改进英语课堂》《改进语文课堂》《改进数学课堂》和《改进科学课堂》。

希望并期待本套丛书的出版实现我们和谐奋进的研究团队良好的初衷!

胡庆芳
2010年11月于上海

目　　录

第一章　课例研究：共建智慧型课堂 /（1）

埃尔莫尔的橡皮隐喻提示我们"没有课堂教学层面的改革，就没有真正的课程变革"。在新课程理念的倡导下，当前的课堂教学正经历着一场重大的转型，教学从"技术行为"回归为"实践智慧"，构建智慧型课堂。要构建智慧型课堂，就必须有碰撞和对话，尤其是理论工作者与实践工作者在课堂上基于问题的共同研究。因此，我们需要完成两个重心移位，第一，把教学研究的地点从书斋移向课堂。第二，将教师培训的地点从培训中心转向课堂。课堂将成为教学研究和教师研训的主要基地，而这种理念的行动载体就是"课例研究"。

第一节　智慧型课堂：精彩的爵士乐演奏 /（3）

何为智慧型课堂？智慧型课堂犹如一场爵士乐演出，爵士乐和古典乐不同，如果说古典乐的演奏注重预成性、忠实性、精准性，爵士乐的演奏则注重音乐在情境中的生成性、创新性、和谐性。对于智慧型课堂来说，其外显特征是"机智地教学"。仅凭一个事件是不能判断这个教师是机智的，"机智地"更多地是指一种基调。

第二节　课例研究的实践探索：视角、方法和步骤 /（6）

课例研究的视角经历了以下几个转换：从"理论的实践化"转向"实践中的理论"；从"教的研究"转向"学

的研究";从"单一性研究团队"转向"多质性研究团队";从"归类评级"转向"鉴赏批评"。我们的课例研究之旅经历以下几个阶段:成立课例研究小组;明确课例研究的问题;教学和三维观课;集体反思和分享总结。在其中我们设计了教学改进循环图、三维观课参考、整体学生观察表、单个学生观察表推进课例研究的进行。

第二章 在数概念教学中奠基数感/(18)

数概念是《数学课程标准》"数与代数"的一部分内容,通过数概念的学习使学生学会用数字来描述现实世界,建立数感,发展初步的数感。其中,数感是《数学课程标准》中出现的一个新的词汇。什么是数感?如何把握学生的已有起点,从而完成在已有知识经验基础上数感的建构?什么样的教学活动设计有助于学生数感的发展?教师对于这些问题感到困惑。在数概念教学中奠基数感,是否有章可循?

第一节 课例研究报告/(18)

数概念教学要加强四个环节:①唤醒生活体验,理解数的意义;②搭建数形桥梁,体会数的组成和关系;③连接概念网络,建立数的关系;④通过问题解决,活化数的应用。具体的实践策略可以包括:①明确学生的认知起点;②把握关键的数概念;③创设连接的概念网络。

第二节 课堂教学实录/(31)

三次课表现出了这样的演进脉络:第一次课上学生通过教师的引导"有效"地记住了十进制、数的组成,但没有充分感知位值制,没有真正建立数的概念。第二次课教师创设故事情境启发学生,但因为没有呈现更大的数值网络,学生不能真正体会十进制的必要性。第三课通过"在生活情境中切身体会数，在概念网络中充分理解数"使学生对十进制和位值制原理有了更为深刻的认识。

第三节 教学设计改进/（64）

第一次课的教学设计在前测的基础上确立了教学的重点、难点，即对计数单位"十"的认识，并在"数的估算"和"数的关系"上设计了精巧的练习。在第一次教学中教师发现学生对11~20各数的读写和数序等都有良好的认识。第二次课的教学设计重点放在如何让学生真正体会计数单位"十"，但设计的情境因为没有能唤起学生更大的数值概念网络背景而收效一般。第三次课在设计中贯穿了铺设概念网络背景，帮助学生主动建构的思想，在设计了"慢羊羊杂货铺"的生活情境和在数轴上作出延伸，有效地建立起学生对计数单元"十"的认识。

第四节 同行教学评价/（74）

在研究团队的智慧共享下，"从一开始有分歧的'不能'到最后统一思想的'能'，作为一线教师的我们经历了一段坎坷的心路历程。"艾老师的几次教学，紧紧抓住了学生的困难，顺应了学生已有的认知，将认识计数单位'十'作为重点、难点展开教学，借助数轴刻画数的大小，运用'猜谜'、'介绍一个数'来丰富数概念，发展学生数感，使教学更有针对性，也更扎实有效……"

第三章 在计算教学中发现算理、活化算法/（83）

《数学课程标准》指出"应重视口算，加强估算，提倡算法多样化；应减少单纯的技能性训练，避免繁杂计算和程式化地叙述'算理'"。在计算教学中，如何在计算过程中引导学生发现算理，如何增强计算教学中的思考性，实现算法多样化和算法优化的统一整合？增加什么样的变式训练，能在提升学生的思维能力的同时兼顾速度和正确率？对于这些问题，教师感到疑惑。我们的课例研究能否在这些方面有所突破？

第一节 课例研究报告 / (83)

计算教学要加强四个环节：①发现算理，渗透数学思想；②启发学生，达成算法多样化；③归纳总结，贯彻算法优化；④运用计算，解决实际问题。计算教学还要坚持四个原则：①渗透数学思想层层推进，理解算理；②加强计算练习的趣味性和灵活性；③切忌为算法多样化而算法多样化；④关注估算能力的培养。

第二节 课堂教学实录 / (93)

三次课表现出了这样的演进脉络：第一次课忽视运用数学思想讲透算理以及在此基础上的算法多样化和优化。第二次课尝试运用数学思想讲透算理，但由于对学生认知起点、思维习惯上未能很好把握，因此引而不发。第三次课基本实现了渗透数学思想讲清算理，启发学生算法多样化，并及时对算法进行优化。

第三节 教学设计改进 / (124)

第一次课设计了让学生以小组合作方式编写口诀，练习题设计沿用了"1～8"类似的"乘法大转盘"等。第二次课的设计提供数轴图作为支架帮助学生独立编写口诀，呈现"百格图"帮助学生理解算理，练习设计更加多样化和多层次化。第三次课的设计练习纸充分激活学生已有的公式探究经验，使之能独立完整地编写口诀，多媒体的放映设计更符合儿童的认知特点，运用游戏的方式创新练习。

第四节 同行教学评价 / (135)

"数学与生活实践相联系是新课程改革的一大亮点，特别是计算课教学要与情境相结合，融合在解决问题中。

但现在我们老师总是为情境所困，为了创设情境而创设，往往出现牵强附会、本末倒置的现象……""比较王虹老师的几次试教，不难发现，王老师越来越明白什么样的数学学习才能真正促进学生学会学习。如'9的乘法口诀'的几次不同引入……"

第四章　在图形概念教学中建立空间观念/（138）

图形概念的教学涉及数学概念的建立问题。在图形概念教学中，如何让学生在操作的过程中体验图形概念？图形概念的教学中为什么要呈现图形的运动和变换？怎样呈现动态的图形？在认识图形的过程中，如何发展学生的空间想象力？在图形概念的教学中，怎样渗透一些思想方法？等等问题令教师感到困惑。在图形概念教学中建立空间观念，我们能不能找出有效良方？

第一节　课例研究报告/（138）

图形概念教学要加强四个环节：①呈现丰富表象，形成概念基础；②互动交流推进，明确概念定义；③引申联系，形成图形概念网络；④联系生活解决问题，发展空间想象力。同时，图形概念教学要坚持四个原则：①原形与变式并重；②展示与交流并重；③意象与定义并重；④体系与运用并重。

第二节　课堂教学实录/（150）

第一次课，教师通过找一找、画一画、拼一拼、做一做引导学生感知锐角和钝角，但学生没有充分感知锐角和钝角是范围角，没有形成图形概念的动态意象。第二次课，通过动态演示发展学生关于锐角和钝角的空间观念，并通过在生活中运用启发学生的空间想象力，但在呈现概念多角度变式、合理使用三角板等方面尚存不足。第三次课，通过呈现图形概念的各种变式和图形概念网络帮助学生充分辨析和确立图形概念。

第三节　教学设计改进/（176）

第一次的教学设计"锐角"和"钝角"的呈现失于单一静态，注重从生活中找角但忽略了到生活中运用角。第二次的教学设计用多媒体方式呈现动态的角群。第三次的教学设计关注呈现图形概念的多种变式和概念网络。

第四节　同行教学评价/（189）

"对比三次教学的教学语言，我发现，原来总有这样几句话在扣动着学生空间观念的那根'弦'……""运用旋转、平移、分割、叠加、延长等手法，直观清晰地展示图形的发生、发展、变化、演进的过程，将处于静止状态的图形的位置和形态，运用'运动变化'的观点理解为运动图形的特殊位置和形态。不仅可以使静态的图形具有活力，同时有利于学生揭示变化过程，概括图形处于某种特殊位置时的性质，以此培养学生化静为动的思维方式……""通过全程参与本次活动，我不仅收获了教学研究的相关知识，更为重要的是激起了自己对教学实践研究的兴趣。通过教学研究让自己的成长变被动为主动，相信这是处于'高原期'的我再次迈向新征程的起点吧！"

第五章　在图形公式推导中提升数学思维品质/（204）

在图形公式的推导中渗透了数形结合、推理归纳等思想，集中反映了数学思维品质的培养。如何通过创设有效的问题情境，提供合适的支架，引导学生主动推导出图形公式，并且在这个过程中发展和提升他们的数学思维品质，为后续的学习打好基础？抱着这些问题，开始我们的研究。

目　　录

第一节　课例研究报告 /（204）

图形公式推导要加强三个环节：①启发学生仔细观察、大胆猜想，培养思维的广阔性和灵活性；②引导缜密多样的推导过程，培养思维的严谨性和创新性；③帮助学生对推导进行归纳优化，培养思维的整体性和深刻性。同时，图形公式推导要坚持三个原则：①从"无图"到"有图"，从"有图"到"无图"；②从特殊到一般，从一般到更一般；③从形象到逻辑，从逻辑到直觉。

第二节　课堂教学实录 /（213）

第一次课主要问题是公式推导中没有规范学生的数学语言，没有及时对推导结果进行归纳整理。第二次课主要问题是留给学生的探究空间过小，教师包办代替过多。第三次课教师巧妙地创设了一组问题，引导学生自主探究，整节课学生兴致盎然，不断有精彩观点的诞生。

第三节　教学设计改进 /（241）

第一次课设计几组问题让学生分别推导出四组公式。第二次课问题减少，但课堂中教师实际给学生的探究空间也减少。第三次课巧妙地设计了一组问题，引发学生的探究兴趣，并设计后续的思考问题延伸课堂。

第四节　同行教学评价 /（251）

"你可以很快地告诉学生他们需要知道的，但是他们会更快地忘记你告诉他们的。郑老师在教学过程中让学生大胆猜想、假设、提出一些预感性的想法，实现对事物的瞬间顿悟，有利于促进学生创造性思维的发展……""对知识呈现的'时机'与'形式'的把握是区别新教师和有经验教师的'分水岭'，实践智慧蕴藏其中……"

第六章　在应用题教学中注重建模／（258）

《数学课程标准》和以往数学教学大纲很大的一点不同在于，应用题不再是独立的教学领域，而是贯穿在"数与代数"、"空间与几何"、"统计与概率"等各个领域中，以"解决问题"为名与"知识技能"、"数学思考"、"情感态度"并列作为课程目标提出。一时间，教师对应用题教学变得迷茫。应用题教学何去何从？新时期应用题教学应该沿着什么方向改进？基于此，我们提出了"在应用题教学中注重建模"的课例研究，以期对应用题教学产生新的看法。

第一节　课例研究报告／（258）

"在应用题教学中注重建模"有以下三条策略：①应用题教学应贴近学生现实；②让数形结合成为学生解题的一种策略；③让数学教学更加开放。

第二节　课堂教学实录／（264）

第一次课，在"归一问题的情境丰富性"、"在解决问题中数形结合"、"归一问题的多样化解法"存在问题。第二次课，通过"设置儿歌情境，前后呼应"、"数形结合直观，揭示归一问题的解法"、"设置开放题，发展学生多样化解题能力"基本解决了上述问题，营造了良好的课堂氛围。

第三节　教学设计改进／（273）

第一次课的设计借助学生的生活经验，引发学生学习兴趣，但在引导学生掌握一种"用形来表征数"的数形结合的解题方法上尚欠缺，没能让学生充分感知数学。与第一次课的设计相比，第二次课在沟通形与数之间的关系，借助形理解数量关系上有了较大的改变。

第四节　同行教学评价/（282）

　　"看了这个课题，我们就会想这样一个问题，归一问题属于解决问题中的一种典型的模型。这样一种模型如何和图形结合，是一种挑战。听了唐老师的课以后，让我们很好地领略了唐老师的智慧和风采，他很好地演绎了自己的课题，使我们与会者深受启发……"

后记 /（284）

第一章 课例研究：共建智慧型课堂

  哈佛大学的埃尔莫尔教授在为教育改革领域的国际权威富兰的新书《突破》作序时曾经提及一个古老的犹太民间故事，有一个村民日复一日、年复一年地警告村民们当心弥赛亚人的到来，人们好奇为什么他可以长时期地坚持一项如此枯燥乏味的工作，这个村民的答复是："薪水虽然低，但工作很稳定。"故事的寓意在于每个人都有稳定感的诉求，这种稳定感也可能衍生出对习惯、结构的依赖感，并因此抗拒变化和改革。对此，埃尔莫尔有一个形象的比喻，变革就像是一块又大又厚的橡皮，这块橡皮被不断拉长，改变着形状，看起来已经临近突破点，但就在那一刹那，它突然又缩回到原来的样子，就像一切都没有发生过。而对于一场变革来说，课堂教学就是那个临界点，如果不能占领变革最后的这块前沿阵地，那么前面的努力都只能是徒劳无功。奇怪的是，在世界各国的改革方案中，教学总是被放在一个显眼的位置，作为要目单列，但为什么最后总是不了了之呢？富兰分析了其中的原因，最主要的原因在于我们通常高估了学校进行课堂教学改革的能力，以为我们只要进行教育教学观念的培训，就可以放手让教师们自主探究课堂了。事实上，我们不仅要拉动课堂教学变革的引擎，而且要为课堂教学变革提供支架和帮助，鼓励和挽扶教师们迈出宝贵的第一步，开始课堂教学改革的"自由之旅"。[①]

  而在《全是赢家的学校（诺贝尔奖得主对美国教育改革的洞见）》中，作者威尔逊则类比了教育改革与工业改革，他描述了工业改革的过程：大学和研究机构的基础研究会不断开创新材料和新工艺，而研发工程师会对这些新发现和新理论稍稍进行改良将它们应用到实际生产中，就可以产生一个技术的创新。研发工程师在完成技术创新时常常会融合专业技术人员的意见，这样

---

  ① 刘徽. 跨越变革的临界点——课堂教学——《突破》精粹解读[J]. 现代教学，2010(10).

改进数学课堂

可以让生产更加顺畅和达意。接着，在产品投入市场前，销售专家会预先在潜在客户中进行调查，调查意见会反馈给研发工程师，作为重新设计产品的依据。当产品正式投入生产后，就轮到销售人员使出浑身解数进行宣传和推广。而维修技术人员也在重新规划中扮演重要角色，他们通过维修了解产品的缺陷，并将信息反馈给研发人员，以便进一步改良产品。可见，整个重新规划过程不仅是公司内部研发、生产、销售、维修人员之间的合作，而且还是公司与大学、客户之间的合作。对于教育改革来说，我们很难将政府、区域、学校、教师、学生、家长、教科所、大学等与上述工业领域重新规划的角色一一对应，但是这其中至少有两点给我们以启示，一是变革要取得成功，就需要沟通各种力量，共同协作。其中，大学与中小学的合作显得尤为重要。[①]

自 2001 年中国开始课程改革以来，经过十年的探索和蓄积，人们已经普遍意识到课堂教学转型已经界临必须取得实质性进展的关键期了，埃尔莫尔的橡皮隐喻提示我们"没有课堂教学层面的改革，就没有真正的课程变革"。在新课程理念的倡导下，当前的课堂教学正经历着一场重大的转型，教学从"技术行为"回归为"实践智慧"，构建智慧型课堂。要构建智慧型课堂，就必须有碰撞和对话，尤其是理论者与实践者在课堂上基于问题的共同研究。正如前面富兰的分析，研究者需要深度介入课堂，和教师一起研究、改进教学。而威尔逊用工业改革的过程启示我们，没有合作交流，变革终将搁浅。因此，我们需要完成两个重心移位，第一，把教学研究的地点从书斋移向课堂。第二，将教师培训的地点从培训中心转向课堂。课堂将成为教学研究和教师研训的主要基地，而这种理念的行动载体就是"课例研究"，课例研究是以课堂为中心，集校本教研、教学改进和教学研究于一体的活动。课例研究近些年来在国内外受到普遍关注，在美国和英国被称为"lesson study"，在日本则被称为"授业研究"。课例研究立足课堂，以问题探究为核心，和同行、研究者组成研究团队，遵循疑问—规划—反思（评价）—行动—观察—反思（评价）和重新规划的过程，形式有一人同课多轮、多人同课循环、同课异构、互助式观课、邀请式观课。与传统教研相比，课例研究最大的不同在于围绕问题展开、多质研究团队、多维度评价课堂、注重过程改进。课

---

① 刘徽. 畅想未来的学校——《全是赢家的学校》精粹品读[J]. 现代教学，2010(12).

例研究最重要的意义在于它能唤醒教师研究教学的意识，这种意识会慢慢渗透于日常的教学之中，当"教学即研究"成为一种习惯和常态时，我们的教学才真正有可能发生变化，智慧型课堂才有可能真正地诞生。

第一节 智慧型课堂：精彩的爵士乐演奏

何为智慧型课堂？智慧型课堂犹如"一场爵士乐演出"，爵士乐演奏和古典乐演奏最大的不同在于它的临场性、生成性和创新性，爵士乐队会根据现场的气氛和情境即兴创作，以达成乐队成员之间的默契和乐队与观众之间的共振为目标，而不同于古典音乐家，过多地沉浸在自己高超、到位的演奏中，很少顾及台下观众的情绪和反应，古典乐的演奏强调的是预成性、忠实性、精准性。两种隐喻蕴涵了两种教学观，爵士乐隐喻下的课堂教学，应时应境而变，在学习共同体不断达成的默契中推进教学。而古曲乐隐喻下的课堂教学，教师有意忽略课堂的特定情境变化，执著于剧本化教案的执行，并防止一切意外事件的发生。这样，课堂教学就在固定的狭窄轨道中滑向一个又一个预先设定的沟回。

"智慧型课堂"这个词当前在理论界和实践界被普遍重视，但人们对于智慧型课堂的认识还很含混，通常将一切好的形容词都加诸"智慧型课堂"之上，这就容易造成概念的泛化，使人产生迷惑。对于智慧型课堂来说，最明显的外显特征是"机智地教学"。正如范梅南所言："智慧和机智可以看做是教育学的本质和优秀性，我们不妨说智慧构成了教育学的内在方面，而机智则构成了教育学的外在方面。教育学的结构就像机智的结构。"[1]

一、智慧型课堂的特征：机智地教学

（一）教学机智：面对惊异，契合情境的即兴创作

对于"教学机智"，我们习惯于理解为"对意外事件的处理"，"大王蜂事

---

[1] 马克思·范梅南. 教学机智——教育智慧的意蕴[M]. 北京：教育科学出版社，2001：210.

件"、"猫叫事件"等成了"教学机智"的经典案例，人们每每提及"教学机智"，就联想起大王蜂飞入教室，学生在课堂中学了一声猫叫……教师"机智巧妙"地把这些意外不动声色地应付过去。这里潜藏着一种古典乐式的教学观，所谓意外是指对预定目标的偏离，处理意外只是课堂教学的一个小插曲。而当我们以一种爵士乐式的隐喻审视课堂教学时，"意外"不仅是正常的，而且是受欢迎的，因此，当我们将教学从一种"技术"回归为"实践智慧"时，教学机智就成为教学的优秀性所在了。

机智体现了实践智慧在实践中最本质的品质，为什么这么说呢？在亚里士多德看来，实践智慧与科学、技艺等最大的不同在于，实践智慧是讲究良机(kairous)的，也就是说，实践智慧是根植在具体情境之中的。而强调此时此地感的机智关注情境和时机，突出表现了实践智慧的具体性、灵活性、可变动性。

因此，对于教学机智我们需要重释，它被定义为"面对惊异(wonder)，契合情境的即兴创作"。这里有个关键词是"惊异"，惊异和问题、意外的差别主要在于两点：首先，问题、意外相对应的词组往往是解决问题、应对意外，言下之意是，问题、意外似乎都是不讨人喜欢的，偏离轨道的，愈快过去愈好，所以，只是解决和应对，赶紧回到正题才是重要的。而惊异则不同，"异"是不同的意思，但"惊"是一种惊奇，惊奇意味着一种发现，可能会导致预想不到的收获，甚至是奇迹。"wonder"在英语里，除了惊奇、惊愕的意思外，还有奇迹这层含义。其次，惊异与问题、意外比较起来带有更大的主观性，有善于发现的心灵和眼睛，才能捕捉到"惊异"，否则只能白白地丧失机会。

在课堂中我们有哪些惊异呢？佐藤学认为，在课堂上同时发生着与他人、与自我和与世界的三位一体的实践，"学习的实践是'创造世界'(认知性、文化性实践)、'探索自我'(伦理性、存在性实践)和'结交伙伴'(社会性、政治性实践)相互媒介的三位一体的实践"。[①] 那么教学中的"惊异"也有三类，即对知识主体的惊异，对学生的惊异，对自身的惊异。教师既可能在学习共同体中不断地发现和诠释知识，也可能在与学生的对话交流中发现惊异，此外，在教学中也会对"未发现的自己"有惊异之感。越能抓住情境中的

---

① 佐藤学. 学习的快乐——走向对话[M]. 北京：教育科学出版社，2004：39—40.

有益线索，就越有可能激发出机智的行动。

(二) 机智地教学：智慧型课堂的外显特征

"教学机智"是一个名词，一种实践智慧，偏重于指具体情境中的教育行动，而在"机智地教学"或者说"机智的教师"里，机智作为一个修饰词（形容词或副词）则不限于描述一个事件，更多地是指一种素质。赖尔在《心的概念》里区分了素质和事件，事件指的是一个具体的行为，而素质、能力指的是行为方式，即在某种条件下以某种方式行动或反应的能力、倾向、可能性或趋向性，它不是可以观察到的具体的行为、个别的事件。从语句的逻辑形式上说，谈论事情的语句是直言陈述，谈论素质的语句是假言陈述。也就是说，说某人很机智，它的意思是指"假如发生了某种情况，那个人就会机智地处理"，而不是说"那个人机智地做了某事"，例如鹦鹉虽然有时也能突然蹦出一句妙语，但我们不能说它很机智，因为它并不具有"聪明一休"的行为方式。所以，我们在判断一个人是否机智时，不能就他的一个行为，就说他是机智的，而是要看他是否具有"假如……，就会……"的惯常行为方式。

同样，当我们谈某位教师很有教学机智，或说他能机智地教学时，实际上是说一种机智的素质，符合"假如……，就会……"的假言陈述，而不单指一个事件。仅凭一个事件是不能判断这个教师是机智的，"机智地"更多地是指一种基调，强调教师认识到教学设计只是一个教师在头脑里的假想过程（尽管这种假想不是凭空的，而是根据教师对学生和教材的已有理解而来），面对鲜活的教学情境，随时都需要教师在现场敏锐地捕捉情境中的线索，在瞬间作出反应。

因此，机智地教学意味着一种生成空间，机智符合"假如……，那么……"的假言陈述，也就是处于一种准备好了的心境之中，这种准备好了也包括了对教学有良好的预设，良好的预设是和教学机智相互促进的，但这种预设不是技术观下剧本式的教学计划，以详尽而不可更改的步骤、程序确保既定的教学目标准确无误地实现，而是一种更多地向着不确定性、可能性的愿景式教学设计，后者与前者相比，预期、执行的意味淡些，线索、准备的意味浓些，它并不是遵循从目标→确定内容→制订步骤的线性过程，而是将教学内容作为一个知识主体进行先行的探究，带着一种发现式的惊喜来考虑学生的基础和兴趣，创造性地进行教学的活动设计。

二、课例研究：深入探究"不确凿的世界"

佐藤学教授在《课程与教师》一书中提出了教学研究的三种隐喻，将课堂视为"黑匣子"的研究人员，以定量的方法探讨教学过程的诸要素之间的因果关系。而将课堂视为"玻璃盒"的研究人员，则希望运用基于课堂观察的质性研究来求得教学过程的理论解读，如同透过玻璃窗审视课堂发生的事件。无论是黑匣子还是玻璃盒，研究人员都抱有一种信念，教学过程是合乎法则，凭借合理的技术构成的，所以，借助理论和技术话语，是能够将黑匣子和玻璃盒打开，发现其中的秘密，将它公布于众的。这种技术式的教学研究旨在将复杂的教学事件和情境抽象、概括成概念和原理，扩大确凿性。

然而，怀着这些美好初衷的教学研究者，当他们走进课堂，才发现自己如同那个好奇的潘多拉，一旦亲临课堂，就身处于难以理清的复杂的混沌之中，迷茫、痛苦、惊讶都从魔盒里逃逸出来，因为教学不是一个单纯的技术性事件，每堂课并不是只有统计学意义的符号，而是一个特定的"一次性事件"。阐释课堂情境和事件之内外交织的多义性和复杂性，深入探究"不确凿的世界"，唯有这样，才能打开潘多拉盒，尽管落入千头万绪之中，但幸好最后还剩下了"希望"两字，换言之，教学研究也唯有在课堂实践中才能真正寻找到"希望"。

因此，课例研究体现了教学研究范式的转变，从"应该怎样"的规范性探究到"何以如此"的阐释性探究，有利于"教学机智"和"智慧型课堂"的探讨，围绕"预设和生成"这一问题，进入疑问—规划—反思—行动—观察—反思—重新规划课例研究循环，将关注点由"教师是否忠实执行预定目标"转向"学生是否在互动中诞生精彩观念"，促进研究者和教师对教学机智和智慧型课堂的理解，同时在研究过程中改进课堂教学。

第二节 课例研究的实践探索：视角、方法和步骤

一、课例研究的视角转换

1. 从"理论的实践化"转向"实践中的理论"

"理论的实践化"基于"理论高于实践"的观念，杜威在《确定性的寻求：

第一章 课例研究：共建智慧型课堂

关于知行关系的研究》一书中曾指出，人生活在危险的世界中，不得不寻求安全，寻求安全的路径有两条，一条是向内的，即通过改变自我来顺应环境，一条是向外的，即通过对抗、改变环境来改善生活，显然，改变自我比改变环境容易掌控，因此如杜威所说："我们不得不说：行动，但须冒着危险行动。关于所作所为的判断和信仰都不能超过不确定的概率。然而，通过思维人们却似乎可以逃避不确定性的危险。"①这在一定程度上就解释了为什么我们倾向于将"知"高于"行"，表现在教学研究上，我们通常把理论与实践截然分开，由理论者为实践者（教师）设计研究方案、提出问题、作出诊断、开出处方，而教师则作为被动的执行者。

课例研究反对"理论的实践化"，实践不是"一个有待解剖的固着物"，或者是"一团可以任意雕塑铸造的黏土"②，当理论者带着既往的研究成果和理论知识信心满满地走进课堂时，他会发现自己犹如从干爽高地掉入了泥泞的低洼湿地，"在专业实践的不同地形中，有块干爽坚实的高地，实践者可在那里有效使用研究产生的理论与技术；不过，同时也存在着一片湿软的低地，那里的情境是令人困扰的'混乱'，在那里科技的解决之道是行不通的"。③ 教学实践的复杂性、不确定性、多义性、不稳定性、独特性和价值冲突性让他们束手无策。

因此，课例研究基于"实践中的理论"（theory in practice）的认识，换言之，理论是在实践中产生的，"当探究者在自己的框架内努力塑造情境的同时，他必须随时准备接受情境的回话。他必须愿意进入新的困惑和不确定感。"④尽管研究者是带着既有经验构成的"资料库"和在做事前设定的"计划框架"进入实践情境的，但他明白，眼前的情境是独特的、多变的、模糊的，原定的框架不仅随时可以被打破，而且是必须把它打破，才能在与情境的互动中产生新的意义。因此，课例研究尤其关注教学实践中的"改变"、"意

---

① 约翰·杜威. 确定性的寻求：关于知行关系的研究[M]. 上海：上海人民出版社，2005：4.
② 唐纳德·A. 舍恩. 反映的实践者：专业工作者如何在行动中思考[M]. 北京：教育科学出版社，2007：124.
③ 唐纳德·A. 舍恩. 反映的实践者：专业工作者如何在行动中思考[M]. 北京：教育科学出版社，2007：35.
④ 唐纳德·A. 舍恩. 反映的实践者：专业工作者如何在行动中思考[M]. 北京：教育科学出版社，2007：134.

外",因为这意味着不断地开拓新的可能性,而不是像在实验室里一样,力排各种"干扰因素",证实或证伪原有的"假设"。

因此在课例研究中,研究者和教师需要在互动中共同建构,从一开始教师就破除对研究者的盲目迷信,在整个过程中保持质疑的态度,敢于提出自己的想法和问题,在课例研究的过程中,研究者无须竭力掩饰自己的不确定感,可以和教师展开进一步的深谈制订方案,并依靠不断地展示自己的专业能力取得教师的信任。课例研究要求教师和研究者的共同努力,双方都会在一开始体验到不确定性所带来的焦虑和压力,需要不断增强意愿和信心,才能慢慢体验到成功和满足,尤其是对研究者来说,他放弃了原先让他获得专业满足的来源,不容置疑的权威性,不受挑战的舒适感,完成任务的满足感,课例研究提供给他一个布满荆棘的自我发现之旅,研究者需要卸下自我防卫的盔甲,以探究者的身份出现,教学实践本身成了一种更新的来源,过程中的错误、模糊和不确定,都可能成为新发现的素材,不断体验到一种新奇感。

2. 从"教的研究"转向"学的研究"

课例研究中很重要的转向在于将关注焦点从"教师"身上转向"学生"。在《静悄悄的革命》中佐藤学曾经分析过学校教研活动成效不大的原因,其中最主要的原因在于我们的观察和研讨焦点集中在"教师"身上,要么按照"教师的板书、教态、设计"等素质维度来评价,要么按照"教学设计、教学流程、教学成效"等要素维度来评价,授课教师惶惶走进研讨室,感觉不啻一场宣判会,谁都不喜欢被人评头论足、指手画脚,而且仅关注教师的教学研究是间接的、苍白的、干瘪的,因为教学的最终效果需要体现在学生的身上。因此,课例研究的主张是,将原先放在教室后面的凳子向前移,移到学生中间,这样才不至于只看得到教师的"表现",被头脑中的条条框框束缚住,对课堂发生的一切丰富多彩的事都置若罔闻。如果能做到这样,就不会到研讨时把那些填空式的评价说完以后,就无话可说了,才有可能就课堂的实际情况展开活泼的交流,分享和谈论课堂上的乐趣和困难。因此,课例研究从"教的研究"转向"学的研究",这倒不是说我们不需要关注教师,而是以"学"为中心,设计三维(教师、学生、课程)的课堂观察和评价。

3. 从"单一性研究团队"转向"多质性研究团队"

课例研究提倡"异质性",这是因为异质性可以带来对课堂的多维度、多层面的诠释,从而引发多重深刻的反思。传统的教研活动往往是同一学校的教师参加，而且通常局限在本学科和本年级内，这就导致了研究团队的同质性，富兰在《变革的力量》一书中提道："冲突和多样化是我们的朋友。"[①]他认为，经历冲突作出权衡会达成更为复杂的一致性，这和原来那种没有经历内在矛盾的风平浪静的"一致性"的内涵显然是不一样的。因此，课例研究共同体既要有校内的教师，同时还应该寻求与校外的合作，组成一个异质的课例研究共同体，多质性的研究团队不仅可以包括学科专家、教学研究人员、家长、学生，而且可以吸纳社会学研究者、哲学研究者以及与教学内容有关的相关人员等，他们可以从各个不同角度来课堂进行探究，开阔研究课堂的视野。

4. 从"归类评级"转向"鉴赏批评"

对于课例研究而言，课后的商讨是十分关键的，而传统教研活动通常喜欢用一个等级量表来对课堂进行评析，也就是通常所说的"归类评级"，"归类评级"依照技术逻辑，将课堂视为可分解的、可数量化的、可类化的。而课例研究则需要发展我们鉴赏批评的能力，实践逻辑下课堂是完整的、流畅的、特殊的，因此"鉴赏批评"更适合课例研究的评论。如艾斯纳所言，如果我们拿着观察量表或者带着条条框框去"认知"课堂，而不是全身心投入地去感知，这样恐怕花再多的时间也无法提高我们的鉴赏能力，如杜威所说，认知是感知的夭折。因为认知关注的是归类，而不是对其独特性的深入探究。因此，我们提供的"三维观课框图"只是为了帮助观察者打开思路，增加可观察的维度，而不是评价等级的指标。

二、课例研究的方法和步骤：我们的历程

课例研究需要教师进入一个循环，即疑问—规划—反思—行动—观察—反思和重新规划。如果能围绕一定的主题，即带着问题来思考，则会使研究更为有效。一个问题的解决会带出其他的问题，有目的的探索使课例研究的主题更为集中和有效。

（一）成立课例研究小组

课例研究的第一步是成立课例研究小组，为了使工作开展方便，一般而言小组主体为同一学校的教师，但可以打破同一学科、同一年级的藩篱，以问题为中心吸取更多的其他学科和其他年级的教师，除了本校的教师外，课

---

① 迈克尔·富兰. 变革的力量(续集)[M]. 北京：教育科学出版社，2004：27.

例研究小组还可以吸取校外的异质力量加入，如学科专家、教学专家，等等。我们的课例研究汇聚了不同的声音，既有数学教师，也有语文教师、物理教师，既有中小学的教师，也有大学的研究人员。

（二）明确课例研究的问题

课堂是多维的、复杂的，如果不明确问题的话，课例研究便无从下手，面面俱到容易导致肤浅。因此明确课例研究的问题至关重要，课例研究的问题可以是多层面、多维度的，本书的问题系列遵照两条线索：明线是"数学学科问题"，暗线则是"智慧型课堂的创生"，即按照当前数学教师普遍关心的在教学中遇到的问题和难点分成"在数概念教学中奠基数感"、"在计算教学中发现算理、活化算法"、"在图形概念教学中建立空间观念"、"在图形公式推导中提升数学思维品质"、"在应用题教学中注重建模"，同时，在整个研究和教学的过程中，贯穿"智慧型教学"的旨趣，即"如何有效地协调预设与生成？引发学生的精彩观念"。

（三）设计教学设计改进图

因课例研究的不同模式而异，教案的设计既可以是课例研究共同体中的某一成员单独完成，也可以由课例研究共同体商讨完成。根据我们确立的课题研究问题和愿景式教学设计的思想，设计了"教学设计改进图"，"教学设计改进图"具有以下几个特点。

1. "三维课前分析"

从课程维（教什么）、教师维（怎么教）和学生维（学生情况了解）三方面加强对课程、自我和学生的探索。其中，本书中课例研究的大部分学校都事先设计了前测，比如，杭州求是教育集团研究的是"在数概念教学中奠基数感"，他们根据数感的四个重要组成部分：数的意义、数的组成、数的估算、数的表示来设计前测，辅以访谈充分了解学生已有的知识基础和思维方式、认知习惯。

2. 课间纽带

每一次课后的反思和下一次的课前分析成为连接两次课的纽带。希望教师通过执教，对课程、自我和学生有所反思，产生新的认识，并以此作为下一次教学设计的重要依据。

3. 教学线索

"教学线索"比起"教学步骤"和"教学程序"具有更大的灵活性，线索使教师有迹可循，是启发而非束缚课堂的生成，并且鼓励教师进行多线路的设计。

4. 课堂生成

请教师记录课堂中和"预设"不同的情况，分析落差的原因，把握精彩的生成，积累自我的反思，汇集课堂的智慧。

(四) 教学和三维观课

教学设计改进图完成后，接下来就是教学的环节，课例研究共同体的其他成员则参与观课的过程，每一次上课我们都拍摄教学录像，便于课后的分析。

与教学设计改进图相一致，我们的观课采用的是"三维观课"，从教师、学生和课程三维来进行观课，其中教师维和课程维由教师和研究人员参照根据每个课例研究问题研制的"三维观课框图"进行思考（见附录1：数概念教学的三维观课框图），学生维则由浙江大学2010级教育硕士1班和2007级本科生完成（课例研究的后期中小学教师也增加了对学生观察），分为整体学生观察和单个学生观察，整体学生观察主要是获取课堂的总体概况，比较直观的是师生互动的频率和分布分析。此外，整体学生观察通过细致地记录每个学生与教师的互动，为课例研究报告提供了可贵的数据来源（见附录2：整体学生观察表）。单个学生观察是聚焦某一学生整个上课过程的情况，上课前我们会请教师提供一个本班的座位表，并标出"思维活跃"和"思维一般"，以此为依据选取个别观察的点，遵照上课的流程观察和记录学生的情况（见附录3：单个学生观察表）。

(五) 集体反思

这个环节对于课例研究来说是关键的，课例研究共同体需要围绕课例研究的问题对教师的教学进行研讨，指出教学方案及教学存在的问题，提出改进的可能性等，反思的重点是课例研究的问题而不是评价教师上课的好坏。在反思的基础上，课例研究共同体对教学设计进行修正，进入下一个循环。评价与开发是通过揭示出的教学意义、可能性给教师以启示，引导教师带着新的视角和更为开阔的思维去审视自己的教学实践，从而在自己的教学中主动地、创造性地加以诠释运用。所以，这种评价是触抵教师内心的，不是为了得到现成的解决方案，这种效果是很有限的，因为外在的问题是多样的，头痛医头、脚痛医脚，深入不了教师的内心因而无法从根本上影响他们，我们通过对教学事件的描述和阐述可以跳出某节课的局限，围绕主题进行脉络延展更深的探讨。

改进数学课堂

(六) 总结分享

在课例研究结束后，需要撰写课例研究报告，对课例研究的整个过程进行反思。

附录1：数概念教学的三维观课框图

维度一：课程

观察点总述： 预先的教案设计和课堂生成的教学内容能正确地把握学生的起点和特点，通过联系学生的生活实际形成丰富的表象，并使学生经历"数学化"的探究过程，培养利用数概念解决实际问题的能力。

关键指标：
- 根据学生已有的知识和经验，搭建数形结合等中间路径，完成从具体事物→(直观图形)→心理表象→抽象数字的过程，进行数概念的建构。
- 教学设计符合低段学生心理发展的特点，具有趣味性、多感官性和整体感。
- 开放"大小、顺序、分解、组合"等各种路径，以形成灵活的数学概念网络。
- 引发学生后续的思考，激起在生活中运用数学的兴趣。
- 突出数概念中学生学习的难点。
- ……

维度二：教师

观察点总述： 教师需要认真倾听和观察学生课堂上的回答和表现，对于非预期的事件给予关注，根据学生提供的线索调整教案，与学生形成有效的互动。

关键指标：
- 根据课堂的实际情况调整教学。
- 能倾听学生的发言，与学生形成有效互动。
- 在具体的教学环节，灵活使用"自主探究"、"知识讲授"、"小组合作"等教学方法。
- 采取正确的评价方式鼓励学生多角度思考问题。
- 照顾学生的不同发展水平和需求。
- ……

维度三：学生

观察点总述： 学生能有兴趣和专注地投入学习，在丰富表象的基础上形成清晰的数概念，掌握一定的学习策略，体现出创新和解决问题的能力，不同能力起点、不同认识风格的学生都得以发展。

关键指标：
- 具有浓厚的学习兴趣。
- 能倾听教师和其他同学的发言，并作出呼应。

第一章　课例研究：共建智慧型课堂

- 能突破原有的思维方式，对数概念进行全面深入的理解。
- 不同发展水平、不同认识风格的学生都得到发展。
- 能完成课堂上布置的各项作业。
- 提出富有创见的回答或能在实际生活中解决问题。
- ……

附录2：整体学生观察表

"11～20各数的认识"第三次课整体观察记录

观察时间：2010.11.18 /8：40－9：25

观察记录者：蒋佳

一、学生问题回答分布表

讲　台

★S8－01 Q10⑤ Q11①	S7－01	S6－01	S5－01	S4－01 Q12①	★S3－01 Q10③ Q11②	○S2－01 Q1①	S1－01 Q1②
★S8－02 Q4①	S7－02 Q3② Q4②	S6－02	S5－02	★S4－02	S3－02	S2－02	S1－02 Q1③ Q5②
S8－03 Q5④	S7－03 Q3① Q10④	○S6－03 Q11②	○S5－03	★S4－03 Q2③	★S3－03 Q2① Q9②	○S2－03 Q13③	★S1－03 Q5③
★S8－04 Q10②	S7－04	S6－04 Q5⑤ Q11④	S5－04	★S4－04	S3－04 Q7②	S2－04 Q2② Q8②	S1－04 Q6①
S8－05	S7－05	S6－05 Q13②	★S5－05 Q7① Q13①	○S4－05 Q9① Q11①	S3－05 Q11③	○S2－05 Q6② Q9②	★S1－05
S8－06	○S7－06 Q5①	S6－06 Q8①	★S5－06 Q11①	S4－06		S2－06	○S1－06 Q10①

说明：此图是从教师角度看学生的座位表。

★指思维活跃、发言积极的学生，○则是思维相对较弱一些的学生。

加色的表格为未被叫到回答问题的学生。

改进数学课堂

二、分析

表1-1 学生课堂独立发言人数统计

学生思维程度类别	参与互动人数	未参与互动人数	备注
★思维活跃、发言积极的学生(12人)	9(75%)	3(25%)	括号内百分比为该类别参与互动人数和未参与互动人数占该类别学生的百分比
思维较为一般的学生(27人)	14(51.85%)	13(48.1%)	
○思维相对较弱一些的学生(8人)	6(75%)	2(25%)	
学生总数(47人)	29(61.7%)	18(38.3%)	

根据学生课堂独立发言人数统计表可知，不同思维程度的学生在该课堂的独立发言人数占各思维类型人数的比例并不一致。该课堂上，思维相对较弱的学生和思维活跃的学生中参与课堂独立发言人数都是未参与课堂独立发言人数的3倍，并未出现较大的差异，可见教师在课堂问答中较好地照顾到了思维较弱的学生，而不是一味地关注好学生。与此不同的是，思维较为一般的学生中参与课堂独立发言人数和未参与课堂独立发言的人数差不多，各占一半。也就是说相对于思维活跃和思维较弱的学生而言，思维一般的学生中未参与课堂独立发言的人较多。这点值得注意。

表1-2 参与课堂独立发言学生中不同思维程度的学生回答问题数统计

学生思维程度类别	回答问题数	人均回答问题数
★思维活跃、发言积极的学生（8人）	12	1.33
思维较为一般的学生（14人）	20	1.42
○思维相对较弱一些的学生（6人）	8	1.33

除了考察不同思维程度的学生在课堂独立发言的人数区别外，我们还应注意的是各种思维类型的学生在回答问题数上的差距。因为有些学生会出现多回答问题的情况，尤其是思维活跃的学生，其更可能回答更多的问题。然而，由表1-2我们可以看到，参与课堂发言思维活跃的学生与思维相对较弱的学生人均回答问题数都为1.33个，二者回答问题的活跃程度差不多。而参与课堂发言的思维一般的学生人均回答问题数为1.42，3种思维程度的学生在人均回答问题数上差别不大。

附录3：单个学生观察表

"9的乘法口诀"第二次课学生观察记录

观察对象：俞××（思维水平：一般）

观察时间：2010.11.15 / 13：15—14：00

观察记录者：袁青山

教学环节	教学情境	教师提问	呼应情况	教师反馈	作业情况	观察者体验
一、复习与回顾	新课导入，幻灯片呈现9的乘法口诀。	今天我们学习什么？	跟同学一起回答教师。			
		对于9的乘法口诀，你了解多少？	沉默。			
		哪些同学知道这些口诀了？	沉默。			
二、探究9的乘法口诀	编口诀，证口诀。	袋鼠每次跳9格，一共跳了多少格？	做练习。		跳格填数基本做错："9，18，28，33，42，51，60，69，78"，不过编口诀全对。	探究的过程太简略，实际上学生在推导9的乘法口诀的计算中可能会算错，教师并未演示具体的推导过程。
	小组合作。	1.把你编好的口诀记录在练习纸上，并用你喜欢的方式来表示其中的一句口诀。 2.四人分工合作完成，比一比哪组又对又快。	听教师讲解，并记笔记。		"九九八十一"。画图正确。	没有小组合作。
	全班交流。	展示各组情况。				
	同桌交流。					

改进数学课堂

续表

教学环节	教学情境	教师提问	呼应情况	教师反馈	作业情况	观察者体验
	读一读口诀。	大家一起读一读9的乘法口诀。	跟读。			
	说算式、寻找规律。	你能根据口诀写出相应的乘法算式吗？	倾听。			
		我们来看同学们说的乘法算式，仔细观察你有什么发现？	倾听。			规律太多，学生可能记不住。
	再记口诀。	我们找到了那么多规律，哪一种规律对你记口诀最有帮助呢？	倾听。			
	自己背口诀。	请你选择自己喜欢的规律静静地想一想，然后轻轻把口诀背给自己听一听。				
	记口诀，用口诀。	如果一个小朋友忘了六九（　），你有什么好办法告诉他？	举手回答师：9×9=8（?）如何推导？生：8×9=72（?）比72的个位数2要小1，得9×9=81。	教师点到该生答问。		

16

续表

教学环节	教学情境	教师提问	呼应情况	教师反馈	作业情况	观察者体验
三、练习巩固	把口诀补完整。（课件出示）		举手。			
	看算式想口诀。（课件出示）		默答。			
	快速抢答——45秒口算。（课件出示）		做练习。		15道题做错2道，为 $5×9=32$ $9×5=75$	
	用口诀解决问题。		举手。			
四、小结		说说今天你有哪些新的收获？				
五、课堂作业		完成课堂作业本p.50。				

本章参考文献

1. 刘徽. 教学机智论[M]. 上海：华东师范大学出版社，2008.

2. 刘徽. 改变教学的36部教育名著[M]. 上海：华东师范大学出版社，2010.

3. 钟启泉，刘徽. 教学机智新论——兼谈课堂教学的转型[J]. 教育研究，2008(9).

4. 刘徽. 思与行的纠结——舍恩《反映的实践者——专业工作者如何在行动中思考》评介[J]. 全球教育展望，2007(11).

第二章　在数概念教学中奠基数感

第一节　课例研究报告

数概念是《全日制九年义务教育数学课程标准(实验稿)》(以下简称《数学课程标准》)中"数与代数"的一部分内容，通过数概念的学习使学生学会用数字来描述现实世界，建立初步的数感。其中，数感是《数学课程标准》中出现的一个新的词汇，什么是数感？如何把握学生的已有起点，从而完成在已有知识经验基础上的建构？什么样的教学活动设计有助于学生数感的发展？教师对于这一系列问题感到困惑。

因此，本次课例研究以"在数概念教学中奠基数感"为目标进行探究。对于数感有多种解释，比较有代表性的是以下几种：数感就是对数量与数量关系的感觉，以及进一步运用数字关系和数字模式进行推理与解决问题的能力。数感的构成要素可分为：数的意义、数的表示、数的关系、数的运算、数的估算、数的问题解决六个方面。根据这个主题，杭州市求是教育集团艾薇薇老师选择的执教内容是"11～20各数的认识"。

一、第一次课试教

执教教师选择的执教内容是义务教育课程标准实验教科书《小学数学》一年级上册第七单元"11～20各数的认识"。

(一)观察与发现

1. 教师思路清晰、节奏感强、重视课堂生成

整节课教师思路清晰、节奏感强，与学生形成互动，能遵循学生的线索来及时调整课堂，生成了许多有意义的问题，引发了精彩的观念，比如最后

一个环节"猜猜我是几"中，有学生提出我喜欢的数字在"15～19"这样的问题，教师抓出这个时机，渗透了"可能性"和"估算"的教学。不仅师生之间的问答有生成，学生之间也有效倾听、互相激发，形成一个网状课堂关系图。

2. 在把握学生已有起点的基础上，有的放矢

课前以问卷和访谈的形式对学生正向数数和逆向数数进行了前测，发现问题主要集中在逆向数数上。据此，确定了教学的重点、难点，帮助学生正确建立计数单位"十"的概念。

3. 对"数的关系"把握较好，并能有意识地培养学生估算的能力

在学生的数感培养中，对"数的关系"这部分掌握得较好，通过大小、顺序、分解、组合等方式，多角度多层次地认识数与数之间的关系。整节课无论从预设还是生成来看，都关注到了比"精算"更高一层次的"估算"能力。

4. 课堂关注比较全面，提问面涉及各个方位、各个层次的学生

从师生问答分析表来看，教师的提问比较合理，关注到了绝大多数学生，没有过分集中的现象出现。

(二) 问题诊断

1. 学生尚未充分感受位值的概念，对数的意义认识还不够深刻

如前所述，在前测中教师已经明确了这节课的重点、难点是"确立以十为计数单位"，为了让学生清晰快速地掌握学习的重点、难点，教师在让学生尝试了几种数法后，引导学生认识到以"十"为计数单位是最方便的，这样就迅速排除了学生的疑惑，让学生"记住了"十进制，后面的练习也能顺利完成，但在这个过程中，学生处于一种"接受"的状态，并没有领会十进制的概念和意义。比如，在第二个环节"看小棒，学组成"时有一活动是请学生自己来摆摆小棒，有些学生就把11根小棒扎成一捆或把9根小棒扎成一捆。

2. 课堂时间分配还需调整，未能适应不同学生的发展需求

这节课总体来看，学生跟着教师的思路，对"知识点"掌握得很好，但也存在着一定的问题，比如，思维活跃的学生还可以接受更高难度、更为开放的挑战，而思维相对弱的学生在最后"猜猜我是几"时参与较少，因此可否适当调整教学内容和教学方式，使每一个层次的学生都能在已有水平的基础上更进一步。

3. 教学与生活联系不够，不利于学生完成"数学化"的过程

整个教学过程中，教师联系实例比较少，不利于学生联系生活从丰富的表象中进行"数学化"的抽象过程。设计一个开放性的课后练习可以引发学生探究的兴趣，有利于培养学生在生活中发现数学的品质和解决实际问题的能力。

(三) 改进建议

1. 结合生活的实际情况，对十进制的位值概念进一步研究

儿童数概念的发展在一定程度上是整个人类数概念建立的浓缩史，十进制的确立是根据人们日常生产生活的需求自然形成的，理论界大致认可十进制的确立与人有十个手指相关，对于十进制人类也经过了一个从"数实物"到"记忆提取"的过程。因此，儿童学习数概念也需要联系人类的实际生活使之对十进制的理解丰实，比如现实生活中"商店买卖"、"队列方阵"的事例，让学生感受到十进制是人类生产生活的需求，而在实际的生活中学生也才能形成关于十进制的丰富表象，完成数学的"抽象化"过程。

2. 设计一些更加综合和开放的问题，引发精彩观念

可否设计一个能统合基数、序数的题目，并能统合日常生活中的时间，例如，等红绿灯时从 20 到 0 的时间倒数，时间、钱币、个数、长度、楼层（可以忽略计数单位，只让学生关注"数字"）。

3. 根据任务的难易和学生的情况，调整教学活动的方式

根据任务难易选择合适的教学活动方式，从而适应不同学生的情况。

4. 在量的关系中让学生充分感受数的关系

数涉及的主要问题是多少问题，数只有在量中才有意义，因此应在教学中渗透量的观念，比如，顺数和倒数时就存在一个从小变大和从大变小的问题，教师也要有这样的观念。

二、第二次课改进

本次课主要解决上次课上出现的"联系生活理解数"、"在解决问题中运用数"、"在量的关系中感知数"等问题。

（一）观察与发现

1. 设置故事情境，贯穿整节课

本次课以喜羊羊的故事叙述为线索，创设了一个个问题情境，有效激发了学生的兴趣，串联起整个教学内容。

2. 让学生在量的关系中体验数与数之间的关系

教师设计了一个 11 前面的数是几的问题，如果数是从小到大排列的，那么 11 前面是 10，反之，则是 12，体现了在量的变化中认识数这一特点，并有助于学生形成严密的数学思维和数学表达。

3. 抓住和运用学生的生活化语言，以形象的方式帮助学生感知数

在教学中，当教师带领学生回顾了 11 到 19 的数后，请学生观察量的变化，学生用"走楼梯"来表示"数越来越大"，教师顺承学生的生活化语言以形象的方式贴近学生的体验。

4. 练习题开放空间更大，适合不同发展水平的学生

练习题中出现了（　），10，（　），（　）。这道题能让思维发展水平不同的学生都体会到一种成就感。

（二）问题诊断

1. 教师只剪切了一个数概念的片段，没有调动学生对数概念认知表象的整体感知，因此没能充分感受到"十进制"的必要性

在"11~20"的数的认识中，因为数字比较小，所以学生很难感知"十进制"的必要性，对数的意义理解不充分也影响了学生对"1 个十"的表达，因为没有"2 个十"、"3 个十"……的数概念网络的感知，"1 个十"的存在也很牵强。

2. 在数的写法和数的意义上出现了两种表达方式，使学生产生了混淆

在学生观察和访谈中，发现这节课一个普遍的问题在于学生把"17"这个数的意义理解为 1 个 1 和 1 个 7，这是由于教师将"数的写法"放在了"数的意义"教学之前，反复强调 14 是由 1 个"1"和 1 个"4"组成，18 是由 1 个"1"和 1 个"8"组成，使学生产生了先入为主的观念，与后面呈现的 14 是指 1 个十和 4 个一产生了认知矛盾和冲突。

3. 练习存在形式单一、开发不足、不符合低段儿童的认知特点等问题

（　），10，（　），（　）这道一题多解的练习不太适合呈现于多媒体上，

改进数学课堂

因为多媒体在便捷直观的同时也有不灵活的特点。又如数轴在这节课仅是呈现而已,没有充分发挥其作用。在"猜谜"练习题中同时出现 5 只羊,容易造成低段学生注意力分配困难。

(三)改进建议

1. 唤醒生活体验,呈现一个理解十进制的概念网络意象

尽管学生还没有学过 20 以上的数,但他们在日常生活中都有过接触更大数的经验,因此可以通过"购物"、"运货"等场景的设计,创造一个更大数的背景,使学生能结合自己的生活体验,真切地感受到十进制的必要性,同时形成初步的数概念网络。

2. 以"关键的几个数概念"为支撑,促使学生理解数的意义

对于 11~20 的数的认识来说,"10"的数概念牢固掌握是学数学的基础和跳板,"10"既是 10 个"一"同时也是 1 个"十",运用"捆、扎、放"方法或借助"算盘"、"数轴"等让学生对"10"形成一个整体感,将 10 作为一个单位。"20"是 2 个十,有助于理解 10 是单位。而 11 则有助于学生辨析"十位"和"个位"上两个"1"的意义不同,进一步强化对位值的理解。

3. 注意数概念出现的合适时机

为了不让学生对数的表达产生混乱,将数的意义置前,在牢固掌握了"几个十"和"几个一"的说法后再学习数的写法,在数的写法上也应强调个位和十位。

4. 根据不同的内容和要求,设计练习不同的形式,充分实现每一个练习的作用

可以设计让学生圈一圈、画一画、数一数、举卡片抢答等练习形式,通过多感官的参与调动学生学习的积极性。

三、第三次课改进

本次课主要解决上次课上出现的"在概念网络中理解数"、"在解决问题中运用数"等问题。

(一)观察与发现

1. 利用创设"杂货铺"情境激活学生的生活体验,体会十进制的必要性

教师精心设计了慢羊羊杂货铺的教学情境,通过"看一看"、"摆一摆"、

"用一用"唤醒学生的生活体验，充分体会十进制在人们生活中的必要性和常见性。

2. 呈现了数概念网络作为背景，有利于学生理解位值概念

通过杂货铺的货品陈列、数轴为学生呈现了一个数学概念网络，让学生从"20、30、40……"这些更大的数值中去体会位值的意义。

3. 调整了"数的意义"和"数的写法"之间的顺序，有效地避免了认识和表达上的混淆

根据上节课的经验教训，教师这节课先从"数的意义"着手，让学生根据数的意义学会数的表达，即 16 是"1 个十和 6 个一"组成，在随后的写数中，提示学生 16 的写法是在十位上写 1，个位上写 6，这样既避免了认识上的混淆，同时又一次巩固了学生对位值的认识。

4. 贯彻数学中的"分类"思想

在数轴上出现了"11～20"的所有数后，教师又引导学生对这些数进行分类，如分成单数和双数、1 开头和 2 开头的数，让学生初步体会分类的思想。

5. 把握关键数字"11""19""20"，教学遵循由易到难的顺序

在教学时，教师先从"16"入手教学数的意义、写法，再引出"11"这个特殊的数值，让学生体会个位和十位上"1"的不同含义，巩固学生的位值意识，再通过数值"19"过渡到"20"，通过"20"有 2 个"十"再一次加深学生对位值的理解。

(二) 后续改进方向

这节课在"材料呈现符合儿童的认知特点"、"提供必要的认知支撑"和在一些环节"加大探索的空间"上还可以再作研究。

四、研究形成的结论与观点

基于艾薇薇老师"11～20 各数的认识"三次课的持续改进，我们对"在数概念教学中奠定数感"形成了以下观点。

(一) 数概念教学要加强四个环节

1. 唤醒生活体验，理解数的意义

数概念是从人类日常生活中产生和提取的，因此利用创设情境或介

改进数学课堂

绍数学史的有关知识激活学生的生活体验，这有助于他们主动深刻地理解数的意义。

2. 搭建数形桥梁，体会数的组成和关系

"形"的"直观性"、"形象性"可以有效地弥补"数"的"抽象性"，在数概念教学中结合数形结合的思想，有助于激发学生丰富的数学联想，建立数概念的直观表象，对数的组成和关系有清晰的认识，从而也为数的计算和问题解决打下了良好的基础。

3. 连接概念网络，建立数的关系

在数的概念网络中理解数，并通过学生对数概念的内化不断地扩展数的网络，在量的比较中不断理解数与数之间的关系。

4. 通过问题解决，活化数的应用

问题解决包括几种类型，比如在实际生活中运用数概念，复杂的生活情境创设了多层次多维度的问题，学以致用能激发学生的探究兴趣。同时也可以在高质量的练习题中促进学生对数概念的理解。

(二) 数概念教学的三个策略

1. 明确学生的认知起点

小学和初中的数概念因为学生在日常生活中大部分都接触过，所以容易让教师产生"没什么可教"的感受，因此要通过了解学生情况确立教学的重点、难点，切忌主观臆断。

2. 把握关键的数概念

数概念中通常有几个比较特殊的概念，或具有代表性和典型性，或具有混淆性，或具有承接性……通过把握这些数概念可以使学生有效地突破认知困难，形成正确的数概念。

3. 创设连接的概念网络

在大的概念网络背景中进行数概念的教学有利于学生形成灵活整体的概念认知。

附录："11～20各数的认识"学生前测分析

一、样本情况说明

本次前测样本为一年级一班学生，共47名，其中男生26名，女生21名。学生均接受过幼儿园教育。根据学生平时的思维以及学习能力的表现，把学生思维水平分为活跃、中等、弱三层，各层次男女生分布情况见表2—1。

表2—1 各思维水平层次男女生分布情况

	活跃	中等	弱	合计
男生	16	6	4	26
女生	11	6	4	21
合计	27	12	8	47

二、问卷说明

本次前测的目的在于检测学生的已有数感，再与教学后的后测进行对比，看看教学的实际价值、课堂的增量究竟在何处。本次前测一共设计了5个问题，通过教师与学生面对面书面测试与访谈相结合的方式进行。重点检测以下几个方面：1. 11～20各数学生是否会读会写，物与量能否正确对应；2. 学生是否能够以10作为计数单位，是否已经存在计数单位的概念；3. 学生能否正确数数，对数序的掌握情况如何。

三、前测结果分析

问题一：数一数，填一填。

图2—1　　　　　　　　图2—2
（　　）　　　　　　　（　　）

改进数学课堂

（一）检测重点

学生是否能够正确数出物体个数，并正确记录；在数数的过程中除了1个1个数外，是否有不同的方法存在。

（二）检测结果

表2—2　图2—1检测结果数据统计表

		思维活跃	思维中等	思维弱
正确	男生	16	6	3
	女生	11	6	4
错误	男生	0	0	1
	女生	0	0	0

图2—1，47名学生中有46名学生能够正确数出物体个数，1名思维水平弱的学生出现错误。在数的方法上，有一部分学生是5个5个数的，主要集中在思维水平活跃的学生上。

表2—3　图2—2检测结果数据统计表

		思维活跃	思维中等	思维弱
正确	男生	14	3	4
	女生	10	6	3
错误	男生	2	3	0
	女生	1	0	1

图2—2，40人数对，7人出现错误，各思维水平的学生都有。男女生无显著差异。学生基本采用1个1个数的方法，极个别学生把排列整齐的3个或者4个圈一圈再数。

（三）结果分析

1. 图形排列是否整齐会显著影响学生正确数出物体的个数以及数的方法。图2—1正确率明显高于图2—2，而且在数的方法上也呈现多样性。

2. 虽然有学生数错，但是导致数错的最根本原因不是不会数数，而是在数的策略方法上，比如数数时不做记号、漏数。因此我们认为，11~20各数不同水平的学生在数数和写数上均有很好的基础。

问题二：每一堆有几根小棒？

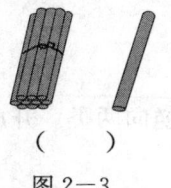
( )
图2-3

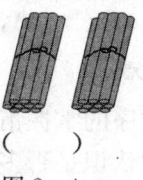
( )
图2-4

（一）检测重点

学生是否已经知道并且承认1捆是10根，在此基础上能正确数出小棒根数。

（二）检测结果

表2-4 图2-3检测结果数据统计表

		思维活跃	思维中等	思维弱
正确	男生	16	3	4
	女生	11	6	1
错误	男生	0	3	0
	女生	0	0	3

图2-3，共41名学生对，6名学生错，其中3名为思维水平中等的男生，3名为思维水平弱的女生。

表2-5 图2-4检测结果数据统计表

		思维活跃	思维中等	思维弱
正确	男生	16	6	3
	女生	11	6	3
错误	男生	0	0	1
	女生	0	0	1

图2-4，共45名学生对，2名学生错，其中思维水平弱的男生和女生各一名。学生解决图2-3问题时，都是先数出一捆有10根，再加上边上1根；而在解决图2-4问题时，则是直接采用了图2-3的结果，1捆为10根，2捆就是20根。

（三）结果分析

学生基本上能够正确数出小棒根数，但是没有1捆为10根的概念。

问题三：在( )里填一填。

1. ( )，11，( )，13，14

改进数学课堂

2. 19,17,15,(   ),(   )
3. (   ),10,(   ),(   )

(一)检测重点

检测学生对数序的掌握情况,分正向和逆向两类。开放问题的设置重点考查学生对数序的认识是否多样。

(二)检测结果

表 2—6 第 1 题检测结果数据统计表

		思维活跃	思维中等	思维弱
正确	男生	16	6	3
	女生	11	5	3
错误	男生	0	0	1
	女生	0	1	1

说明:正向数序上,学生基本能够顺利完成。

表 2—7 第 2 题检测结果数据统计表

		思维活跃	思维中等	思维弱
正确	男生	15	4	2
	女生	11	5	2
错误	男生	1	2	2
	女生	0	1	2

说明:逆向数序上,特别是 2 个 2 个数时,学生出现错误明显比正向数序多,尤其是思维水平处于中下的学生。

表 2—8 第 3 题检测结果数据统计表

		思维活跃	思维中等	思维弱
正确	男生	16	6	2
	女生	10	6	3
错误	男生	0	0	2
	女生	1	0	1

说明:27 名学生顺着 1 个 1 个填,13 名学生是倒着 1 个 1 个填,2 名学生顺着 2 个 2 个填,1 名学生倒着 2 个 2 个填。

第二章 在数概念教学中奠基数感

(三)结果分析

学生对于正向数序的掌握好于逆向数序,而且对于1个1个数和2个2个数无论是正向还是逆向都有比较好的基础。但是思维水平弱的学生对于逆向数序和开放问题错误明显多于正向数序。数数的方法比较单一,几乎全部是1个1个数和2个2个数。

问题四:填一填。

1. 1个十是( )。
2. 1个十和6个一合起来组成的数是( )。

(一)检测重点

学生对于10~20各数的组成是否已经有所了解。

(二)检测结果

表2—9 第1题检测结果数据统计表

		思维活跃	思维中等	思维弱
正确	男生	13	3	2
	女生	8	2	3
错误	男生	3	3	2
	女生	3	4	1

对于1个十是10这一概念,35%的学生是没有的,而且男女生也表现出了一定的差异。

表2—10 第2题检测结果数据统计表

		思维活跃	思维中等	思维弱
正确	男生	14	5	1
	女生	10	4	2
错误	男生	2	1	3
	女生	1	2	2

虽然从前一题的检测中发现还有相当一部分学生没有1个十是10这一概念的,但是从这一问题的检测却发现,学生对于十几的数的组成用这样的描述方式是可以理解的,尤其对于思维活跃和思维中等的学生。

（三）结果分析

接近 70% 的学生对于数的组成有一定的基础，知道 1 个十和几个一合起来是多少。

问题五：动脑筋。

左边这个长方形表示 10，右边的长方形可能表示几？

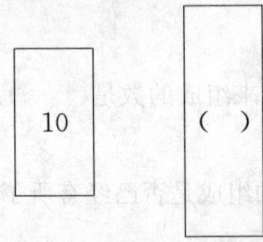

（一）检测重点

数形结合中学生对于数的估计能力。

（二）检测结果

表 2—11 检测结果数据统计表

		思维活跃	思维中等	思维弱
正确	男生	4	3	0
	女生	4	3	0
错误	男生	12	3	4
	女生	7	3	4

对于这个问题，我们在检测时学生的答案在 13~17 都视为正确，说明学生能够感受到右边长方形表示的数比 10 大一些比 20 小一些，其中有一名学生还能够把右边长方形多出部分进行平均分，说明其估计意识很强而且很有方法。

从结果看，只有 33% 的学生能够顺利完成，思维活跃和思维中等的学生没有显著差异，但是思维弱的学生存在着很大困难，没有一人做正确。错误的答案基本为 11 或者 20。

结果分析：一年级学生对于这种数形结合的估计问题既缺乏理解又缺少方法。课堂可以设计这样的问题，进行渗透教学，这或许能够成为课堂教学的增量和价值体现之一。

第二节　课堂教学实录

一、第一次课教学实录
（一）数小棒，学方法

师：今天艾老师带来了一些小棒，你估计一下，有多少根？

生1：20根。

生2：19根、10根。

师：好，那我们一起来数一数，好不好？

（教师将小棒逐一放在投影上出示）

生齐：1、2、3、4、5、6、7、8、9、10。

师：有的小朋友猜得比较准确或接近，有的小朋友差别比较大，对吗？如果老师再添一根小棒，你还能不能往下数了？

生齐：能。

师：那我们一起数数看，好不好？

生齐：好。

（教师在投影上逐一添小棒）

生齐：11、12、13、14、15、16、17、18、19、20。

师：刚才我们一根一根地数出了20根小棒，是吧？那么除了这样一根一根地数，你还会怎么数呀？

生1：5个5个，5、10、15、20（很多学生跟着数）。

生2：我可以2、4、6、8、10（停顿了一下）。

师：能不能往下数？

生2：12、14、16、18、20。

生3：10个10个数，10、20。

师：小朋友，看来我们数到20有很多的方法，1个1个可以，2个2个可以，有的小朋友5个5个甚至10个10个都可以，是吧？

（一边放慢语速说，一边扳手指演示）

师：刚才有个女同学就是10个10个数的，是吗？现在这10根小棒，艾老师用一根牛皮筋把它扎成一捆。

改进数学课堂

(教师动手将10根红色小棒扎成了一捆)

师：现在这一捆，是多少？

生齐：10。

师：这10根小棒，现在把它变成了一捆。这是一个多少啊？一个几？

生齐：十。

师：1个十是吧？这一个十里面有多少根啊？

生齐：10根。

师：10根小棒，是吗？那我们可以说10个一就是多少啊？

生齐：十。

师：就是十。

(边说边板书：10个一就是十)

师：好，我现在这里还有10根，现在老师也把它扎起来，这是多少？

(教师将另外10根蓝色的小棒也扎成了一捆)

生齐：十。

师：这也是1个十，是吧？好，现在，这样放好，我们不数，你能不能马上就知道这里肯定就是20根小棒？

生齐：能。

师：你怎么知道的？

生1：刚才数过的。

师：那我们不数，像艾老师这样放着，你能不能知道？

生2：20根减10根等于10根。

师：还有别的小朋友有想法吗？你来说？

生3：10加10等于20。

师：(拿起那捆红色小棒)这里是多少啊？

生齐：10。

师：10根1个十，是吧？(又拿起那捆蓝色小棒)这里呢？

生齐：10。

师：也是1个十。

师(将两捆小棒做靠拢动作)：那合起来有几个十了？

生齐：20。

师：有2个十了，所以，就是20，是不是？看来，20里面有几个十？

生齐：2个。

师：我们可以说，（放慢语速）2个十是多少？

生齐：20。

（板书：2个十是20）

师：看来，把10根小棒扎成一捆，你想想看对我们数数的话，方不方便呢？有没有方便一点？

(二) 看小棒，学组成

师：那我们来看看，艾老师这里还有两组小棒，也是扎好了，能不能一眼就看出来它表示几，可以吗？

生齐：可以。

师：准备好了哦！

课件呈现

图 2—5

师：你说。

生1：12根。

师：12根，你怎么看出来的呀？

生1：因为一捆就是10根，旁边还有两根小棒，10多两个就是12。

师：这是她的想法，谁还愿意来说一说，你怎么看出是12根？

生2：10加2等于12，因为10往上数两个数就是12。（一生说：那我还有不同的意见）

师：有人还有不同的看法，是吧？你说。

生3：我是数的。

师：你是数的，怎么数的？

生3：先数10，然后10加2等于12。

师：看来，刚才三位小朋友，他们的方法有共同之处的，他们都先已经知道了这一捆是多少啊？

生齐：10。

师：是10根。（一捆小棒闪烁一下，下面出现"1个十"）是一个十，是吧？然后再看这右边，是多少呀？

33

改进数学课堂

生齐：两个一。（两根小棒闪烁一下，下面出现"2个一"）
师：两个一，然后把它合起来，或者再往上面数一下，这样合起来就是多少？
生齐：12。
略去："14"和"16"的学习。
师：那你能不能也这样用自己的小棒摆一个你心里想的数，然后问问小朋友，我摆的是几，它由几个十和几个一组成，可不可以？
生齐：可以。
师：先自己摆一下，好不好？开始。
（学生摆小棒，教师巡视指导）
师：好，谁愿意到上面来演示给大家看？
（教师请两生上来）
师：我们看啊，一个人摆，一个人介绍。
（一生摆好小棒）
师：好了，你来介绍我们摆的是？声音要响亮哦。
生1：18根。
师：我们摆的是18根，是吧？
生1（又调整了一下）：19根。
师：19根同不同意？（一生说不同意）有人不同意，怎么看19根？
（学生沉默）
师：或者有不同意见的，你也可以说，你为什么不同意，好不好？
生2：1捆是10根。
师：好，这是一个十。
生2：8个一，合起来就是18。
师：同不同意？（师问生1，但生1摇了摇头）
师：那你为什么认为是19根？你说说看？
师（接过那捆小棒）：这里是多少？
生1：11根。
师：我们把多少扎成一捆？
生1：10根。
师：如果你扎成一捆，小朋友就会认为是多少根？
生：10根。
师：就会认为是10根，是吧？

34

师：如果他要摆11根的话，有没有小朋友可以帮他来调整一下，怎么摆我们一眼就知道不会产生误会？

（请一生上来）

师：你来帮他调整。

（生从一捆小棒里拿出一根小棒，并把这一根小棒和旁边的8根小棒放在了一起）

师：如果这样调整一下的话，小朋友会不会认为是18根？现在是几根？

生齐：19根。

师：现在你为什么知道是19根？

生2：因为他又加了一根。

师：他在刚才加了一根，而如果刚才不知道的话，现在直接看这里的话，这是多少？（食指指着一捆小棒）

生齐：10。

师：1个十，这里有几个几？（食指指着9根小棒）

生齐：9。

师：有9个一。这样合起来就是？19根，是吧？

师：那看来，19由什么组成的呀？

（板书：19）

师：它有几个十和几个一？一起看看黑板上。这是多少？（指屏幕上的一捆小棒）

生齐：10和9。

师：1个十。

（板书：1个十）

师：这里呢？（手指9根小棒）9个几？

生齐：9个一。

师：和9个一组成，是不是这样？

略去：18的学习。

师：在这里还缺少一些数字，我们能把它们补完整吗？

生齐：可以。

师：差几？

生齐：11、13、15、17。

（板书：11　13　15　17）

改进数学课堂

师：齐了是吧？

生齐：是。

师：现在不摆小棒，小朋友能不能在你的脑子里想一想小棒怎么摆？比如11，你能马上说出11由什么组成吗？想一想看，11根小棒怎么摆？如果脑子里想想还有困难，你可以再看看小棒。11有几个十、几个一？

生1：1个十、1个一。

师：1个十、1个一，同不同意？

(板书：1个十，1个一)

略去：13，15，17的学习。

(三)学习数序

师：看一下这些数啊，也在这里。

课件呈现

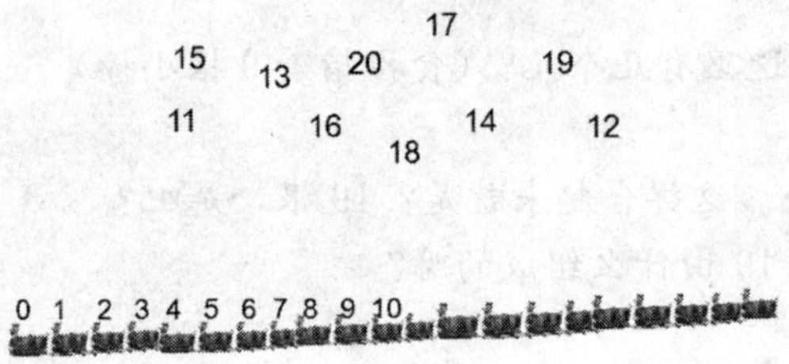

$$
\begin{array}{cccc}
& & 17 & \\
15 & 13 & 20 & 19 \\
11 & 16 & 14 & 12 \\
& & 18 &
\end{array}
$$

0 1 2 3 4 5 6 7 8 9 10

图2-6

师：你认识的是不是？它们也想在这列小火车上找到自己的位置，你能不能帮帮它们？

生齐：可以。

师：这个是谁的位置呢？

生齐：11。

师：看看是不是啊？(点击鼠标，11落到了小火车上)11来了。这里是谁？

(有的学生说12，有的学生说14)

师：你认为是谁的位置？

生1：14。

师：你怎么想的？

生1：因为它不是在11后面，而是在中间空了两个。

师：那你为什么认为我空了两个，这里就是14了呢？

生1：因为11加3就等于14。

36

师：你都已经会用算式的方法去想了，是吧？

师：来了，好。那想想看，16的座位应该在哪里？在谁的后面？你上来指一下吧？

（教师给生1一根教鞭，生1指）

师：好，看看16是不是坐到这里，果然。那艾老师现在想问问了，你觉得它们两个中间是几？（教师指14和16）

生齐：15。

师：为什么这里是15的位置，你们怎么知道的？

生1：因为16和14的中间就是15。

师：你怎么想的？

生1：从11到15再加4……

师：你是从这边（指11）数过来，这样是15，是吧？

（生点头）

师：好的。还有不同方法吗？

生2：因为比14大1的就是15，比16小1的就是15。

师：他不仅会从比前面这个数大1来想，他还会从比后面这个数小1反过来想，非常棒。请问14前面还有两节车厢，是谁的呢？

生齐：12、13。

师：看一看。（师点击鼠标，移动数字）16后面都是谁啊？

生齐：17、18、19、20。

师：17、18、19、20。（放慢语速，并点击鼠标，移动数字）

师：这些数都已经找到自己的座位了，是吗？其实在我们小朋友经常用到的尺子上数字也都是排着整齐的队伍坐好的，是不是？

课件呈现

0 1 2 3 4 5 6 7 8 9 10 11 12 13 14 15 16 17 18 19 20

生齐：是。

师：我们看，尺子，艾老师让它变化一下。

课件呈现

0 1 2 3 4 5 6 7 8 9 10 11 12 13 14 15 16 17 18 19 20

师：这里出现了一条数轴，这些数也很整齐地排着队，对不对？我们一起来读一读，好不好？准备好。

37

改进数学课堂

生齐：0、1、2、3、4、5、……、20。

师：刚才我们是顺着一个一个数下去的，除了这样顺着一个一个数，你还会怎么数？

生1：20、19、18、17、16、15、14、……、0。

师：倒着也能数的，还有没有别的数法？

生3：1、3、5、7、……、15、17、18、19。

师：他是怎么数的？

生齐：单数。

师：1、3、5、7、……、17、19。他是两个两个这样数的，是吗？好，你呢？

生4：2、4、6、8、……、20。

师：又不一样，双数两个两个顺着数。你还有别的数法？你说。

生5：我是补充的。刚才他最里面漏了0。

师：刚才他是数哪些数的？1、3、5、7这样数，那你觉得这个0要不要数？

生齐：不要。

师：那我数2、4、6这些的时候呢？

生齐：要的。

师：要数的，是吧？好的，请坐吧！看来，我们对于数轴上的数也能够非常顺利地数出来。如果我们不看这个数轴，你还能不能按要求数呀？

生齐：能。

师：那艾老师出题，我们数好不好？

生齐：好。

略去：男女分组比赛各种方式数数。

课件出示

图2-7

生：美羊羊、喜羊羊。

师：认识是吧？它们也来了。它们想来考考我们小朋友，它们每个羊都

38

有一个自己非常喜欢的号码,但是不告诉你是几,只问你们一句话,那你们能不能猜出是几?

生齐:能。

师:准备吧!美羊羊说:"我的号码是16前面的一个数字,是几号呢?"你说?

生1:15。

师:有不一样的吗?我刚才听到有人说17,你觉得是15还是17呢?

生1:15。

师:17在16的……

生齐:后面。

师:刚才我们数数的时候,你有没有发现我们越往后数数字越大,而越往前数数字越……

生齐:小。

师:那么这里你认为是几,现在?

生齐:15。

(教师出示美羊羊的号码:15)

师:准备,喜羊羊,我的号码在18和20的中间?

生齐:19。

(教师出示喜羊羊的号码:19)

师:又被你们猜对了,再来。

课件呈现

图2—8

生齐:慢羊羊。

师:慢羊羊村长说了,我的号码比11多2,你知道是几号吗?

生齐:13。

师:怎么想的?

生1:14。

师:你怎么想的?

改进数学课堂

生1：……

师：12、13，我现在比谁多2呀？

生齐：11。

师：有没有小朋友能够来说一下，11多2，你怎么数？

生2：11、12。

师：11多2，我要怎么数？12、13这样就多2了，是吧？看啊，羊村长是不是13呢？

(出示慢羊羊的号码：13)

生(兴奋)：耶！

师：多2的话，我们是在这个数的基础上数几个数？

生齐：两个数。

师：两个数，是吧？这是谁呀？

生齐：沸羊羊。

师：我的号码由1个十和3个一组成，几号？

生齐：13。

师：羊村长和沸羊羊都喜欢这个号码。它们已经用一句话介绍了它们自己最喜欢的数，那么我们小朋友，你能不能也想一句话来介绍一个在10和20之间的你最喜欢的数，像刚才这些小羊们一样，让我们一听就知道是几？

师：我先请你大声说。

生1：好，我最喜欢的数是我的学号。

师：小朋友们知不知道？

生齐：19。

师：但是他如果这样介绍的话，艾老师能不能知道？

生齐：不能。

师：你能不能换一种方式来介绍你的学号，让艾老师一听也知道你是19号？

生1：我的学号是1个十和9个一组成的数。

师：那我就知道了，他肯定是19号。他用组成的方式来介绍他的学号，我知道了是19号。来，你说。

生2：我喜欢的数是在19到15的中间。

师：谁知道？他说他喜欢的数是在19到15的中间，你觉得它可能是几？

生3：17。

师：有没有可能？

第二章 在数概念教学中奠基数感

生齐：有。

生2：但我说错。

师：有没有可能？

生齐：有。

师：有可能，但是他说还不是，那继续猜吧！排除了一个，那你再给我们一点线索。

生2：在19和17中间的一个数。

生齐：18。

师：那他刚才啊，范围比较大。那大家想想看，有同学说它可能是17，那如果他只说了我喜欢的数在15和19之间，那还有哪些可能？除了17还有哪些可能？18有没有可能？

生齐：有。

师：还有什么可能？

生齐：16。

师：就会有很多种可能，是吧？后来范围缩小了，那我们马上就能确定是18了，是吗？还有想考大家的吗，你的数字？你来考考吧？

略去：一生用14和16中间猜15。

师：两个同学用谁和谁中间来介绍，你还能不能换另外的方式来介绍？

生5：我的数是比12大两个数。

师：你知道吗？比12大两个数？你说。

生6：14。

师：看来，小朋友会用组成，比大，或者中间这样的方式介绍数。你说。

生7：我的数是在20和10的中间。

师：20和10的中间，你觉得会有哪些可能？

生8：11、12、13、14、……、19。

师：都有可能，是吧？好，那如果艾老师把这个范围缩小一点，你能不能想？我这个数呀，是由1个十，7个一组成的。

生齐：17。

师：你马上就知道。看来，范围越大，可能性就越多，范围越小，可能性就越小。好的，非常的棒！

师：今天，艾老师跟我们一(5)班小朋友一起来认识了11到20各数，是吧？(板书：11~20各数)小朋友是非常能干的。那么我们接下来，就用

41

改进数学课堂

今天所讲到的知识来解决一些问题,可以吗?

(师出示练习纸,下课铃响)

二、第二次课教学实录

(一)创设情境,激发学习兴趣

活动:喜羊羊摘苹果

师:很高兴认识一(4)班的小朋友,我想问问大家,喜不喜欢喜羊羊、美羊羊?

生齐:喜欢。

师:喜欢的是吧?今天,喜羊羊它们也到我们课堂里跟小朋友一起来学习数学了,欢不欢迎呢?

生齐:欢迎。

师:好的,秋天是个收获的季节,对不对啊?

生:对。

师:果园里苹果成熟了,喜羊羊它们在干吗呀?

课件呈现

图 2—9

生:吃苹果。

师:摘苹果,有的小羊还在吃了,是吧?看,它们已经摘了这一堆了。

课件呈现

图 2—10

42

第二章 在数概念教学中奠基数感

师：你觉得大概会有几个苹果，这里？(举手的学生很少，指名说)你认为大概有几个？

(生1站在那里数)

师：有人在数了，你觉得一看大概、可能有几个？

生1：14个。

生2：14个。

生3：14个。

师：大概有十多个苹果，是不是？有的小朋友刚才心里数了一遍了，是不是？那我们都来数数看，一起，好吗？

生齐：好。

师：来，我们一起来数数看。

(师生一起从1数到14，数到10的时候，将10个苹果圈成了一个圈)

师：几啊？

生齐：14。

师：14，你会写吗？

生齐：会。

师：怎么写呀？先写……

生齐：1。

师：先写1个一，再写……

生齐：4。

师：好的，(板书：14)是不是这样的？

生齐：是。

课件呈现

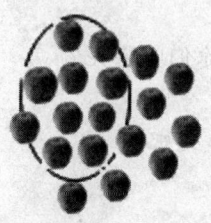

图2—11

师：那又摘来了几个？(增加4个)几个啦？

生齐：18。

师：也来数数看，刚才14个，是吧？继续数，15、16、17、18，几个？

43

改进数学课堂

生齐：18。

师：18会不会写？伸出你的手指，我们一起来写写看，先写……

生齐：1。

师：再写……

生齐：8。

师：艾老师也把它写到黑板上。

(板书：18)

师：看来，像14，18这些数，小朋友都认得，也会写，是吧？

生齐：是。

(二)实践操作，认识新知

1. 巩固读数和写数

师：这些十几的数，你还知道哪些？除了14、18外你还知道哪些？（指名说）

生1：19。

师：艾老师写下来(板书：19)。

生2：15(板书：15)。

生3：11(板书：11)。

生4：16(板书：16)。

生5：12(板书：12)。

生6：17(板书：17)。

师：还有没有？一起说！

生齐：13(板书：13)。

生齐：20。

师：20要不要写上去，你们觉得呢？

生齐：不要。

师：艾老师说十几的数，是吧？

生齐：是。

2. 认识数序

师：现在，我们一起来看看十几的数有没有漏掉的，好不好？艾老师起个头，11起！

生齐：11，12，13，……，19。

师：刚才我们在这样数的时候，你有什么发现？这些数怎么样，一个个……（指名说）

生1：前面都是1，后面都是1、2、3、4。

师：那么这些数一个个……

生齐：走楼梯。

师：走楼梯什么意思呀？越来越……

生齐：大。

师：这样下来的时候，越来越大了。你说？

生齐：都是1下面。

师：好，你还发现了其他的，是吧？刚才我们这样顺着读下来，发现越来越大了，你还会怎么读呢？（指名说）

生1：我能从19读到11。

师：你能大声读一遍给大家听吗？

生1：19，18，17，……，11。

师：这样数的时候，这些一个一个怎么样了？

生齐：小了。

3. 建立计数单位"十"的概念，并学习各数的组成

（1）三堆小棒。

师：小起来了，是吧？好的，非常地能干。喜羊羊它们摘好了苹果，休息的时候，它们村长慢羊羊，给了一样数目的小棒，请小羊摆一摆，不一样的小羊就摆出了不一样的样子，我们来看，这是小羊们摆的小棒。

课件呈现

图2—12

师：（懒羊羊：一根一根摆；美羊羊：两根两根摆的；喜羊羊：一捆加两根摆的）如果让你马上就能够知道，羊村长给了它们每个羊几根小棒的话，

改进数学课堂

你会选择谁摆的那幅图？你觉得可以让你马上最快知道？（指名说）

生1：喜羊羊。因为它已经数好10根，就10加2等于12。

师：大家同意他的观点吗？

生齐：同意。

师：是的，在数学上，当我们把小棒数过去数到10根的时候，我们就把它扎成一捆，那么这一捆里面，有几根小棒？

生齐：10根。

师：也就是1个十了，是不是？当我们有10根的时候就是1个十了。（板书：10个一就是1个十）这样啊，可以让我们非常直观又快速地看出一共有几根小棒，是吧？

生齐：对。

师：其实呀，像懒羊羊这样子，一根一根数的时候，我们看，1、2、3、……、10，当它数到10的时候，也可以怎么样？

生齐：套起来。

师：套起来，是不是这样？（出示将10根扎成一捆的过程）那么，像美羊羊这样，2根、4根、……、8根，数到10根这里的时候也可以怎么样？

生齐：捆起来。（出示将10根小棒捆成一捆的过程）

(2)小结12的组成，由1个十和2个一组成。

师：这样看上去，是不是非常非常的方便？现在，你看着它们摆的小棒，你能来说说看，这12由几个十和几个一组成，谁会说？（指名说）

生1：1个十、2个一。

师：1个十、2个一，谁还能说？

生2：1个九、3个一。（10以内数的分成和组成的迁移）

师：像它们这样摆的时候，几个十、几个一组成？

生3：12是由1个十和2个一组成。

师：他说得非常完整，谁还愿意来这样完整地说一遍？12是由……

生4：12是10和20（说不清楚）。

师：没关系，几个十？

生4：1个十。

师：几个一？

生4：2个一。

46

师：好，艾老师把它记下来，12由1个十和2个一组成。（板书：1个十2个一）

4. 出示另两组小棒，是多少？怎么看？

(1)学习11。

师：懒羊羊和美羊羊觉得喜羊羊摆小棒的方法非常好，能让大家一眼看出，它们也学了它的方法，又摆了一堆小棒，我们来看一下。

课件呈现

图2—13

师：你现在能马上看出摆的是多少根小棒吗？

生齐：11根。

师：怎么看出来的呀？（指名说）

生1：数的。

师：你数的，怎么数的？

生1：用手数的。

师：你数的时候，有没有一根一根去数？

生齐：没有。

师：大家都一致认为这里是11根，是吧？（出示：11)你数的时候有没有一根一根去数？

生1：有的。

师：现在捆在一起，你怎么数呢？

生1：捆在一起是10，还有1根。

师：这里是10加1，是吧？其实这个地方，他已经认为是几根了？（鼠标指针点在一捆小棒上）

生1：10。

师：10根了，是吧？我想听听，还有小朋友有不同的看法吗？（指名说）

生2：因为本来12根是11和1。

师：这里的11根是怎么看出来的？

生2：上面有一个圈起来的10。

47

改进数学课堂

师：这一捆是多少的呀？

生2：10。

师：这一捆是1个十（闪烁一捆小棒，并出示：1个十），那这里是多少？

生2：1。（闪烁一根小棒，并出示：1个一）

师：1个一，这样合起来就是11。看来11由什么组成呀？有几个十？

生2：1个十。

师：由1个十和几个一组成？

生齐：1个一。（板书：1个十1个一）

师：那11里面呀，有两个1的，那小朋友认为这两个一代表的小棒一样不一样呢？这个1，你认为它代表的是哪些小棒？

生1：一捆小棒。

师：是这一捆小棒（闪烁一捆小棒），那另外边上这1个一呢？

生1：是表示1根。

师：哦，是这1根（闪烁1根小棒），是不是这个意思？

生齐：是。

(2) 19的教学（略）。

5. 自己想一个十几的数，用小棒摆出来

师：我也要学他们的样子来摆一个数。（师将电脑切换至投影）看好，猜猜我摆的是多少？（师摆15）

生齐：15。

师：刚摆好，就报出来了，怎么看出是15的？

生1：一捆小棒加上5根小棒，是15根。

师：跟他想法一样的小朋友坐正，点点头。原来大家看到的，这里有十，这里还有5个一，（手分别指着一捆小棒和5根小棒）是吧？看来，15可以由几个十和几个一组成？有人非常愿意来告诉大家，你说？

生2：1个十和1个一。

师：几个一？

生齐：5个一。（板书：1个十5个一）

师：如果是1个一，那变成几了呀？

生齐：11。

师：先想好，再动手摆，开始。像艾老师这样，要让人家一眼就看出有多少根。

第二章 在数概念教学中奠基数感

（生操作，师巡回指导，用时1分30秒）

师：请一个小朋友摆给大家看，看看哪些小朋友一摆出就知道他（她）摆的是多少，准备好了没？

生齐：准备好了。（生摆出16）

生：16。

师：这么快啊，怎么看的？你来。

生1：因为1捆是10，再加6等于16。

师：你是不是这么想的？（生点点头）非常好，想对的小朋友点点头。谁来说说看，16由什么组成？

生2：1个十和6个一组成。

师：由1个十和6个一组成。（板书：1个十6个一）现在，小朋友们注意啦，你摆的那个数，是不是在你桌上了？

生齐：是。

师：好，相互看一看，马上说说他摆的是几，你怎么看出的？

（同桌互相说，师巡回指导）

6. 归纳11~20各数的特点

(1)11~19各数，都是由1个十和几个一组成的。

师：刚才小朋友都看了同桌摆的，也说了方法，这里还有几个数（手指着黑板上的数），我们不看小棒，你能不能来说说看，它们由几个十和几个一组成？13，谁愿意来？

生1：1个十和3个一。

略去：14、18的数的组成，其中说到18时有学生说"18由十和8个一组成"。

师：好，我们来看看哦（师将投影切换到电脑），刚才，美羊羊这里有19根小棒，我们一眼就看出了，对不对？如果老师现在再添一根（在19根小棒图的基础上添了一根小棒），几根？

生齐：20。

师：好，请问刚才这里一共是几根啊？（闪烁9根小棒）

生齐：9根。

师：再添一根之后，这里（将10根小棒用一个圈圈了起来），小朋友说变成了……10根了，这10根怎么办？

生齐：扎起来。

49

改进数学课堂

师：再扎起来(将10根小棒捆成一捆)，这样你能不能马上看出？
生齐：20。
师：怎么看出的呀？
生1：因为这里两个都有10根，扎起来就是20根。
师：哦，这里有1个十，这里还有1个十(鼠标分别点中两捆小棒)，合起来就是20了。看来，20由几个十组成呀？
生齐：2个十。
师：现在我们来看看这些数，这就是我们今天新学的11到20各个数。(板书：11~20)我们来看，从11到19，刚开始小朋友就在说都有个1的，都在大起来的，你现在知道这个1都表示什么意思吗？
生齐：10。
师：都是表示1个十，是吧？那这边的呢，都表示什么意思？
生齐：几个一。
(2)10是由1个十组成，20是由2个十组成。
师：对，都表示几个一，是不是这个意思？看来，11到19都是由1个十和几个一组成的，但是，这个20就比较特别，它是由什么组成的？
生齐：2个十。
师：它由2个十组成了，所以，我们把它叫做20。那我们以前学习的10呢？它由什么组成？
生1：1个0和1个一。
师：这个一表示什么意思？
生1：摆小棒组成的。
师：谁有不同的意见？
(板书：10)
师：这个10的这个1表示什么意思？(手指着10上面的1)
生2：这个10的这个1表示十。
师：1个十是吗？它有没有一啦？
生齐：没有。

(三)练习巩固，拓展提升

1. 猜数谜

(1)师出示谜面学生猜。

师：没有了，所以，用 0 来占这个位置，是吧？小羊们摆好了小棒之后，它们也认识了 11 到 20 这些新朋友了，于是它们坐在一起，想玩一个猜谜游戏，你们想不想去看看？

生齐：想。

略去：用"排序"、"组成"等方式猜 16、18、17、11，其中当猜到 11 前面的数时，教师揭示了从大到小(12)和从小到大(10)的不同。

(2)学生设计谜面，请同学猜。

略去：学生分别以"比 19 大 1 的数(20)、1 个 10，1 个 7(17)、在 13 和 15 的中间(14)、17 和 20 中间的两个数(18、19)、19 前面(18 或 20)"，其中在后两题，教师渗透了估算和可能性的教学。

(3)用多种方式表述一个数。

师：从小到大数的时候，看来，如果只有一个答案，你要把它说清楚，到底是怎么数的，是吧？大家刚才对慢羊羊村长好像很感兴趣，村长也出了谜了，可是它只告诉了我们心里想的这个数是 15，你觉得这个慢羊羊有可能是怎么出谜考大家的？（出示：15)你说说看？

生 1：1 个十、5 个一。

生 2：在 16 和 14 中间。

生 3：1 个一、1 个五。

师：你觉得慢羊羊村长会不会这么出？

生齐：不会。

师：为什么它不会这么出？如果是 1 个一、1 个五，你觉得可能是几？

生：6、15。

师：这位小朋友，他的意思是说这个 15 在写的时候，是先写 1 个一，再写……

生 4：不，合起来。

师：把 1 和 5 这两个数拼起来，是不是这个意思？如果你说合起来的话，很容易让大家误会这个数就是 1 加 5 等于 6 了，是不是？

生 4：是。

改进数学课堂

师：那我们要把它合起来的时候，怎么说不会让大家产生误会？如果光说1个一、1个五合起来，我可以怎么说不会让大家误会？我可以说1个……十和5个一合起来，这样大家就不会误会了，是吧？

师：同样是15，小朋友可以从不同的方面来出问题，是吧？想不想知道村长是怎么出的？

生齐：想。

师：它说这个数的邻居是14和16，你觉得可不可以？

生齐：可以。

2. 数序练习

(1)出示尺子0~20，中间空3格。

师：是吧，我们有很多的处理方式。这里有一把尺子，上面少了两个数，能填吗？

生齐：能。

师：这里是几？

生：13。

师：怎么想的？为什么是13？

生1：因为12的后面是13。

师：你怎么数的？

生：11、12、13。

师：哦，她这样数的时候就知道了，这里呢？

生：17。

师：可以吗？

生齐：可以。

师：尺子上不仅有我们今天认识的11到20，我们以前认识的0到10这些数也在上面，那你觉得这个尺子20后面的这些数，我这样数过去……

生齐：21、22、23……（生很激动地往下数）

师：看来一(4)班小朋友非常非常能干，这把尺子上都放不下了，是吧？我们可以用这样的一条线去表示（由尺子抽象成数轴），这条线叫数轴。我们看这里有个小箭头……

生1：就表示后面还有。

师：对，你很聪明，这个小箭头就表示后面还有很多数，就像小朋友说的，是不是？

第二章 在数概念教学中奠基数感

生齐：是。

(2) 18，16，14，(　　)，(　　)。

师：好，艾老师这里还有问题想考大家。(出示填一填)会填吗？

　18　　16　　(　　)　　12　　(　　)
(　　)　　10　　(　　)　　(　　)

生齐：会。

生1：14。(师点鼠标时，将10也填好了)

师：我都已经告诉你了，跟你心里想的一样吗？

生齐：一样。

(3) (　　)，10，(　　)，(　　)。

师：第二题，你觉得可以怎么填？

生1：8、10、12、14。

师：她怎么填的？几个几个地数？

生：两个两个数。

师：还有别的数法吗？

生2：9、10、11、12。

师：他怎么填的？

生：1个1个地填。

师：还有没有了？

生3：11、10、9、8。

生4：12、10、8、6。

师：这样可不可以？

生齐：可以。

师：小朋友还有很多填法。

生5：7、10、11、12。

师：你觉得这样可不可以？

生：不可以。

师：这个问题留给大家去思考一下，这样填可不可以？好！

53

改进数学课堂

三、第三次课教学实录

(一)创设"慢羊羊杂货铺"情境，勾起学生生活经验

1. 出示货架

师：在羊村里，我们的慢羊羊开了一家杂货铺，我们一起去看一看，好不好？

生齐：好。

师：它的杂货铺里都会有些什么呢？(师电脑出示杂货铺：6包香肠、5箱酸奶、4袋面包)

课件呈现

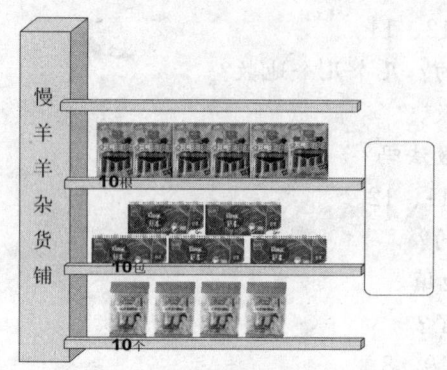

图 2—14

2. 获取货架上的信息

师：这里就是慢羊羊的杂货铺了，看看都有哪些商品呢？

生1：香肠。

生2：面包。

生3：……

师：这中间的是什么？

生齐：牛奶。

师(微笑)：牛奶，可以。(有学生在说酸奶)

师：我们来看一看哦，它的杂货铺里的这些物品在包装摆放的时候，你觉得有什么共同的地方？

生1：放得很整齐。

师：非常整齐地摆放，小朋友都发现了，是吧？而且你看怎么样？

生1：最上面的左上角下面有10根，就代表一包里面有10根，然后呢，再看下面那里，也有10包，意思就是一箱有10包牛奶，再看下面，这里有一包，它就代表1包有10个。

3. 生活中，你有没有见过10个放一起的

师：那么小朋友在生活当中有没有见过像这样10个东西一包或一盒放在一起的，有没有见过？你见过的，说说看。

生1：在商场里。

师：商场里非常多。

生2：我看到一个箱子上写着一条有12个。

(二)顾客购物，对比中体会"十"的简洁与方便

1. 买10根火腿肠，会怎么给？为什么会这样方便？

师：看来这样的现象还是非常多的，是吧？我们的杂货铺开张了，第一位小顾客来了，看看谁来了？

课件呈现

图2—15

生齐：喜羊羊。

师：它说想买10根香肠，你觉得慢羊羊会怎么给它呢？（指名说）

生1：把一个袋子给它。

师：是不是这样给啊？（将一包香肠拖动至喜羊羊处）

生齐：对。

师：怎么这么方便呀？你说？

生2：因为刚才说一包里面有10根香肠，所以一包全给它。

师：就是10根了，是吧？这一包里面有10根，也就是有一个几了？1个十是吧？

（板书：1个十）

师：10根香肠10个一，是吧？看来1个十就是10个一了，是不是？

改进数学课堂

（板书：1个十就是10个一）

2. 买14根火腿肠，又该怎么拿？

师：第二个小朋友过来了，看看谁来了。

课件呈现

图2—16

师：它也要买香肠，它想买14根香肠，你觉得怎么给呢？

生1：先给它10根，再从一包香肠里撕开来再给它4根。

师：那这10根怎么给？

生1：撕开来。

师：它是怎么给的，有不同的给法吗？

生2：两包两包分开来。

师：两包两包，给得怎么样啊？

生齐：太多了。

师：有人说太多了。还有人有不同给法，你说。

生3：可以给它，一袋里面先抽出4根，4加4等于8，就是说它里面先抽出8根来，然后再加上另外袋子里的4根，就变成12根，12根再抽出2根就变成14根。

师：看来，不同的小朋友在替慢羊羊出不同的主意，有没有小朋友有更好的主意，14根，非常快就能给顾客了？你说。

生4：就是先把6根拿出来，然后再给它一包就行了。

师：是几根了？

生齐：16根。

师：14根怎么给？

生4：慢羊羊把6根拿出，放在自己的架子上，然后还有4根给它。

师：那你觉得它的给法方不方便？

生齐：方便。

师：为什么这样就是14根了呢？你说！

生1：因为10加4等于14。

师：这个10，你从哪里看出来的呀？

生1(手指着屏幕)：因为那边有一个10根。

师：说明一包就是10根，这10根扎成一包了，它就变成1个十，再加上4根，合起来就是14根了，非常的方便，是吧？

3. 出示凌乱的第四层货架，上面放着散乱的铅笔

师：杂货铺还有个第四层货架，想不想知道第四层货架放着什么？我们看看到底是什么？是一些铅笔，你觉得这些铅笔的摆放跟下面三层的摆放有什么最大的不一样？有人在说了，你说！

课件呈现

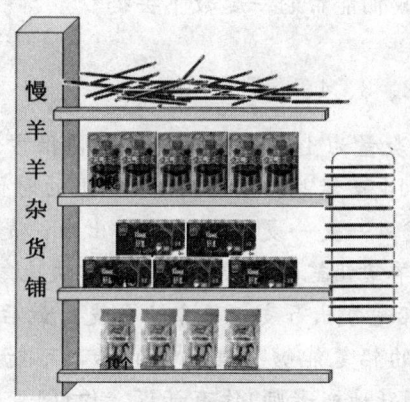

图2—17

生1：下面这几个都是吃的，铅笔是用来当学习用品的。

师：哦，说明杂货铺品种非常多，是不是？那么在摆放的时候，你觉得最大的不一样是什么呢？你说！

生2：下面是整齐的，铅笔是不整齐的。

师：是不是？

生齐：是。

师：你摆放时，下面非常的整齐，可是铅笔比较凌乱，是吗？

生齐：是。

4. 买14支铅笔，怎么给

师：好，那这时候呀，有顾客来了。

改进数学课堂

课件呈现

图2—18

师：懒羊羊来了。它呀，想买14支铅笔，我们看一看，慢羊羊是怎么给的，好吧？（课件一支一支拖动至懒羊羊）它怎么给的？

生齐：一支一支。

师：一支一支，我们能帮它一起数下去吗？

生齐：能。

（师生齐数：1、2、3、4、……、14）

5. 对比，同样是数量为14，为什么前者很快很方便，而后者很麻烦？

师：终于给出了14支铅笔。刚才香肠14根的时候，很快就拿出来了，是吧？现在铅笔14支，一支一支地很慢才拿出来，是吗？那有没有小朋友能想个办法，帮慢羊羊拿铅笔的时候，也能非常快地拿出来。

生1：一次先把铅笔拿出5支，再拿出5支，最后再拿出4支就好了。

师：哦，如果我的铅笔能够整理一下的话，可能它拿出来会更方便一点，是吧？（一生很踊跃地叫老师）你有话说，你说！

生2：先拿一把，数数看有没有14支，如果没有，再拿几支。

师：虽然，她是一把拿出来，但她也是在一支一支地数，是吧？那如果我们能把这些铅笔整理一下的话，你觉得会不会有顾客来的时候，可能会整齐一点，会不会？

生齐：会。

（三）整理货架，感知并揭示计数单位"十"，并学习数的组成

1. 同桌合作，整理货架上还剩下的16支铅笔，动手摆一摆

师：有可能是吧？那这14支铅笔已经卖出了，没办法帮它理，那么货架上还剩下几支铅笔，我们就帮它来整理这些铅笔，好不好？

生齐：好。

第二章 在数概念教学中奠基数感

略去：学生用吸管代替铅笔整理货架，发现还剩 16 支铅笔。

2. 反馈

师：16，怎么这么快就知道它剩 16 支了？怎么看出来的？

生 1：刚才我们已经把 10 支铅笔绑在一起了，那我们就知道大部分是 10 支，然后呢，我们再数没绑的那些有几支，加起来就等于 16 支了。

师：哦，那你发现没绑的还有几支？

生 1：6 支。

师：这 10 支绑起来了，也就是一个，一个多少？

生齐：十。

师：1 个十了，是吧？好，这时候边上还有 6 支，就是 6 个……

生齐：一。

3. 学习 16 的写法和组成

师：合起来就是 16 支了，是吧？看来，1 个十和 6 个一合起来是多少呀？（板书：1 个十和 6 个一合起是 16）

生齐：16。

师：16 是吗？谁能像老师这样说一说，谁愿意来说？

生 1：1 个十和 6 个一合起来就是 16。

师：艾老师这里也有一个 16，16 你会不会写呀？

生齐：会。

师：怎么写呀？来，你们指挥，先写……

生齐：1。

师：再写……

生齐：6（师将黑板上的 16 擦掉，板书：1）。

师：艾老师想问，这个 1 表示什么意思呀，它是指 1 个？

生齐：十。

师：（板书：6）那这个 6 呢？

生齐：6 个一。

师：（手拿出 16 的卡片）是不是这个 16？

生齐：是。（将 16 数字卡片贴到黑板上）

师：慢羊羊货架上剩下的铅笔，我们把它整理好了。如果艾老师现在要来买这个铅笔，我想买 12 支，小朋友你会怎么拿给我？马上把你的小棒举

59

改进数学课堂

高。你会怎么拿给我？12支。可以分开，有人非常非常快就拿出来了，速度这么快啊，来，你来说，你怎么拿给艾老师的？

生1：这里10支，再拿2支就是12支了。

师：那从16里面抽掉4支就是12。那现在12，你觉得是由什么来组成的呢？（指名说）几个十和几个一合起来是12呀？

生1：1个十和2个一合起来就是12了。

师：艾老师把它记下来，小朋友一起说好吗？（板书：1个十和2个一合起来是12）

生齐说：1个十和2个一合起来就是12。

师：艾老师把12也放上去。（在黑板上贴出数：12）

师：慢羊羊的货架经过大家的整理已经变得非常整齐了，是吧？小朋友们，刚才艾老师来买东西，都能够非常快地拿出我需要的数量，相信下次还有顾客来买的时候慢羊羊也可以非常方便地拿出来，是不是？

生齐：是。

4. 学生整理小棒

师：好，刚才呢，我们帮慢羊羊整理了它的货架，那么艾老师呢，有一些小棒也想请小朋友帮我来整理，你愿不愿意？把2号信封里的小棒轻轻倒在桌子上，然后两个小朋友想想看，能不能像刚才我们帮慢羊羊整理货架一样整理这些小棒，让别人能够马上知道你帮艾老师整理了多少根小棒，可以吗？

生齐：可以。

（学生操作，师巡回指导）

5. 反馈

（1）学习13。

师：已经帮我整理好的小朋友，手上拿着你的小棒，让我看看，好，有的小朋友那里一眼就可以看出你们帮我整理的小棒，来，我请你们来介绍一下。举高啊，你来告诉大家，你们帮艾老师整理了多少小棒？怎么整理的？

生1：13根。

师：怎么整理的？

生1：这里有10根(举起左手的10根)，这里有3根(举起右手的3根)。

师：怎么看出来的？怎么看出帮我整理的是13根？你来说。

生2：1个十和3个一合起来是13。

师：他已经非常完整地告诉大家了，这里是多少？（师举起左手的一捆小棒）

生齐：10。

师：1个十，是吧？这里是？（师举起右手的3根小棒）

生齐：3个一。

（师把左右手中的小棒作合起来的姿势）

生齐：13。

师：合起来就是13。看来这样整理，让大家马上清楚这是13根，是吧？好，这是她帮我整理的，13根小棒放出来啊！（黑板上贴出13）

（2）学习11。

师：还有不一样的？来，你们上来！看看他们帮我整理的，你先不告诉大家。（生举高小棒）

生齐：11。

师：多少？

生齐：11。

师：怎么看出来的？

生1：1个十和1个一合起来是11。

师：非常好，谁能够声音很响亮地再来说一遍？

生2：1个十和1个一合起来就是11。

师：同意吗？

生齐：同意。

师：好，请回，你们是不是11根？

生齐：是。

师：把11放出来。（师在黑板上贴出11）我们大家来看一下（切换至电脑），我们发现11有两个1，对吗？

生齐：对。

师：那么这一个1，它表示的是哪里的小棒？（出示11的小棒图）又代表什么意思呢？（指名说）这个1表示哪边的小棒？

生1：那边。

师：这一边？（闪烁一捆小棒）

生齐：左边。

61

改进数学课堂

师：捆，左边，它表示？

生1：有10根。

师：有10根，也就是10个一，扎起来之后，它也可以表示一个……

生齐：十。

师：1个十，是吧？（出示1个十，并闪烁）所以，10个一等于1个十，同不同意？

生齐：同意。

师：那么，这边的1呢？是哪边的小棒？

生齐：右边。

师：哦，右边的，是不是这里的小棒？（闪烁1根小棒）表示什么意思？

生齐：1个一。

师：1个一。（出示1个一，并闪烁）看来，这两个1，它们代表的小棒和表示的意思是不一样的，因为它们的位置不同，对不对？

(3) 学习19。

略去：19的教学。

(4) 学习20。

师：好，刚才这里是19根小棒（黑板上贴出19），现在艾老师再放一个，几个了？

生齐：20。

师：20了是吧？刚才这里是9根，又加了一根，这里是多少根？（指散开的10根小棒）

生齐：10。

师：怎么办？

生：再捆。

师：再捆（师将10根小棒捆起来），你能马上看出是20吗，能吗？

生齐：能。

师：几捆了？

生齐：两捆了。

师：那说明20由几个十组成呀？

生齐：2个十。

师：2个十就是20。（板书：2个十就是20）这样整理一下小棒的话，很方便，是吗？（黑板上贴出20）现在，通过大家的整理，我们已经出现了这么多数了，请问在11到20中间，还有没有数字落下的？

生齐：有。

师：哪些数落下了？一起说。

生：14、15、18、17。（生边说，师边贴出数字卡片）

（四）认识数序

1. 给11~20各数排队

略去：通过"在（ ）前是（ ）"、"在（ ）后是（ ）"、"在（ ）和（ ）中间是（ ）"来给11~20的数在黑板贴出的数轴上排序。

2. 与已学过的数进行沟通

师：看来，通过排队，11到20之间所有的数，都已经到齐了，是吧？那我们现在来看一看这些数，如果让你给它们分分类，你会分成哪两类呢？（指名说）

生1：单数和双数。

生2：15的那边分成一类，15的另一边再分成一类。

生3：一位数和两位数。

师：前面的是吧？（师在数轴上贴出0~9各数）那刚才小朋友还说到了，我还有21呢，他说，是不是这个数相比20这些我们学的数，怎么样？

生齐：大。

师：大了，那它的位置又会在哪里呢？

生：后面，20的后面。

师：在这个后面，是吧？那这个后面除了21还有没有其他的数？（教室里人声鼎沸）

师：我知道了，大家想告诉艾老师的是，这个数的后面还有好多好多，是吗？我这里已经排不下了，所以，我用了一个箭头来表示，是不是？那我们来看看，今天呢，认识了11到20各个数。（板书：11~20各数的认识）我们来看，在今天认识的数里，其实大家刚才在读10、11、12的时候，我们发现一直读到19，都是怎么读的？都是读十几，你有没有发现？

生齐：发现了。

师：是的哦，而且这里前面都是1，这个1表示什么意思？

生齐：十。

师：它表示十，它表示1个十，但是这个20，前面是个2，这个2表示

63

改进数学课堂

什么意思？

生齐：2个十。

师：2个十了，那如果前面是个3呢？

生齐：3个十。

师：4呢？

生齐：4个十。

师：看来像这样的情况下，前面是个几，它就表示几个十，是不是这样？

五、练习

略去：练习题(圈一圈、数一数；填一填；猜一猜)，在"猜一猜"中，有以下几题，即"美羊羊说，我喜欢的数由1个十和6个一组成，我喜欢的数是？16""我喜欢的数由两个十组成，我喜欢的是？20""喜羊羊说我喜欢的数比20小2，我喜欢的数是？18""慢羊羊说，我喜欢的数在11和15之间，我喜欢的数可能是？"

第三节 教学设计改进

一、第一次课前分析

课程维
"11~20各数的认识"既是10以内数的认识的延伸，又是后面认识100以内数甚至更大数的基础，而且在这里第一次出现了计数单位，为后面学习20以内进位加法打下算理的基础，在整册教材中它起到承前启后的重要作用。
教师维
学生对于11~20各数有一定的认识，尤其是读数和写数，教师不需要花大手笔在这些上面，完全可以放手让学生完成。对于数的意义以及计数单位这两个内容，教师则需要设计一些符合一年级学生特点的活动，帮助学生更好地理解并内化。
学生维
对于11~20的数，学生们都有一定的生活经验和学习基础，因此大部分学生会读写，但对于数位和数的意义这些比较抽象的知识学生并不了解。

第二章 在数概念教学中奠基数感

二、第一次教学预设

教学目标
1. 知识与技能目标：使学生在数数、读数等活动中认识计数单位"十"，初步理解"10个一是1个十"，知道11~20各数的大小、顺序、组成。 2. 过程与方法目标：通过动手操作与合作交流，充分感知10个一就是1个十。 3. 情感、态度与价值观目标：体验数与生活的联系，树立估算的意识，培养学生的数感。
教学重点、难点分析
计数单位"十"是学生初步接触的内容，又比较抽象，而且低年级学生以形象思维为主，所以把建立计数单位作为本课时的重点和难点。
教学流程

教学线索	设计意图	课堂生成
（一）数小棒，学方法 活动一：估小棒 1. 猜小棒导入。 2. 数小棒验证。 活动二：数小棒，初步建立"10个一是十"这一计数单位的概念。 3. 在10根小棒的基础上，继续数数，至20。 4. 展示0~20的不同数法。 提问：除了一根一根地数，你还会怎么数？ 5. 从不同数法中揭示10根小棒扎成一捆，初步认识"10个一是十"。 6. 学习2个十是20。	估算在日常生活中有着十分广泛的应用，先让学生估一估小棒的数量，既有利于培养学生的数感，又可培养学生的估算意识和能力。 根据对学生的前测，发现学生对于计数单位"十"在认识上几乎是空白的，"10个一是十"这一计数单位学生是无法主动去建构的，因此通过数的过程帮助学生初步建立认识。	学生能够在教师的引导下，接受10根小棒扎成一捆的建议，初步认识10个一是十。但是这一概念的建立只是被动接受，无法深刻地感受到"十"的必要性。

65

改进数学课堂

续表

(二)看小棒,学组成 活动一:看小棒图学组成 呈现两组摆好的小棒,学习数的组成。 (1)出示:12根(图) 提问:有多少小棒?如何看? 提问:(点击1捆)这是几个十? (点击2根)这是几个一? 说说12是怎么组成的。 (2)出示:16根 同上提问。 活动二:选一个数,摆一摆、说一说 1. 选择一个数,摆一摆、说一说组成。 2. 填完整余下数字,直接说说组成。	通过摆小棒让学生直观地学习数的组成。教师通过示范,引导学生摆成几个十和几个一的形式,从而掌握这一简便合理的十进制方法,另一方面在摆一摆的过程中也掌握了数的组成,最后脱离学习材料,直接说一说组成。	学生在自己用小棒摆出十几的过程中,因为没有很好地体会到10根一捆的合理性、方便性,实际操作中出现了11根扎一捆和9根扎一捆的现象。在这里教师也进行了引导,例如在出现11+8的情况时,通过"怎么改变一下就能让大家很容易看出是19根"这样的问题让学生在对比中感受到10根一捆的必要性。
(三)学习数序 活动一:找位置 小火车上找车厢:11,14,16,14和16之间,14前面的数,16后面的数。 活动二:数轴上读数 1. 小火车变换成尺子,进而抽象成数轴。 2. 有序地读一读0~20。 3. 展示不同读法。 提问:刚才在读的过程中,有没有发现。 4. 取一段读一读。 比10大的数有哪些?一起来读一读,如果现在不看数轴,从7数到13。 从12数到20。 从20倒着数到14。	通过前测,发现学生对于数数是没有困难的,特别是顺着数。 通过多种形式的练习,体验11~20各数的排列顺序,感知数与数之间的联系和区别,有利于培养学生的数感。	学生在倒着数的时候出现问题,一学生16,14,13……

第二章　在数概念教学中奠基数感

续表

(四)练习反馈，强化新知 活动一：猜猜我是几 16 前面的一个数是几？ 18 和 20 中间的数是几？ 与 17 相邻的两个数是多少？ 有个数是由 1 个十和 3 个一组成，这个数是几？ 活动二：学生用一句话说一说自己最喜欢的数，请同学猜这个数是几。 活动三：翻书游戏 翻到第 8 页，翻到第 16 页，你们是往前翻还是往后翻，为什么？请大家翻到第 10 页。用手捏一下，看看 10 页书有多厚？想一想，到第 20 页大约会有多厚？用你的手势表示一下。	学了 20 以内数的顺序后，让学生翻翻书，根据数的顺序来确定往哪边翻，体验一下 10 张、20 张的厚度，让学生灵活应用所学知识解决实际问题，培养学生的数感。	在学生介绍一个数的时候，出现的组成、数序、大小，还有学生甚至用到了在 15 和 19 之间这样的描述，教师能根据学生实际生成，及时渗透"可能性"和"估算"的教学。 在这个环节，学习能力较弱的学生无法马上描述自己所想的一个数，可以先请同桌交流，以好带差，从而更好的兼顾各个层面的学生。 因为时间的关系，翻书游戏没有进行。
(五)独立练习 1. 填一填。 2. 看图写数。 3. 猜一猜，我是谁。	根据前测情况，检验课的价值。	因为时间关系，独立作业没有进行。整堂课在内容上还需要进一步的整合。

改进数学课堂

连接点：第一次课后反思＋第二次课前分析

课程维
1. 教材上 4 个课时（数数、读数、数序和写数）的划分是否合适？基于学生已有的认知基础以及本课时的实际需要，对于课时安排需要作出调整，把写数纳入本课时之中。 2. "十"作为一个计数单位出现这是第一次，前面所学的数，都只是简单的分成几和几，这使得在教学十几的组成时受到了负迁移，建立计数单位十的时候，更加重要的是要凸显其生活中的实际价值，让学生感受到它的必要性。
教师维
1. 学生在课堂上能够被动接受十进制，但是却不能很好地领会十进制的概念和意义，需要调整教学设计。 2. 教师在教学时间的分配上需要作出进一步的调整，突出重点，对于一些练习的设计需要有所取舍，并加以整合，照顾到各个层次的学生的需求。 3. 加强数感的培养，从数的意义、数序、数的估算、数的解决问题等多个角度时时去关注学生数感的发展。 4. 小组合作操作时，教师的指导还需要更加细致，使得小组合作更加有效。
学生维
1. 学生对于计数单位十是缺乏认识的，即使在教师给学生之后，学生也无法真正接受，在自己摆小棒操作时出现 11 根一捆、9 根一捆这样的情况。基于此，需要反复提供这样的材料，让学生慢慢体会，不急于在一课时就让学生认同。 2. 相当一部分学生对于 11~20 各数的读、写、数序等有很好的认识，这些学生需要的是更高地提升，更好地培养数感，而不是仅仅满足于基础知识目标的达成。

三、第二次教学预设

教学目标
初步建立计数单位"十"。
教学重点、难点分析
建立计数单位"十"，掌握各数的组成。

第二章 在数概念教学中奠基数感

续表

教学流程		
教学线索	设计意图	课堂生成
(一)创设情境,激发学习兴趣 活动一:喜羊羊摘苹果 1. 估计一下已经摘了几个? 2. 数一数,验证。 3. 说一说14怎么写,师板书。 4. 又出现4个,现在有几个?一起数一数。(15,16,17,18) 5. 书空写一写18。	1. 设计喜羊羊摘苹果这一情境,引起学生的学习兴趣。 2. 初步认识11~20各数,对于读数和写数有初步认识。	当学生喜爱的喜羊羊情境出现时,学生的注意被牢牢抓住,兴奋度比较高。
(二)实践操作,认识新知 1. 巩固读数和写数。 还知道哪些十几的数,生说师板书11~19各数。 2. 认识数序。 (1)读一读11~19。 (2)有什么发现?(一个一个大起来) (3)除了这样数,还能怎么数? 出现倒着数时,提问:又有什么发现?(一个一个小起来) 3. 建立计数单位"十"的概念,并学习各数的组成。 (1)三堆小棒 (1根1根摆的,2根2根摆的,10+2摆) 提问:马上看出小棒有几根,你选择谁摆的? 为什么? 揭示10个一是十。 (2)小结12的组成,由1个十和2个一组成。 (3)沟通(1根1根摆时到10根扎成一捆,2根2根摆时到10根扎成	通过排队后读一读,让学生初步体会数与数之间的联系和大小关系。 通过一组对比材料,让学生在比较中体会到10个扎成一捆有利于我们很快看出实际数量。初步体会十进制的意义。 联系生活,体会生活中"10"的重要性。	生1:都有1。 生2:都是十几的数。 引导:这样读的时候,这些数一个比一个怎么样? 生3:大起来。 (教师的提问不明确,导致学生不清楚究竟回答什么) 学生肯定第三种摆法,并清楚说明理由:一捆已经告诉我们是10根了,再数2根就可以了,很方便。(因为在一捆上标明了10根,学生对于这一捆是10根就没有疑问,从而认同了这样摆放是最佳的)

69

续表

一捆，这样看起来很方便） (4)出示生活中以十为单位的物品 小结：10个为单位让我们数的时候很方便 4. 出示另两组小棒，是多少？怎么看？ (1)学习11(图) 提问：多少？怎么看？ 说组成。 提问：11的两个1表示意思一样吗？ (2)学习19(图) 提问：多少？怎么看？ 说组成。 (3)学习20 (19根基础上)再添一根，现在有几根小棒？ 学习2个十是20。 5. 自己想一个十几的数，用小棒摆出来。 (1)学生自己想并摆一摆 (2)同桌看一看，说说组成 (3)反馈 摆小棒，说组成。 直接看数说组成 6. 归纳11～20各数的特点。 (1)11～19各数，都是由1个十和几个一组成的 (2)10是由1个十组成，20是由2个十组成	数的组成是学生第一次接触，出现了数位的概念，这与前面0～10的认识是截然不同的。通过摆小棒，帮助学生直观地认识11～20各数的组成。	生1：这个1代表那边的(1个十)，还有一个1代表这边的(1个一)。 生2：这个一就是那10根，还有一个1是边上的一根。 学生对于1个十和1个一这样的表述存在困难。 学生在实际操作的过程中，能仿照着摆出十几，用10+( )的摆法，但还是有个别学生摆出了(13+4)的，边上同学看到后说是14根。

第二章 在数概念教学中奠基数感

续表

(三)练习巩固，拓展提升 1. 猜数谜。 (1)师出示谜面学生猜 这个数由1个十和7个一组成 这个数是20前面的那个数 这个数比13大2 这个数在17和19中间 (2)学生设计谜面，请同学猜猜呢？ (3)用多种方式表述一个数。 2. 数序练习。 (1)出示尺子0~20，中间空3格 (2)18，16，14，（ ），（ ） (3)（ ），10，（ ），（ ） 3. 方块表示几？ 出示10，用格子表示。 隐去格子。 提问：右边添上格子5，表示多少？ 减少，可能是几？肯定比15小，到底是几呢？呈现切数。 增加，可能是几？肯定比15大，到底是几呢？呈现切数。	猜数谜，学生非常喜欢这样的游戏，调动了学生的积极性。让学生多角度地认识一个数，给学优生也提供了更大的发展空间。 设计的开放题，是对计数单位"十"的认识的再延伸。 数形结合，培养估算意识。	在学生自己想一句话表述一个数时，出现了数的组成、大小、联系等方式，但也出现了错误的表述。 生：1个1和1个5合起来是多少？ 师：你是根据写数的样子来说的，这样会不会让大家误会是1＋5＝6呢？ 生：不会。 (学生心里明白，但是却从数形上来说，是否受写数指导的影响) 生1：由1个十和1个五组成。 生2：19前面的那个数。 生3：18、20都有。

连接点：第二次课后反思＋第三次课前分析

课程维

通过一节课的教学，就让学生体会到十进制的必要性，并处处自觉应用，这是不现实的。一是由于11~20各数数据本身比较小，学生无法产生强烈的需求；二是认识十进制、体会十进制应该放在一个大的背景中，通过一系列的活动逐步让学生去感受十进制的必要性，而不是在一节课中一步到位。在此处第一次出现十进制，更为主要的是为后续学习打下基础。在本课时中，重要的是通过与生活相联系，唤起学生的生活经验，去感悟生活中确实存在这样的现象，再通过具体的操作，去体会以十为单位的简便性。

改进数学课堂

续表

教师维
考虑到学生对计数单位"十"掌握有困难,教师可以告知 10 个一是 10,并通过具体操作和强化训练,让学生初步感知,后续教学中再不断完善学生对计数单位的理解。教学的重点、难点始终在计数单位的建立和各数的组成,不能偏移。

学生维
1. 营造生活情境唤起学生的生活经验,对于帮助学生认识和感悟十进制有好处。 2. 学生基于年龄特点,还不能完全用规范的数学语言来表述数的组成,需要不断示范和强化。 3. 写数学生都会,不需要刻意去教学,避免负迁移的产生。 4. 一年级学生的特点是好动,任何一样物品都非常容易引起他们的注意,在情境的设置上必须充分考虑是否能引起学生的兴趣,提供的学具也要便于操作、组织和管理。

四、第三次教学预设

教学目标
让学生充分感受十进制的意义,在此基础上建立十进制概念。

教学重点、难点分析
学生对于计数单位十的认识在数据比较小的情况下,始终是无法很好地体会其必要性的,在教学上,把重点设立在感受并初步建立计数单位"十",并且掌握数的组成。

教学流程		
教学线索	设计意图	课堂生成
(一)创设"慢羊羊杂货铺"情境,勾起学生生活经验 1. 出示货架(三层整齐地放着物品)。 2. 获取货架上的信息。 这些物品在包装上有什么共同点? 3. 生活中,你有没有见过 10 个放一起的?	设计货架,使得学生联系实际生活经验,确实生活中很多时候物品是这样包装的。	生1:都是食品。 无法获取到每份都是10个为单位这一信息,这与教师提供的图片小不清楚有很大关系。

第二章　在数概念教学中奠基数感

续表

(二)顾客购物，对比中体会"十"的简洁与方便 1. 买10根火腿肠，会怎么给？为什么会这样方便？ 2. 买14根火腿肠，又会怎么拿？ 3. 出示凌乱的第四层货架，上面放着散乱的铅笔。 对比这一层与前三层摆放上的不同。 4. 买14支铅笔，怎么给？（出示1支1支给） 5. 对比，同样是数量为14，为什么前者很快很方便，而后者很麻烦？	通过对比，使得学生很直观地感受到10个为一个整体时拿出来是很方便的。从而产生整理货架的欲望。	学生有各种各样的回答，比如"先给6根，再拆开一包拿出6根，再给2根"、"先给4根再给4给，再给4根最后给2根"等，一个学生回答"拿出6根，再把这一包给它"，其实已经是"10＋4"的给法了，但教师没有听懂，再追问就导致学生求异了。
(三)整理货架，感知并揭示计数单位"十"，并学习数的组成 1. 同桌合作，整理货架上还剩下的16支铅笔，动手摆一摆。 2. 反馈。 展示学生的各种摆法。 由10＋6切入，引出计数单位"十"，揭示10个一就是十。 3. 学习16的写法和组成。 4. 学生整理小棒（每组的小棒数目不等）。 5. 反馈。 (1)学习14 提问：多少小棒？怎么知道的？说说组成。 (2)学习11 看小棒说组成。 对比两个1表示的意思是否一样。 (3)19 摆了几根？怎么看？	学生始终无法在小数据时自觉体会到以十为单位的必要性，所以在此，由教师给学生这一规定，10根扎一捆，就是1个十。 对于书写学生起点很高，教师一笔带过即可。第一次出现( )个十和( )个一这样的组成表示方法，学生用规范的数学语言表达有一定的困难，设计看小棒说组成再到脱离小棒直接说组成这样的方式来进行。由直观逐步抽象。	课堂上教师调整了教学策略，没有放手让学生自己去摆一摆，而是在教师的引导下把10根扎成了1捆。在这个环节，应该相信在做了以上的充分铺垫后，学生能够出现10＋6的方法，该放手时没有及时放手。

73

续表

说组成。 (4) 20 揭示 20 是由 2 个十组成。 提问：说一说还有哪些十几的数，并说一说组成。 (四) 认识数序 1. 给 11～20 各数排队。 2. 与已学过的数进行沟通。 3. 读数 0～20。	学生对于从小到大一个一个数基本是没有任何问题的，通过排队的形式，用多种方式进一步来巩固数序。	在对 11～20 各数进行分类时，教师希望学生能分成"11～19"一类，"20"一类，但没有出现这样的回答，学生提出按"单双数分"、"15 为界分"、"个十位数分"。
(五) 练习 1. 填一填。 2. 猜猜我是谁。 3. 自己编数谜请同学猜。 4. 根据谜底出谜面。 5. 课外小知识介绍。		

第四节　同行教学评价

"三思"之后更精彩
——基于学习材料的视角

杭州市求是教育集团　江　萍

数概念的建立，对儿童学习数学是非常重要的，在学习过程中如何帮助学生不断完善对"数"的认识，加强对"数"的理解，对"数"产生敏锐、精确、丰富的感知和领悟，建立良好的数感成为我们在"数与代数"领域研究的重要课题。在教学过程中，我们应该如何借助有效的学习材料，建立和发展学生的数感？艾薇薇老师执教的"11～20 各数的认识"一课给我们带来了新的思考与启示。

一、"一思"量材录用,培养数感

数学学习的过程,实质上是人脑对外部数学材料的接受、分析、选择和整合的过程。如果把人脑比作"加工厂",那么,数学材料就是"原料",学习的结果则是"产品",而影响"产品"质量的第一要素就是来自人脑外部的"原料"。如何选取好的"原料"呢?根据教学目标、学生特点精心选取、量体裁衣就显得尤为重要。

【课堂观察:慢羊羊杂货铺里的数学问题】

课的开始,教师呈现了慢羊羊杂货铺的柜台(如图2-19所示),并且问了三个问题。

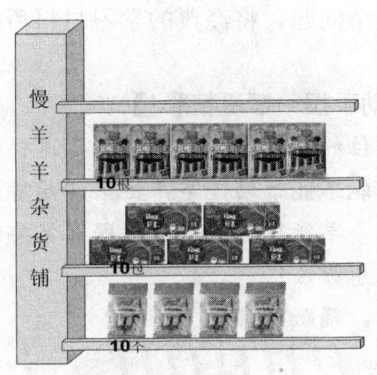

图 2-19

问题一:这是慢羊羊杂货铺的展示柜,这些物品在包装时都有什么共同点?

问题二:喜羊羊要买 10 根香肠,慢羊羊会怎么给呢?

问题三:又来了一位顾客想买 14 根香肠,你觉得慢羊羊又会怎么拿呢?

三个切实有趣的问题牢牢吸引了学生,同时也让学生初步感受日常生活中"以十为单位",体会其便捷性的目标自然而然地达成。究其成功的原因主要是情境的创设,它既符合学生的年龄特点,又突出了本节课的重点。

《数学课程标准》强调:"让学生亲身经历将实际问题抽象出数学模型并进行解释与应用的过程,"这个过程就是数学化的过程。培养学生的数感就是让学生更多地接触和解决现实问题,有意识地将现实问题与数量关系建立起联系。要使学生学会从现实情境中提出问题,选择恰当的方法解决问题,并

改进数学课堂

对运算结果的合理性作出解释。因此，在数学教学中，我们要创设各种生活情境，量材录用，让学生在自主探索的过程中建立起良好的数感，体会到数学的价值。

二、"二思"老材新用，夯实数感

选择适合学生的学习材料是非常重要的，数的认识教学离不开常用的教学材料——计数器、小棒、小方块，等等。一年级的孩子从5以内数的认识开始，就会与"小棒"结下不解之缘。我们是否应该反思：学生看到同样的材料出现在不同的课堂教学中，会始终保持最初的热情吗？我们是否应该考虑让"老材新用"，从而激活学生的思维？在"11～20各数的认识"一课中，艾老师恰恰也注意到了这个问题，将经典的学习材料巧妙地进行了处理，收到了很好的教学效果。

【课堂观察：自己动手摆一摆更精彩！】

在建立以"十"为单位的过程中，教师设计了这样的环节：

师：小朋友，我们能不能帮助慢羊羊把第四层货架整理一下呢？使得顾客来买铅笔的时候，慢羊羊能很方便地拿出顾客需要的支数。我们可以用小棒来代替铅笔，自己想想办法！

学生整理小棒之后，踊跃发言：

生1：1根1根整理 ||||||||||||||

生2：5根5根，再4根 ||||| ||||| ||||

生3：10根，4根 ▊ ||||

师：小朋友认为哪种方法最好呢？

生：10根一捆的最清楚了……

从上述教学过程中，我们发现教师通过设计"让学生自己想办法清晰地展示小棒根数"这一问题，巧妙地将以往"教师布置，学生参照"的模式转变为"学生探索、教师引导"的方式，通过学生乐此不疲的研究，自然而然地建立起"以十为单位"的概念。

由此可见，经典的学具应根据教学实际适时变化、精雕细刻才能成就课堂的精彩。当然，在材料处理过程中，教师必须注意思考三个问题：第一，这个教学材料以前用过吗？以前是怎么用的？第二，这节课是否必须使用这个材料？为什么？第三，现在的使用方法和以前有什么不同？回答完这三个问题以后，我们再对"老材料"进行加工，设计出能激活学生思维的环节与问题，整体把握、系统思考，老材新用，才能事半功倍。

三、"三思"一材多用，发展数感

数学学习材料的选取和使用除了"精挑细选"之外，我们还应考虑"精打细算"、一材多用、用好材料、用透材料。

【课堂观察：数与形的完美结合！】

练习环节，教师在请学生给 11～20 这些数字卡片排序时，还出了这样一道题(如图 2—20 所示)，请猜猜"?"代表几，并说说为什么。

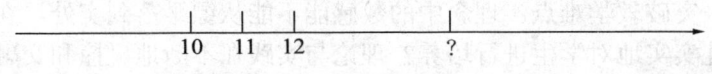

图 2—20

学生回答这一问题时，明显思维活跃、兴趣浓厚，在教师没有进行"线段提示"时想到了各种各样的办法进行估计，在教师提供了"标准"之后，又大胆清晰地表达自己的验证思路，课堂上时不时听到学生验证之后的"耶！耶！"声。

在以往的教学中，我们往往习惯于借助"实物"来让学生获得具体体验，没有多角度地进行设计，从而人为地将"数与代数"与"空间图形"进行了分割。实践证明，学生在认识数序的过程中，可以巧妙地将"数"与"形"结合在一起，自然地引出数轴，同时数轴也并不仅仅是排列数的工具，我们可以用它来进一步发展学生的数感，通过设计"估计数的位置"、"猜猜它代表几"等问题，让数学课堂更具思维的活力！

小学数学学习材料的选择和利用，需要教师根据教学目标、学生特点，精挑细选，量材录用；需要教师有"系统思考"的习惯，精雕细刻，老材新用；需要教师巧妙设计，精打细算，一材多用。《数学课程标准》明确指出："学生的数学学习内容应当是现实的、有意义的、富有挑战性的，这些内容要有利于学生主动地进行观察、实验、猜测、验证、推理与交流等数学活动。"这充分说明了教学中为学生提供有效学习材料的重要性。有效的学习材料应该成为促使学生张扬个性、锻炼能力、发展数感的载体！

我们要做一个"精明"的数学老师，"三思"材料而后行，让数学课堂更加

改进数学课堂

精彩！

对话，让我们经历从"能"到"不能"的转变

杭州市求是教育集团　马　珏

概念教学是小学数学教学的难点，其中数概念的教学更是难中之难。如何让数概念教学更加有效？很有幸，我和数学组内的几位骨干教师有机会参与了"在数概念教学中奠基数感"的课例研究，选择了小学低段的一节典型数概念课"11～20各数的认识"。三次教学改进的过程中，大学研究团队和我们的骨干教师团队，一直在辩论和思考数概念教学中的两个核心问题：抽象的数概念能不能同生活实际紧密结合，用学生熟悉的生活素材，唤起他们的求知欲望，突破教学难点？理念中的数感能不能从缥缈落到实处，在数概念教学中扎扎实实地对学生进行培养？理论与实践在不断地碰撞和交融，从一开始有分歧的"不能"到最后统一思想的"能"，作为一线教师的我们经历了一段坎坷的心路历程。作为其中的一员，我把学者和教师的两个对话片段，真实地记录下来，和大家分享……

一、十进制的建立能不能结合生活情境突破？

（一）能结合吗？

在"11～20各数的认识"中，重点是让孩子们对"十进制的位值概念"有比较直观的感知，为下节课学习数位做好充分的准备。我们在第一次的设计时，创设了一个数学问题情境："如何让其他同学一看就知道你摆了几根小棒？"让学生带着问题，自主摆小棒，希望能找到摆成"一个十加上几个一"的素材，然后以此为契机，通过对比，让学生感受到"十进制"位值的方便性。但是，事与愿违，实践下来，全班只有一个学生是这样摆的，而且，在讨论的过程中，这个摆法也没有得到其他学生的认同。怎么有效改进？

刘博士：能否结合现实生活中的事例，让学生感受到十进制的产生是生活中的需求，借助丰富表象，完成数学化的过程？

我们：十进制是一种数学上的人为规定，这样的数概念的引入是否需要借助生活素材？如果引入生活素材，该如何结合，才能更有效地帮助学生建立十进制的位值概念呢？

（二）如何结合？

带着疑问，我们开始第二次实践。我们还是舍不得抛弃"摆一摆"的问题

情境，但是将情境变为：让喜羊羊摆了两种不同的摆法，一种是凌乱的，还有一种是"1个十加上几个一"的，让学生比较"哪种一看就知道喜羊羊摆了几根？"希望通过这样的情境，让学生能认同十进制位值的方便性。最后，在后面增加了生活中的十进制例子，让学生感受到十进制在生活中应用的广泛性。实践下来，的确比第一节课效果要好一些，但是，十进制生活素材放在最后，对十进制概念的建立似乎作用不大。如何更好地结合？

刘博士：能否在课的一开始就通过购物等场景的设计，创造一个更大的背景，使学生能结合自己的生活体验，真切地感受到十进制的必要性呢？

我们：可以创设学生喜爱和熟悉的"慢羊羊杂货铺"的生活情境，先让学生看到生活中很多物品的包装都是以十进制为单位的，唤起生活经验。然后通过第一次购物买"12根火腿肠"，慢羊羊很快拿出"10根（一包）加上2根"，第二次购物买"12支铅笔"，慢羊羊"很慢地一支一支"地数；两次购物情境的对比，让学生较深刻地感受到十进制的必要性。

第三次实践，果真取得了良好的效果，学生熟悉的生活情境与十进制位值概念的建立紧密结合，有效突破了难点。看来，抽象的数概念如果能找到合适的生活原形，能更好地帮助学生完成数学化的过程。

二、数感的培养能不能扎扎实实地展开？

(一) 只有一个途径？

数概念的教学很重要的一部分是数感的培养，这也是新课程中提出的学生要发展的一项重要能力。在第一次实践中，我们专门设计了一个环节，用于发展学生的数感：创设数形结合的问题情境，让学生根据图形的大小估计数量。实践后，有了如下的对话。

我们：数感的培养是新课程的理念。但是，我们在实践的过程中，一直存在困惑：数感似乎是对数的一种直觉，这种直觉有很多是与生俱来的，在数概念教学中我们可以通过哪些途径来提升学生的数感呢？

刘博士：数感就是对数量与数量关系的感觉，以及进一步运用数字关系和数字模式进行推理与解决问题的能力。数形结合是培养数感的很好途径。其实，还可以通过数的大小、顺序、分解、组合等维度，多角度、多层次地认识数之间的关系，这也是一种数感的培养。

(二) 如何扎实培养？

根据刘博士的提示，我们开始第二次、第三次的尝试。最终，我们调整

改进数学课堂

了教学环节，凸显重点内容，抓住"数轴"和"猜谜"两个抓手，结合教学内容扎扎实实地在课堂中培养学生的数感。在"数轴"环节中，我们先让学生根据"数序"为11～20各数排队；然后引导孩子将数向数轴两端延伸，感受"数轴"越向右，数越来越大，数轴越向左，数越来越小；最终将所有认识的数0～20纳入一个完整的数概念体系，并为后期学习更大的数和更小的数做了铺垫。在"猜谜"环节中，我们从原来的广度放开：让学生自己自由地编数谜；改变为深度的放开：已知谜底（同一个数），让学生从数序、数的大小、数的组成等不同维度去编数谜，这样更能让学生从多角度、多层次认识数概念的内涵和外延，对概念的理解更加丰富。

是啊，数感的培养原来并不是那么的缥缈。它可以渗透在数概念教学的每个环节中，对概念逐步认识的过程本身就伴随着数感的提升。但同时，我们也要认识到，要让学生更有效地提升数感，教师在学习素材的选择和运用上，应该关注概念内涵的深入挖掘和多角度理解，概念外延的延伸和与相关概念的联系与区别，以及运用"估算"和"数形结合"等形式对数的良好直觉的培养。

摸准起点，找准支点，发展增长点

杭州市求是教育集团　俞伟明

数概念课，很重要的一个目标是发展学生的数感，建立正确的数值概念。然而现实中，许多教师觉得数感是一个"虚"的概念，不知道如何培养，尤其是低段的数概念教学，更是觉得培养数感无从做起。艾薇薇老师选择了一年级上册的"11～20各数的认识"作为研究，对于数概念教学有效策略的探讨更具有挑战性和研究性。通过艾老师三次同课多轮的实践，我对于数概念教学有这样几点思考。

（一）摸准学生认知的起点

一年级上册的这一内容，初看教材，感到真是很简单，该"教"些什么？是不是上不上都无所谓？尤其对于优等生，这节课的知识点也许真的都已经掌握了。那究竟这节课该怎么上呢？艾老师为了使教学更有的放矢，采用了分学习水平的抽样前测和全班集体进行前测的方式，准确地收集和分析了学生的学习起点，明确了所有学生对于20以内正向的数数、数与物的对应关系、数的大小都已熟练掌握，但是对于逆向的数数、两位数的组成优、中、差的学生存在不同程度的问题，尤其对计数单位"十"的建立几乎没有基础，也没有认知上的需求。找准了学生的学习起点，就明确了教学的重点和难点。所以很明显，艾老师的几次教学，紧紧抓住了学生的困难，顺应了学生已有的认知，将认识计数单位"十"作为重点、难点展开教学，借助数轴刻画数的大小，运用"猜谜"、"介绍一个数"来丰富数概念，发展学生数感，使教学更有针对性，也更扎实有效。

(二)找准学生认知发展的支点

对于11～20各数的认识以及整个数概念的建立，学生在学习过程中最重要的支点是什么？显然，这节课的所有认识支点是"十"的认识。于是艾老师用了多种方式帮助学生建立计数单位"十"的概念：第一次试教教师单刀直入，在9的基础上增加一根就是10根，这10根就是"一个十"。教师试图让学生在课的开始就牢牢建立起"十"这个数值概念。从教学的效果看，学生对于"一个十"的概念还是清晰的、明确的，但问题是学生的学习却是接受式的。于是第二次作了改进，把重点放在"怎样用小棒表示出12根小棒？"这个问题的讨论上，通过对比让学生感受到计数单位"十"的必要性并建立"十"的位值概念。但是这样教学的效果还是有教师给予的感觉，学生并没有真正感受到计数单位"十"引入的必要性及优越性。于是，第三次紧密地将数的认识与生活实际联系起来，让学生在现实的生活情境中初步感受到"十"作为计数单位的必要了。几轮教学下来，我觉得，只有这一支点得以有效建构，概念的其他非本质属性才容易突破。

(三)定准学生认知的生长点

发展学生的数感不应成为数概念教学的空话。那么对于这样一节课，一节课下来，学生认知有多少增量？其认知生长点在哪里呢？从发展数感的六个要素——数的意义、数的表示、数的关系、数的运算、数的估算、数的问题解决，我们看到艾老师抓住的几个生长点：通过观察生活中货物的摆放特点(许多时候都是十个为一个单位)进而自己学会整理14支铅笔，再到"怎样很快取出12支铅笔？"的思考和操作，学生进一步理解了数的意义、数的表示；通过给已经认识的所有数排排队，不仅明晰了数的关系，同时有机渗透了数的估计；通过多种形式的分类，又进一步深刻理解了数的意义；通过用自己的语言介绍数这样的交流，使数的关系、运算、估算很好地在每个学生数概念的发展中得到提升；通过数形结合的训练，让发展学生的数感真正看得到、摸得着。通过后测，明显地看到了学生数概念、数感的发展。

改进数学课堂

虽然经过整个课例研究,最后一次课也并未见得毫无瑕疵,但是研究过程中的收获却是实在的,有了这样的研究经历,让我对于数感培养、数概念教学有了一些感性的认识,也增加了我的理性思考。艾老师对于数概念教学中这"三个点"的思考与把握,可以成为我今后数概念教学时的思维起点和研究方法。

第三章 在计算教学中发现算理、活化算法

第一节 课例研究报告

《数学课程标准》指出："应重视口算，加强估算，提倡算法多样化；应减少单纯的技能性训练，避免繁杂计算和程式化地叙述'算理'。"在计算教学中，如何在计算过程中引导学生发现算理？如何增强计算教学中的思考性，实现算法多样化和算法优化的统一整合？增加什么样的变式训练，能在提升学生的思维能力的同时兼顾速度和正确率？教师对于这些问题感到疑惑。

本次课例研究以"在计算教学中发现算理、活化算法"为目标进行探究。算理是算法赖以成立的数学原理，它指的是四则运算的基本程序和方法，包涵概念、性质、定律等内容。算法就是指计算的方法，算法多样化是指学生基于自我的生活体验、知识基础和认知风格提出不同的算法，体验计算方法和解题策略的多样性，培养思维的灵活性。算法优化是指对不同算法的比较和整理，发展学生思维的深刻性。杭州市保俶塔实验学校王虹老师选择的执教内容是"9 的乘法口诀"，"9 的乘法口诀"虽然很大一部分内容是寻求规律的，但寻求规律的过程也是采取不同算法的过程，因此以这节课为例对计算教学进行研究，我们能得到很多启示。

一、第一次课试教

执教教师选择的执教内容是义务教育课程标准实验教科书《小学数学》二年级上册第六单元"表内乘法（二）"中"9 的乘法口诀"。

（一）观察与发现

1. 教师能采用多种教学方法调动学生探究的兴趣

在课堂上，教师运用了教师讲授、小组合作、开小火车、个别演示等多

改进数学课堂

种教学方式，有效地调动了不同层级学生的学习主动性。

2. 教师能有意识地引导学生从多个途径认识9的乘法口诀

教师有意识地引导学生通过画图、加法、减法来理解9的乘法口诀。

(二) 问题诊断

1. 在把握学生的起点上尚存在问题

忽视了学生以往学习1~8乘法口诀中已经积累的知识经验和思维发展，没有将这些方法和知识有效地统合进"9的乘法口诀"的学习中。

2. 需要对课程内容作进一步的探索

"9的乘法口诀"蕴涵着丰富的数学思想，教师需要对教学内容进行深入的探索才能在课堂上根据学生的情况进行有效生成。其中有一些规律因为超越了学生目前的认知水平，教师可以暂时不讲其中的原理，但教师要清楚其中的奥妙。例如，"积的个位与十位之和都是9"这个规律的原理是加数的数字之和与和的数字之和存在内在规律。

3. 忽视了利用来自学生的错误资源进行有效的课堂生成

对学生的观察证明他们是通过背诵的方式来记忆乘法口诀的，那么，规律的用处倒并不在于帮助学生熟记口诀，而是在学生出现记忆错误时，帮助学生回忆和推导口诀。因此，抓住学生的错误资源显得尤为重要，在练习环节中，一个学生说出"六九四十二"，此时教师应该充分利用这一时机，引导学生应用和复习已经学习了的规律。

4. 尊重各种思维层次和认知风格的学生

在算算"九九乘法口诀有几句"时，第一个学生站起来回答说他是数的，教师马上否定是不妥的，应该予以鼓励，因为一方面每个学生有不同的认知风格，一些学生就习惯于运用"身体—动觉"智能。另一方面，数学思维的确有一个从低级向高级发展的过程，应该允许学生通过比较几种不同的算法选择更优的算法。

5. 未能渗透数形结合、函数的思想

数形结合可以让学生更直观地理解算理，同时开阔他们的思维，为算法多样化和优化打下基础，但这节课教师舍弃了课本上的百格图、立方体、袋鼠跳数轴等数形结合的材料。

此外，在"9的乘法口诀"中蕴涵了丰富的函数思想，事实上学生在回答问题时已经做了很好的描述,即"一个乘数不变,一个乘数变大了,积也变大了",但教师未加以强调和提示。

6. 教师忽视培养学生的数学表达能力

在算算"九九乘法口诀有几句"这一环节中,学生没有规范地进行数学表达,而是用"这里,那里"等含混语言作答,教师应该让学生学会规范的数学表达,比如"将七八五十六和八八六十四移到三三得九和三四十二之上"。

(三)改进建议

1. 利用学生原有的知识基础和学习经验,适度开放

在学习 9 的乘法口诀前,已经学习了 1~8 的乘法口诀,不仅有知识基础,而且有探究经验,因此在学习 9 的乘法口诀时,可以适当地在原有的认识基础和思维水平上进一步地拓宽和开放。

2. 运用"数形结合"和"函数思想"吃透算理

在口诀教学中发现规律和算理是教学的一个亮点,在 9 的乘法口诀中蕴涵了丰富的规律,其中最为重要和关键的思想是"数形结合"和"函数",因此通过百格图和"随着 9 的个数的变化积的变化过程"的函数思想可以帮助学生充分感知算理。

3. 联系生活体验,设计多层次练习

单一、重复的练习会使学生产生倦怠感并产生思维的局限性,因此需要变换练习的方式和内容,可以采取游戏的方式激发学生的兴趣;在规定时间内运用口诀完成计算,提高思维的敏捷性;联系生活,培养学生利用口诀解决问题的能力。

4. 提醒学生学会数学表达

在教学中教师要有意识地培养学生规范的数学表达,数学表达有利于学生整理自己的思维,增强思维的条理性和深刻性。

二、第二次课试教

第二次试教,教师在结合数形结合、函数等数学思想、设计多样化多层次的练习、渗透估算意识和培养学生的数学表达能力方面作了改进。

改进数学课堂

(一) 观察与发现

1. 结合了数形结合、函数等数学思想

这节课在编口诀、记口诀和用口诀的环节中用了数轴图、百格图和立方体、九九乘法口诀等，都体现出数形结合的思想，有利于学生更好地认识算理、活化算法。

在探究规律时，教师引导学生深入发掘规律背后的思想，通过动态呈现口诀的变化过程使学生充分感受到随着 9 的个数变化积的变化过程，加深对算理的理解，同时丰富学生对变量之间关系的直观体验。

2. 设计多样化、多层次的练习，渗透估算意识

在用口诀这一环节，教师精心设计了以下几种练习。第一，提高计算正确率和速度的口算练习，并通过变式提高学生思维的灵活性，体现在既有 2×9，也有 9×2、9+9、9−9，等等。第二，联系生活体验的练习，比如，已知单价求总价的练习(图 3−1)。第三，数形结合的练习，渗透估算意识(图 3−2 和图 3−3)。

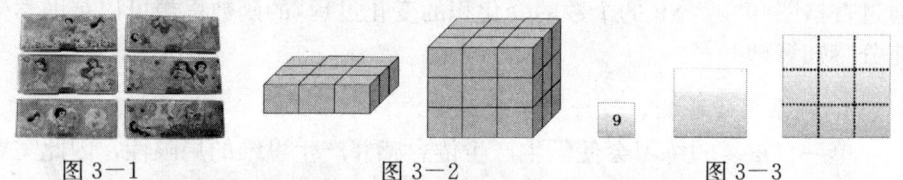

图 3−1　　　　图 3−2　　　　图 3−3

3. 关注学生的数学表达能力

教师在课堂上有意识地纠正和培养学生正确的数学表达，在最后一道题"九九乘法口诀表有几句"时体现得尤为明显。

4. 根据教学内容和学生情况，选择了合适的教学方法

这节课在编口诀环节，变小组合作为独立探究，一方面，考虑到学生在学习 1~8 乘法口诀时积累了一定的方法和经验，已经具备独立探究的能力。另一方面，独立探究使每一个学生都能经历一个完整的编口诀的过程，而不是支离破碎的。

(二) 问题诊断

1. 用成人的思维代替儿童的思维，产生了落差

在编口诀这一环节，教师精心设计了练习，先让学生观察数轴上袋鼠每

第三章 在计算教学中发现算理、活化算法

次跳 9 格,在空格上依次填上它共跳了几格,原意是让学生既能理解"1 个 9 是 9,2 个 9 是 18……9 个 9 是 81"的算理,另一方面也渗透"9＝10－1,18＝20－2……,81＝90－9"的算理,在这个基础上完成"9 的乘法口诀"的编写。然而,从学生观察来看,大多数学生都辜负了教师的良苦用心,学生很多因为事先已经部分知晓了乘法口诀,所以根据学生从易到难的思维惯性,他们是先填口诀,再在数轴上填数,和教师的原有意图相悖,没有完成渗透算理的教学铺垫。

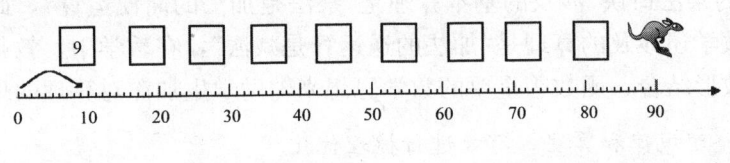

图 3—4

2. 对算理的解释不够透彻,使孩子们无法形成清晰的认识

对于 9 的乘法口诀来说,最基本的算理体现为"乘法是加法"的简便运算,如前所述,教师原本希望通过观察"数轴"编乘法口诀这一环节来使学生渗透算理,但事与愿违。而在随后的课堂中,教师也忽视了对算理不断加以强化,比如在发现规律时,第一个学生就谈到她发现了"得数每个都加 9",教师没有及时地加以强调和解释,又请下一个学生来说他发现的规律。

3. 教师未能深究学生错误的原因,未能抓住课堂上学生认知冲突的有效时机进行知识建构

百格图第一行说明 9＝10－1,这里算理尚未体现得很明显,在教师问百格图第二行是什么意思时,有学生回答"18＝20－1",这里教师应该及时抓住这一错误,启发学生"百格图一行有十个,九比十少一,一行少一个,两行就少两个,因此 18＝20－2"有了这个铺垫,学生就容易理解后面的"27＝30－3,36＝40－4……81＝90－9"。

4. 教师未能对学生探究的规律进行整理、总结和应用

因为教师未能对探究的规律进行梳理,学生的思维没有完成从无序到有序的转化过程,因此当教师问学生"这节课我们发现了什么规律"时,学生不能回答。

改进数学课堂

(三)改进建议

1. 熟悉儿童的认知规律和学习习惯

小学生尤其是低年级的学生注意力分配还较差、不善于对知识进行自觉整理、不能脱离具体情境概括原理,并且习惯于从自己熟悉的学习内容入手,教师需要掌握这些学情,帮助学生完成知识的自我建构。

2. 充分运用数学思想,吃透算理

"9的乘法口诀"涉及的基本算理是"乘法是加法的简便运算",此外,这节课的教学还涉及的算理是"加法的逆运算是减法",在教学中,教师可以通过运用数形结合、函数等重要的数学思想来辅助学生加深对算理的理解。

3. 整理规律和算法,有效进行梳理优化

在学生探究出规律后,教师要及时地组织回顾,并结合运用来进行梳理。

三、第三次课试教

第三次试教,教师在讲透算理、总结应用规律、加强计算的趣味性等方面作了改进。

(一)观察与发现

1. 教师通过学生的自主探究、数学思想的渗透能讲透算理

学生通过画图、加法、写字("选"、"相"等字刚好是9笔)等多种方式来进行公式的探究,在此基础上自编9的乘法口诀,完成了在"1~8乘法口诀"基础上对"9的乘法口诀"算理的自我建构。

在运用数形结合、函数等数学思想时,通过逐行出现、加强标注等策略,使学生明晰算理。比如,第一次课是没有百格图的,第二次课把百格图整张呈现,第三次课把百格图一层层出现,并辅以讲解,使学生更好地理解为什么"9=10−1,18=20−2……81=90−9"。又如,将第三次课的规律发现和前两次课对比,清晰的标注便于理解。不仅如此,第三次课中教学的语言提示和总结也十分到位,比如,"9=10−1,那么18=20−2"这是为什么呢?教师还在不断追问关键性问题时渗透算理,比如,当学生发现第一列因素每次加1,第二列因素不变,积每次加9,王老师马上追问了为什么第一个因素加1,积会每次加9?

第三章 在计算教学中发现算理、活化算法

2. 利用课堂的错误资源、提供合适的认识支撑帮助学生整理规律

从前两次课的执教情况来看,"整理和运用规律"比"发现和探究规律"对于学生来说更为困难,因此,这节课上教师加了活记口诀这一环节,通过在幻灯片上呈现学生们已经探究出来的五种规律(见图3-5),并辅以几道有针对性的题帮助学生通过运用加以整理。

3×9=27	3×9=30-3	2×9=18	2×9=18 1+8=9	2×9=18
4×9=36	4×9=40-4	3×9=27	3×9=27 2+7=9	3×9=27
5×9=45	5×9=50-5	4×9=36	4×9=36 3+6=9	4×9=36
6×9=54	6×9=60-6	5×9=45	5×9=45 4+5=9	5×9=45
7×9=63	7×9=70-7	6×9=54	6×9=54 5+4=9	6×9=54
8×9=72	8×9=80-8	7×9=63	7×9=63 6+3=9	7×9=63
9×9=81	9×9=90-9	8×9=72	8×9=72 7+2=9	8×9=72
		9×9=81	9×9=81 8+1=9	9×9=81

图3-5

在教学过程中,有一个学生说错了$9×7$,教师立刻抓住这一契机,追问忘记$9×7$的时候该怎么办,无形中又对规律进行了整理。

3. 用游戏的形式来加强学生计算的敏捷性

从第一次课练习题的呆板、单一,到第二次课练习题的多层次、联系生活,到第三次课练习题的多样丰富、充满趣味和挑战(见图3-6),学生的兴趣明显一次比一次浓厚,通过游戏的方式使原来枯燥乏味的计算变得轻松,学生在不知不觉中增强了思维的敏捷性和灵活性。

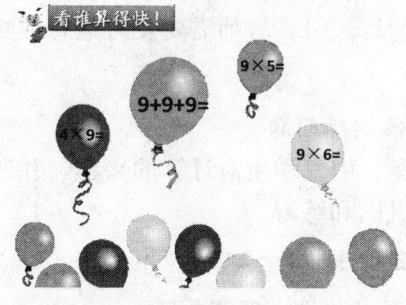

图3-6

(二)后续改进方向

希望教师对课程内容进一步探究,根据规律的不同性质对其进行归类,并对"规律"之间的关系加以梳理,融通这些规律,让规律由"多"变"少"。

改进数学课堂

四、研究的发现与结论

基于王虹老师"9的乘法口诀"三次课的持续改进，我们对在计算教学中发现算理、活化算法形成了以下观点。

(一)计算教学要加强四个环节

1. 发现算理，渗透数学思想

通过数形结合、转化、对应、函数等数学思想帮助学生透彻地理解算理，根据学生的已有知识经验和教学重点、难点提供恰当支架，帮助学生对算理进行自我探索和自我建构。

2. 启发学生，达成算法多样化

通过课堂互动，引发师生之间和生生之间的相互启发和碰撞，点燃学生的创新思维和求异思维，学生按照自己的认知风格和思维特点生发独特的算法，并通过教师的引导学会比较自己的算法和其他算法的区别。

3. 归纳总结，贯彻算法优化

算法多样化和算法优化是在教学过程不断交织的，并不是学生呈现出所有的算法后，教师再对这些算法归纳总结。而是要将算法优化的思想始终贯彻于算法多样化之中，算法多样化不是杂乱无章、低级重复的，而是按照以下三个方向来引导：①符合学生的心理特点。②提升数学思维品质。③简便、易学易教、易操作。

学生不断呈现新的算法时，教师需要及时地总结归类，将"散"算法变成"类"算法。

4. 运用计算，解决实际问题

通过解决实际问题，引发学生对计算的兴趣，并通过在生活中运用对所学的计算知识与技能巩固和练习。

(二)计算教学要坚持四个原则

1. 渗透数学思想层层推进，理解算理

借助数形结合、转化、归类、对应、函数等各种数学思想帮助学生充分地理解算理，在此基础上才能有效地进行算法的多样化和优化。

2. 加强计算练习的趣味性和灵活性

针对儿童喜欢游戏、喜欢挑战的心理，精心设计练习，在计算练习中培养学生思维的灵活性和敏捷性。

3. 切忌为算法多样化而算法多样化

教师要采取适当的引导和评价，启发学生在算法多样化的过程中学会思考、学会创新，而不是为了"哗众取宠"做一些稀奇古怪、简单低级的算法创新。

4. 关注估算能力的培养

估算能力对培养数感、发展数学的元认知能力等都有很大的益处，估算能力的培养并非一蹴而就的，因此，需要长期的、有计划、有步骤地在计算教学中加以渗透。

附录："9的乘法口诀"学生前测分析

一、样本情况说明

本次前测抽取了二年级学生共24人，每班3人，其中男生11人，女生13人。24名学生均接受过幼儿园教育，其中4名学生还上过学前班。根据学生平时的思维以及学习能力的表现，把学习水平分为上中下三个层次，每个层次的学生均为8名，男女生分布情况见表3—1。

表3—1 男女生分布情况

	上	中	下	合计
男生	4	2	5	11
女生	4	6	3	13
合计	8	8	8	24

二、问卷说明

本次前测一共设计了三个问题，通过访谈与书面测试相结合的方式进行。

重点检测以下几个方面。

1. 把口诀补充完整。了解学生对9的乘法口诀的识记情况。
2. 在算式的后面写上得数。检测学生是否会算9的乘法。
3. 用一幅图来表示算式。检测学生对口诀意义的理解。

改进数学课堂

三、前测结果分析
问题一：请把口诀补充完整。

五九（　　）　　（　　）五十四　　七九（　　）　　（　　）二十七

（一）检测重点

学生是否能够正确填出口诀的后半句，以及根据得数正确填出口诀的前面部分。

（二）检测结果

24 名学生中只有 2 名学生能够正确把口诀补完整，占总数的 8.3%，这 2 名学生属于思维和学习能力层次为上的学生。8 名思维和学习能力层次为下的学生不能准确识记口诀，占总数的 33.3%。其中 4 名学生两项都有错误，占总数的 16.7%。8 名思维和学习能力层次为中的学生，占总数的 33.3%。其中有 2 名学生两项都有错误，占总数的 8.3%。

（三）结果分析

乘法口诀表学生看似能背，但从中间随意抽出几句让学生补充完整，问题就出来了：首先要考虑很久才能填出；特别是当告知得数让学生填写口诀的前面部分，学生的错误率明显上升。朗朗上口并不代表每个学生都能准确识记所有口诀。

问题二：请在算式后面写上得数。

$9 \times 7 =$　　　　$3 \times 9 =$

你是怎么算的？把你的想法写下来。

（一）检测重点

检测学生是否会计算 9 的乘法。

（二）检测结果

24 名学生中有 6 名不能正确计算 9 的乘法，占总数的 25%。这 6 人中有 2 人为思维和学习能力层次为中的学生，4 人为思维和学习能力层次为下的学生。他们的错误都集中在知道乘法的意义，但在做连加算式时计算错误。从计算方法来看，有 14 人用加法来解决，占总数的 58.3%，用口诀的只有 6 人，占总数的 25%，用画图方法解决的有 4 人，占总数的 16.6%。

第三章 在计算教学中发现算理、活化算法

(三)结果分析

无论是哪个层次的学生，都能利用原有知识得出两个算式的结果，只是计算的方法不同，有的方法比较简便，有的方法比较烦琐，但都能算出最后的结果。在计算的过程中，学生的计算能力存在差异，所以对计算的正确性就有所影响。

问题三：请用一幅图来表示下面的算式。

4×9＝36

(一)检测重点

检测学生对口诀意义的理解。

(二)检测结果

24名学生中有7人不能准确地用图画表示4×9的意义，占总数的29.2％。这7人中有5人为思维和学习能力层次为下的学生，占总数的20.8％，2人为思维和学习能力层次为上的学生，占8.3％，这两人的错误为每行的个数画错。

(三)结果分析

9的乘法口诀已是表内乘法的最后一个新授课，从学生画的图中看出，大多数学生对乘法算式的意义已基本理解，同时，从图中也发现学生的掌握程度较好，因为大多数学生都能用一幅图表示2个意义。但是学生习惯于表示4个9的意思，对于9个4的意义理解不深刻。对于个别思维和学习能力较弱的学生，意义的理解还存在一定的困难。

四、总体分析

综合以上三个问题的检测结果，我们发现学生对于乘法口诀表看似能背，但若从中间随意抽出几句让学生补充完整，数字比较大的口诀问题就比较显著，如何帮助学生准确记忆口诀并熟练9的乘法是重点也将会是一个难点。

第二节 课堂教学实录

一、第一次课教学实录

(一)复习与回顾

师：同学们我们已经学习了哪些乘法口诀了？

93

改进数学课堂

生1：1～8的乘法口诀。

师：是的，我们已经学习了1～8的乘法口诀，今天我们就一起来学习9的乘法口诀。回顾一下，我们在学习1～8的乘法口诀时，都用到了哪些方法？

生2：加法、相差，还有一个画图。

师：他一口气说了三种。在学习9的乘法口诀之前我们一起来回顾一下，我们用了画图画、写加法算式找规律这样的方法来学习。那么今天你打算用什么样的方法来研究9的乘法口诀呢？

生3：可以用9＋9＋9＋……的方法。

师：你们听明白了吗？他打算用加法，还有不同的吗？

生4：我打算用画图(的方法)。

生5：我打算用相差(的方法)。

(二)探究9的乘法口诀

1. 编口诀，证口诀

师：为了提高学习的效率，我们采用四人小组合作的方法，先仔细听好活动要求。四人小组合作，选择一种方法研究9的乘法口诀；把你们编好的口诀记录在练习纸上，并用你们组选择的方式来表示；四人分工合作完成，比一比哪组又对又快。

(学生小组合作学习，教师巡视指导并板书"一九"～"九九")

2. 反馈预设

师：快的小组已经完成了，我们想请这些小组来介绍一下。首先我们请第二小组，汇报员请上来介绍，你要说给大家听，你们是怎么研究的。

生1：我们采用画图的方法，我们用一幅图表示9的口诀。(该组画了9行，每行9个○)

师：那我来问一句，比如"四九三十六"你能在图上怎样表示"四九"，你能把它圈出来吗？

(生1在练习纸上圈出前4行，每行9个○)

师：对吗？

生齐：对。

师(对生1)：你来说一说。

生1：一行是9个，我圈了4行，就表示"四九三十六"这句口诀。

第三章　在计算教学中发现算理、活化算法

师：好，请回座位。我们再来看看这个小组，我先不请(生2)，看谁聪明，知道他们是用什么方法来研究的？

生3：他们用加法算式来研究的。

师：这里还有一种方法，我发觉他们小组动作还蛮快的，一起来看一看。谁看懂了？

生4：他们用的是相差。

师：你知道9的口诀是相差几？

生4：相差9。

师：他们用每句口诀相差9的方法来推出口诀的答案，可不可以？

生齐：可以。

师：可以，不过你有什么建议想提醒他们呢？

生4：他口诀后面的得数要写上去。

（该组学生在"我们一起编口诀"一栏中参照老师的板书分9行写出了"一九"～"九九"，也就是口诀的前半句）

师：好，那我们一起来把口诀补充完整，哪列火车开一开？

生(小组接龙)：一九得九，二九十八，三九二十七，四九三十六，五九四十五，六九五十四，七九六十三，八九七十二，九九八十一。

（教师根据学生的回答把黑板上的口诀补充完整）

师：现在我们一起把这些口诀读一读。

（生齐读口诀）

师：在记口诀的时候你有什么要提醒大家记住的呢？

生5："十"不要忘记了。

生6："一九得九"的"得"不要忘记了。

师：我们写口诀的时候是写什么？

生齐：汉字！

3. 说算式，寻规律

师：同学们，你能不能根据一句口诀写出2个相应的乘法算式呢？

生1：一九得九、九一得九。

师：乘法算式。想一想，想好了再举手。这列火车来。

生(小组接龙)：$1×9=9$，$9×1=9$；$2×9=18$，$9×2=18$；$3×9=27$，$9×3=27$；$4×9=36$，$9×4=36$；$5×9=45$，$9×5=45$；$6×9=54$，$9×6=54$；$7×9=63$，$9×7=63$；$8×9=72$，$9×8=72$；$9×9=81$。

改进数学课堂

课件呈现

9的乘法口诀

1×9= 9	一九得九	9×1= 9
2×9=18	二九十八	9×2=18
3×9=27	三九二十七	9×3=27
4×9=36	四九三十六	9×4=36
5×9=45	五九四十五	9×5=45
6×9=54	六九五十四	9×6=54
7×9=63	七九六十三	9×7=63
8×9=72	八九七十二	9×8=72
9×9=81	九九八十一	

图3-7

师：有没有啦？（指9×9＝81这句）

生2：没有了。

师：为什么呀？

生2：因为2个因数都是一样的，怎么交换也是9乘以9。

师：我们发现2个因数相同，所以交换之后还是同样的算式。我们发现9的乘法算式很多，现在我们一起来看一看，这些算式有什么规律吗？仔细观察一下。

生3：前面一个数都是一个一个往下排的，中间那个数都是9，得数都是一个加9的。

师：得数每次加9，就好像刚才有同学用这个规律来探究结果一样。还有吗？

生4：得数的十位数一个都是一个一个增加，第一个是没有的，0、1、2、3、4、5、6……每次大1，得数的个位是9、8、7、6、5、4、3、2、1，每次小1。

课件呈现

9的乘法口诀

1×9= 9
2×9=18
3×9=27
4×9=36
5×9=45
6×9=54
7×9=63
8×9=72
9×9=81

图3-8

96

第三章　在计算教学中发现算理、活化算法

师：他在观察乘法算式积里面的规律，是这样的，还有吗？

生5：它们两个相加的得数都是等于9的。

课件呈现

9的乘法口诀

1×9＝ 9
2×9＝18　　1+8=9
3×9＝27　　2+7=9
4×9＝36　　3+6=9
5×9＝45　　4+5=9
6×9＝54　　5+4=9
7×9＝63　　6+3=9
8×9＝72　　7+2=9
9×9＝81　　8+1=9

图3—9

师：你什么意思啊？你具体来说一说，你举个例子给大家听。

生5：比如说18，1+8=9，27，2+7=9，36，3+6=9。

师：你们发现了吗？我们快速地看一下是这样吗？

生齐：是。

师：你们还有别的发现吗？

生6：第一个因数和积加起来全都等于10。

师：这个和积加起来等于10，每个都这样吗？

生齐：不是。

师：不是的话不能称之为规律。

生7：第一个因数和积的个位数加起来等于10。

师：哦，你发现了这个和这个加起来是10。那么也就是说10如果减去1就等于9了是不是？第二个呢？

生7：8+2=10。

师：2+8=10，3+7，4+6，你是这样想的是吧？那我们来看看第一行它是1×9是不是等于10－1？那第二行的得数18，它最接近谁？

生8：20。

师：2×9还可以想是20－2，接下来呢？

生8：30－3，然后40－4，50－5，60－6，70－7，80－8，90－9。

97

改进数学课堂

课件呈现

9的乘法口诀

1×9= 9	1×9= 10−1
2×9=18	2×9= 20−2
3×9=27	3×9= 30−3
4×9=36	4×9= 40−4
5×9=45	5×9= 50−5
6×9=54	6×9= 60−6
7×9=63	7×9= 70−7
8×9=72	8×9= 80−8
9×9=81	9×9= 90−9

图 3—10

师：你怎么一下子说得这么顺了呢？找到什么规律啦？

生8：我找到被减数的十位上是１２３４５６７８９，个位上都是００００○……

师：都是０就是什么啊？整十数是不是？是几十的，那么然后呢？减几怎么那么快就想到了？

生8：减数也是１２３４５６７８９。

师：就跟第一个因数是一样的。

师：还有没有规律了？我们再来看一看(课件圈出 18 和 81)，你还能找到这样的几组呢？

生9：27 和 72。

师：还有吗？

生10：36 和 63。

生11：45 和 54。

课件呈现

9的乘法口诀

1×9= 9
2×9=(18)
3×9=(27)
4×9=(36)
5×9=(45)
6×9=(54)
7×9=(63)
8×9=(72)
9×9=(81)

图 3—11

第三章 在计算教学中发现算理、活化算法

(三)试记口诀

师：真有意思，9里的规律这么多。那么我想问问大家，如果你一时记不得"五九"了，你会怎么办？

生1：就是想想"四九三十六"，36+9=45。

师：可以，还有吗？

生2：还有个就是我刚才说的那个规律，就是50-5=45就行了。

师：你会用我们刚才的规律来想口诀吗？

生3：我还可以用到上面那个规律(指前面提到的18和81，27和72……)，五九是四十五，六九是五十四，就把它们两个调换一下就行了。

师：哦，你想到这条规律，反过来想也能想出规律是吧。来，你说。

生：六九五十四，54-9=45。

(四)练习巩固(课件出示)

1. 看口诀，说算式

师：我们记完了口诀，看看谁来啦？喜羊羊要请你们玩一个"口诀大挑战"，有没有信心？

生齐：有！

略去：练习五九( )、七九( )、九九( )、( )二十七、( )五十四、( )八十一、( )十八。

2. 看算式，想口诀

略去：幻灯片出示9×3，1×9等。

3. 乘法大转盘

师：第三关，我们来看一看乘法大转盘。准备好了吗？

生齐：准备好了。

略去：9→9(81，九九八十一)，9→4(36，四九三十六)等。

(五)小结

1."九九乘法口诀表"有几句口诀？

师：同学们，到今天我们已经学完了所有的乘法口诀了，(课件出示)这就是"九九乘法口诀表"。早在两千多年前，古人就已经把这样的口诀记录在竹简上了。那么"九九乘法口诀表"一共有几句呢？你有什么好方法呢？

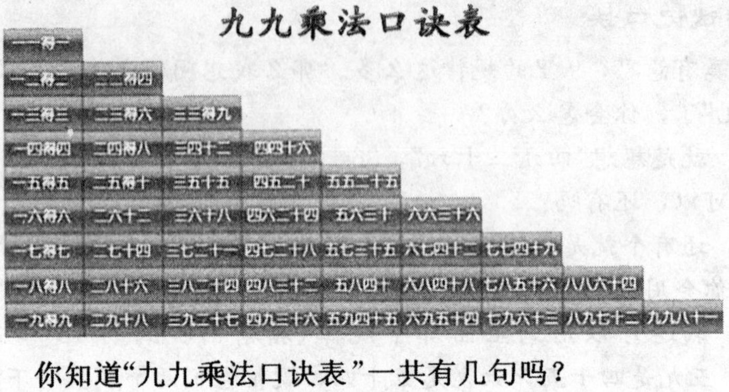

改进数学课堂

九九乘法口诀表

你知道"九九乘法口诀表"一共有几句吗?

图 3—12

生1:就是那个竖的第一行有9个,然后最后一行。

师:数的第一列是不是?

生1:有9个,然后每个减1减1减1就知道了,然后把全部的都加起来就知道口诀一共有几句了。

生2:45!

生2(上台指屏幕):第一列9句与第九列1句配对相加是10句,第二列8句与第八列2句配对相加是10句,第三列7句与第七列3句配对相加是10句,第四列6句与第五列4句配对相加是10句,第五列5句,加起来一共有45句。

生3:数。

师:只能数吗?没有别的方法吗?请你看一下,我也和他这样,让第一列9句不动,把第九列与第二列配对成9句,你们看懂我的想法了吗?今天我们学了什么?我们当然要把今天学的知识好好用一用了!

生4(上台指屏幕):(把第八列2句与第三列7句配对相加是9句,把第七列3句与第四列6句配对相加是9句,把第六列4句与第五列5句配对相加是9句)

师:(教师用鼠标指针在课件上将配对的两列口诀圈出并画上箭头)你发现什么了?

生5:这样的话就全都是9了。

师:几个九?

生5:5个九。

第三章 在计算教学中发现算理、活化算法

师：对不对？我们来看看一个、两个、三个、四个、五个，五九？

生齐：四十五。

师：快不快？

生齐：快。

师：看来这个方法也是可以的，我们可以用这样的方法来解决。

2. 说说今天的收获

师：好，回顾一下今天我们学习了什么内容？

生1：9的乘法口诀。

（教师板书课题）

师：你有什么新的收获呢？

生2：就是我学到了许多关于9的知识。

师：你具体地说一说。

生2：9有很多规律。

师：举个例子，你掌握的哪个规律很有用？

生2：我觉得$1×9=10-1$，$2×9=20-2$……那个规律很有用。

师：就是$1×9=10-1$那个是吗？可以。来，你说。

生3：我觉得每个都是加9的。

师：知道口诀之间是加9的，可以。来，你说。

生4：我学了9的乘法口诀以后再算9的东西可以利用到9的乘法口诀了，这很方便，就不用再加加加加了，加得我头都大了。

师：你听懂他的意思了吗？也就是说以后我们可以用口诀帮助我们计算了是不是？那么好，你想想生活当中哪些地方会用到9的乘法口诀来帮忙的？请举个例子。

生5：超市里橡皮擦9角钱的。

师：哦，9角钱的，那么你给大家出道题。

生5：9角钱，然后有5个，我需要多少钱呢？

师：谁能解决他的问题？

生5：五九四十五。

师：你说的是什么？口诀。解决问题我们用算式。

生5：$5×9=45$。

师：单位？

生5：角。

改进数学课堂

师：那么，5×9=45（角）。45角就是？

生齐：4元5角。

师：可以，还有吗？

生6：还有就是，我在超市里去买同样的东西，我买的是照相机，电子数码照相机，一个需要9元。

师：马上有同学觉得有意见了，数码相机9元可不可能？

生6：900元。然后我们买了2个，要多少钱？

生6：老师我自己来解决这个问题，就是二九十八，1800元。

师：二九十八，你怎么会算出1800呢？

（全体学生热烈讨论）

师：这个知识我们以后还会继续学习，但是还是用到了二九十八这句口诀。

同学们发现生活中很多地方你都会用到9的乘法口诀，希望你是个有心人，去搜集一下，看看9在生活当中有哪些用处。

(六)课堂作业

师：好，现在请同学们打开课堂作业本，静静地完成51页练习。（教师巡回批改指导）

二、第二次课教学实录

(一)复习与回顾

略去：师考查学生对9的乘法口诀的认识程度，并揭题。

(二)探究9的乘法口诀

1. 编口诀，证口诀

师：首先我们一起来看一看我们的学习任务。一会儿小朋友们会拿到一张练习纸，我们先一起看看袋鼠一共跳了多少格，算一算，填一填，然后把你知道的这个口诀或者你自己编的口诀写在练习纸上，再用自己喜欢的方法来表示其中的一句。

（教师板书"一九"~"九九"，并巡回指导学生探究与表达）

师：首先我们来看"袋鼠跳格子"，你是怎么填的？

生1：一次跳9个的话那就要用9的乘法口诀，前面是一九得九，后面是二九十八，再是三九二十七，四九三十六，五九四十五，六九五十四，七

第三章　在计算教学中发现算理、活化算法

九六十三，八九七十二，九九八十一。

师：你已经想到口诀了是吧？还有跟她想的不一样的小朋友吗？你是怎么想出来的？

生2：我发现了一个规律，每次都加9。

师：好的。我们再来看看另外一位同学的，你能不能看懂他在编口诀的时候用到了什么方法？来，你说。

生3：他画的好像每次都加9的。

师：每次加9，用到了9的乘法口诀的意义。那我们快速地检查一下编的口诀，对吗？

生齐：对。

师：好，那我们再一起来看一下这位同学选的二九十八这句口诀，他是怎么表示的？你来说。

生4：一行画9个圆，画这样的两行。

师：也就是你表示的是什么呢？

生4：二九十八。

师：也就是两个9对吧？好，我刚才发现在下面也有个同学选了这句口诀，一起来看看，你能看懂吗？

生5：他一共画了9个蛋，每个蛋里有两个圆圈。

师：他表示的是什么呢？

生5：鸡蛋，9个2。

师：9个2，是不是也可以用这句口诀来解决啊？噢，这个同学很厉害，你编一句口诀可以用两幅图来表示。你们觉得这个可以吗？

生齐：可以。

师：刚才我看到你在画方格的那位同学画完了吗？我们来看一下。这个很特别，你看得懂吗？它能表示哪句口诀？来，你说。

生6：九九八十一。

师：你怎么这么快就看出来了？

生6：一行有9格，有这样的9行。

师：同学们啊想到了这么多的方法编出了9的口诀，那我们一起来读一读你们自己编的口诀，我们一起来读一读9的乘法口诀，"一九"预备起。

生齐：一九得九、二九十八、三九二十七、四九三十六、五九四十五、六九五十四、七九六十三、八九七十二、九九八十一。（教师板书九句口诀的后半句）

103

改进数学课堂

2. 说算式，寻规律，记口诀

师：我们知道，一句口诀对应有两个乘法算式，你能说出它相对应的两个乘法算式吗？来，你说。一九得九。

生1：1乘以9等于9，9乘以1等于9。

师：谁再来？开火车，走。

生2：1乘以9等于9，9乘以1等于9。

生3：2乘以9等于18，9乘以2等于18。

……

生10：9乘以9等于81。

师：对吗？

生齐：对。

师：那我们一起来仔细观察一下，9的乘法算式，你有哪些发现呢？来，你说。

生11：每个得数都加9。

生12：积的个位数，从上往下看的话是一个一个减下去的，从下往上看的话是一个一个加上去的。

师：还有什么规律？刚才小朋友说的每次多9，积每次多9，你还有什么想说的？

生13：到八九七十二，前面全都是有两个乘法算式，但九九八十一只有一个乘法算式。

师：我们现在再说这里的乘法算式有什么特点。

生14：积的十位和个位加上去都等于9。

课件呈现

9的乘法口诀

1×9＝ 9
2×9＝18　1+8=9
3×9＝27　2+7=9
4×9＝36　3+6=9
5×9＝45　4+5=9
6×9＝54　5+4=9
7×9＝63　6+3=9
8×9＝72　7+2=9
9×9＝81　8+1=9

图 3—13

104

第三章　在计算教学中发现算理、活化算法

师：你能具体地举个例子来说明一下吗？

生14：比如说2乘以9等于18，1+8=9。接下去2+7=9，3+6=9，4+5=9，5+4=9，6+3=9，7+2=9，8+1=9。

师：真有意思，发现它的积十位和个位相加等于9。你们还能发现什么规律？

生15：就第一个1乘以9它那个积是一位数的。

师：你是说积是一位数、其他是两位数的是吧？可以。刚才同学们观察到的积的每次都在增加9，再来观察下积的第一个因数呢？

生齐：每次加1。

师：还有刚才我们同学总结到了积是每次加9，那你知道为什么是这样的吗？

生16：因为，这个1乘以9就等于9，2个9就等于18。

师：2个9就比刚才怎么样？

生16：多9。

师：那3乘以9呢？

生16：又多了一个9。

师：然后呢？

生16：再多一个9、再多一个9……

师：再多一个9，所以是每次多9，是这样的吧？我们再来观察一下。刚才同学们都竖着观察，现在你横着观察一下，你有什么发现？

生17：第一个因数和积的十位都相差1。

课件呈现

9的乘法口诀

①×9=⑨9
②×9=⑱18
③×9=㉗27
④×9=㊱36
⑤×9=㊺45
⑥×9=㊴54
⑦×9=㊳63
⑧×9=㊲72
⑨×9=㊱81

图3—14

师：发现了总比它少1，2乘以9就算出来是十几的，3乘以9呢？

生齐：二十几的。

师：二十几的，4乘以9呢？

生齐：三十几。

师：再往下呢？

生齐：四十几的。

师：5乘以9是四十几的，6乘以9呢？

生齐：五十几的。

师：五十几的，7乘以9呢？

生齐：六十几的。

师：六十几的，总比这个少1，那你想九九的时候，9乘以9的时候，你马上会报出第一个是什么数？

生齐：8。

师：8，是不是这样算就更快啦？

生齐：是。

师：那我们再来看一看，刚才有同学画了这个方格图，王老师也借这个方格图用一下哦，我们来看一下，如果要表示1乘以9这句口诀，看，第一行要怎么涂？

生18：涂9个。

师：好，涂9个。那么如果我用一个算式来表示呢？第一行，跟你涂的这个关系怎么来表示呢？

生19：1乘以9等于9。

师：如果总数是10个，那还缺一个，还可以怎么样？用减法算式怎么表示？

生19：1×9＝10－1。

师：那么第二句口诀呢？

生19：2×9＝18－2。

师：有两个空格，所以是20－2，是不是这样的啊？

生齐：是。

略去：3×9＝30－3，4×9＝40－4……9×9＝90－9。

第三章 在计算教学中发现算理、活化算法

课件呈现

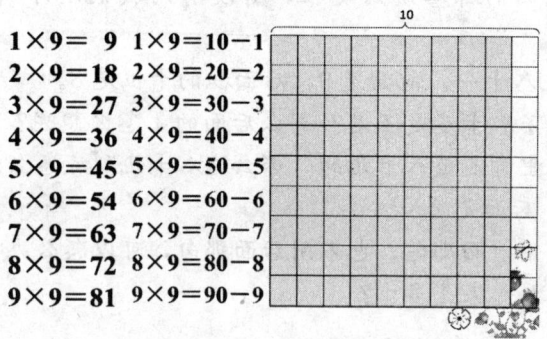

9的乘法口诀

1×9= 9	1×9=10-1
2×9=18	2×9=20-2
3×9=27	3×9=30-3
4×9=36	4×9=40-4
5×9=45	5×9=50-5
6×9=54	6×9=60-6
7×9=63	7×9=70-7
8×9=72	8×9=80-8
9×9=81	9×9=90-9

图 3—15

师：怎么越报越快啦？你们发现什么规律啦？

生20：因为被减数的十位上是逐个大1的，减数也是逐个大1的。

师：几乘以9就是几十减几的。那我随便抽一道，我说6乘以9你就应该想？

生齐：60-6。

师：同学们刚才找到了很多规律，还有没有想说的？

师：在你们找到的那么多规律当中，你觉得哪条规律对于帮助你记忆口诀是有帮助的？

生21：九九八十一。

师：你觉得哪条规律能帮你记九九八十一？

生21：八九七十二。

师：八九七十二能帮你记九九八十一，怎么记？

生21：72加上9。

师：对。他如果忘了，可以用前一句往下加一个9。来，你说。

生22：一九得九。

师：刚才我们的规律跟一九得九有什么关系？

生22：一九得九就是2乘以9等于18减9。

师：你是倒着回过去的，也是利用了积每次多9这个规律来记的是不是？还有谁要说吗？

生23：四九。

107

师：四九用我们刚才的规律你打算怎么记？

生23：3乘以9等于27，27再加上9等于36。

师：我发现你们都喜欢用类推，有没有用我们刚才新发现的规律来记的？

生24：九九八十一，前面是9，后面积的十位是8。

师：你想到了八十多是不是？那么后面的1怎么想呢？9乘以9后面马上就能联想到这里肯定是八十几的。那么这八十几到底怎么想的呢？

生25：72，后面是2。

师：我们不用前面那句，也不用后面那句，可以怎么办？我们刚才讲过积的个位和十位加起来是多少？

生25：9。

师：现在十位是8了，个位怎么样？

生齐：是1。

师：刚才的规律我们要用起来，才能帮助我们更好地来记。现在我们自己想一想刚才学的规律，然后自己背一背这些口诀，9的口诀。

学生自己背口诀。

(三)练习巩固(课件出示)

师：那么我们就来接受口诀大挑战，有没有信心？

生齐：有。

略去：第一关：把口诀补充完整，五九四十五等；第二关：看算式说口诀，幻灯片同时出现2到3个算式；第三关：60秒口算比赛。

师：好，我们继续来接受喜羊羊的挑战。喜羊羊带你们用一用口诀。这里有9块，那么这里呢？

课件呈现

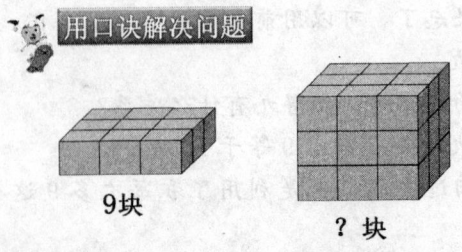

图3—16

第三章 在计算教学中发现算理、活化算法

生1：27。

师：你是怎么想的？

生1：一排(层)9块，有这样的三排(层)。

课件呈现

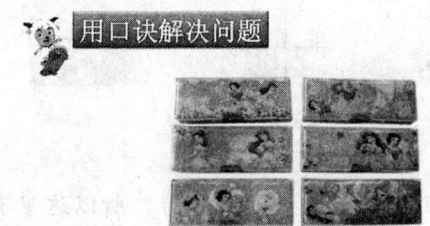

每个铅笔盒9元，买6个要多少钱？

图3－17

生2：6乘以9等于54(元)。

师：你是怎么想的？

生2：6个铅笔盒，每个9元，就是6个9等于54元。

师：也可以说9乘以6等于54元，都可以。

课件呈现

图3－18

生3：4乘以9等于36，1块小的正方形代表9，大的正方形代表4个小正方形就是4个9。

109

改进数学课堂

课件呈现

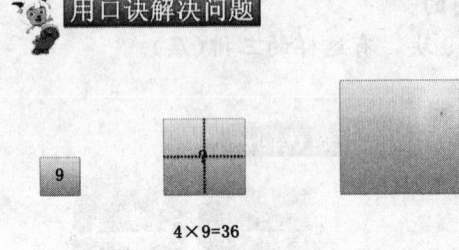

图 3—19

生 4：九九八十一，一行有 3 个，有 3 行，所以这里有 9 个。

师：同学们，到今天我们已经学完了有关乘法口诀的所有口诀，这个呢就叫做"九九乘法口诀表"，在两千多年前啊古人就把"九九乘法口诀表"写在了竹简上，代代相传，流传了下来，那你知道这个"九九乘法口诀表"一共有几句吗？你是怎么想的？

课件呈现

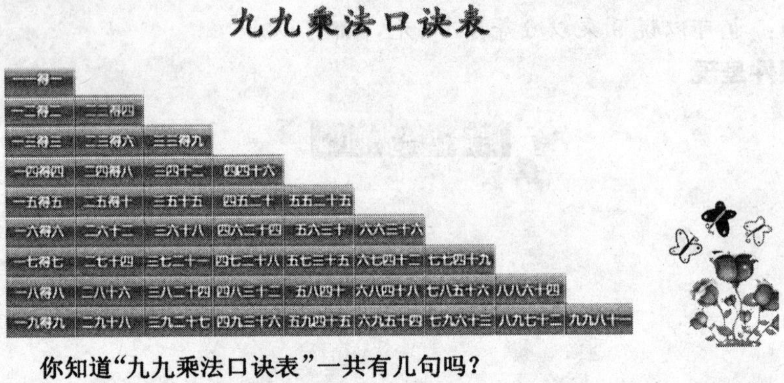

九九乘法口诀表

你知道"九九乘法口诀表"一共有几句吗？

图 3—20

生 1：有 81 句。

生 2：有 9 句。

生 3：45 句。

师：你怎么想出来的啊？

生 3：第一列有 9 句，第二列有 8 句，第三列有 7 句，第四列有 6 句，第五列有 5 句，第六列有 4 句，第七列有 3 句，第八列有 2 句，第九列有 1 句，然后加起来。

110

第三章 在计算教学中发现算理、活化算法

(师板书1和9配对、2和8配对、3和7配对、4和6配对)

生齐：10、20、30、40、45句。

师：想到了45句，还有没有更快的方法？

生4：9和1加，2和8加，3和7加。

师：谁了解他的意思，能帮他说明白？

生5：第一列有9句，最后一列有1句，加起来就是10句。第二列和第八列加起来也等于10句，第三列和第七列加起来也等于10句，第四列和第六列加起来也是等于10句，最后一个第五列有5句。

师：这样我们用一个乘加算式可以怎么列？

生6：4×10+5=45。

师：这个方法和你们凑十其实是一样的。

师：还有没有不同的想法了？那王老师有一个想法，不过我只提示你一点点，看看你能不能看懂我的意思哦。你看好噢，我又移了，我怎么移的？我为什么这么移？

生7：这样每一列都是相等的。

师：那你知道我再下一步应该移动哪一列了？

生7：八八六十四，八九七十二移到三三得九上面。七七四十九移到四四十六上面，六六三十六移到五五二十五上面。

师：你现在发现什么了？

生7：就可以当成一个乘法口诀五九四十五了。

课件呈现

九九乘法口诀表

你知道"九九乘法口诀表"一共有几句吗？

图3—21

111

改进数学课堂

师：好，还有没有方法了？我又有一个新方法了，请同学们看好哦（点课件）。

生7：乘法表和外面那个是一样的。

师：哦，你发现了九九乘法表和外面那圈的是怎么样的？一样的。那么合起来是个什么图形？

生齐：长方形。

师：那你知道这个长方形有几句？

生：90。

师：哦，你发现了整个长方形是90，那他刚刚又说两边是一样的，那你现在知道我们"九九乘法口诀表"有几句了吗？

生：45句。

师：45和45合起来就是90，这个方法也非常快。

（四）小结

略去：学生总结这节课学会了9的乘法口诀、知道了九九乘法口诀有几句。

三、第三次课教学实录

（一）复习与回顾

1. 谈话复习

师：小朋友们，我们已经学了哪些乘法口诀了？

生1：1~8的乘法口诀。

师：今天我们要一起来学习——（幻灯片：9的乘法口诀）

生2：9的乘法口诀。

师：是的，今天要来学习9的乘法口诀。（板书课题）

师：关于9的乘法口诀，你已经知道了什么？

生3：一九得九、二九十八、三九二十七、四九三十六。

师：你已经能背几句了是不是？好，可以。

生4：有一个因数不变。

师：好的，你已经知道一些规律了。你呢？

生5：9的乘法口诀有9句。

师：好的，看来同学们对9的乘法口诀有些了解了是吧，但有些东西还

第三章　在计算教学中发现算理、活化算法

没了解，没关系，那么今天我们就一起来研究。

2. 回顾探究方法

师：在研究之前啊，我们先来回顾1到8的乘法口诀我们都是用哪些方法来学习的呢？

生1：画图画。

生2：用加法。

生3：写算式。

师：是的，我们用很多的方法自己来研究。

(二)探究 9 的乘法口诀

1. 编口诀，释口诀

师：先来看学习任务。自己先编一编9的口诀，然后选一句喜欢的口诀来表示它的意义，完成以后轻轻地说给自己听一听，我是怎么编的。

(学生自主探究，教师巡视指导)

师：你讲给大家听，你是怎么编口诀的？

生1：一九是1个九，二九是2个九，九加九等于十八，三九就是3个九，3个九相加就是二十七，四九就是4个九相加……

师：以下就是以此类推，那我们再来看看，你来介绍一下你是怎么编的？

生2：我是先想出第一句乘法口诀，然后每次加九，以此类推。

师：同学们，我们来比较一下这几种方法，你最喜欢哪种？

生3：9＋9＋9＋9……

师：看来这种方法很巧妙，我们再来看他的方法，他是根据口诀的意思来编的。两个九、三个九、四个九，说明他对口诀的意思很清楚，这也是个不错的方法。

略去：教师用实物投影仪展示巡视时收集的作业，其中有"3列小圆圈，每列9个，表示三九二十七"、"5行小方格，每行9格，表示五九四十五"、"4个'选'字，每个'选'字有9笔，表示四九三十六"。

师：同学们用这么多的方法编出了口诀，那么我们现在就一起来读一读9的乘法口诀，准备，一九得九，一二齐。

生齐：略。

2. 说算式，寻规律，记口诀

(1)口答算式

改进数学课堂

师：你能不能根据一句口诀写出相应的乘法算式呢？我们看看哪列火车开得快？

生齐：这列火车开得快！

师：你试试。

生1：一九得九，1×9=9，或9×1=9。

生2：二九十八，2×9=18，或9×2=18。

……

生9：九九八十一，9×9=81。

师：这句口诀只有？

生齐：一句！

师：为什么呀？来，你说。

生10：因为交换因数的位置后还是9乘以9。

(2)寻找规律

师：9的乘法口诀有很多有意思的地方，如果你能把这些有意思的地方找到，就能巧妙地记住口诀。我们来观察一下，你有什么发现呢？与同桌交流一下。

(学生同桌交流)

师：发现的小朋友可以举手，来，你说。

生1：积的个位上每次少1。

师：既然谈到积的个位了，那你把十位说完整。

生1：积的个位每次减1，积的十位每次加1。

课件呈现

1×9= 9
2×9=18
3×9=27
4×9=36
5×9=45
6×9=54
7×9=63
8×9=72
9×9=81

图3-22

第三章 在计算教学中发现算理、活化算法

师：是的，还有吗？

生2：还有，如果第一个因数是单数的话，积也是单数。

师：那么相应的如果前面是双数呢？

生齐：积也是双数。

师：是的，还有吗？

生3：第一个因数每次大1，第二个因数不变，积每次大9。

师：是不是这样的？这是什么道理啊？

生4：因为第一个因数多1，积就是增加一个9。

师：对，还有吗？

生5：个位相加就是9了。

师：你能具体地说一说吗？什么意思，你举个例子给大家听。比如？

生5：比如2个9等于18。1+8=9。

师：再举个例子。

生6：6乘以9的积是54，积的十位5和个位的4相加刚好等于9。

师：是不是这样的啊？

生齐：是！

师：2和7？

生齐：9。

师：3和6？

生齐：9。

师：4+5？

生齐：9。

师：5+4？

生齐：9，9，9……

师：不愧是9的口诀，连积都带着9。还有吗？

生7：5乘以9的积的位置和6乘以9的积的位置换了一个位置。

师：你听懂他的意思了吗？

生8：他的意思是5乘以9和6乘以9的积的十位数和个位数交换了位置。

师：是这样的。还有吗？

生9：第一个因数加积都是整十数。

师：为什么会是这样的呢？

115

改进数学课堂

课件呈现

$1 \times 9 = 9$
$2 \times 9 = 18$
$3 \times 9 = 27$
$4 \times 9 = 36$
$5 \times 9 = 45$
$6 \times 9 = 54$
$7 \times 9 = 63$
$8 \times 9 = 72$
$9 \times 9 = 81$

图 3—23

师：我给你 10 个格子，你看，如果我涂一个 9，那么就是怎么样？

课件呈现

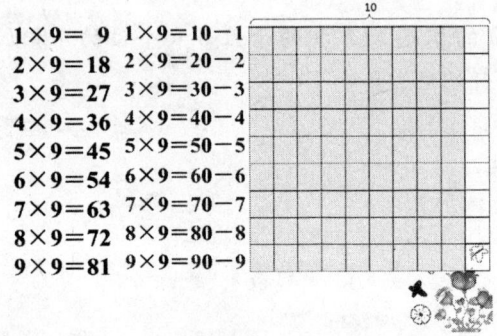

$1 \times 9 = 9 \quad 1 \times 9 = 10 - 1$
$2 \times 9 = 18 \quad 2 \times 9 = 20 - 2$
$3 \times 9 = 27 \quad 3 \times 9 = 30 - 3$
$4 \times 9 = 36 \quad 4 \times 9 = 40 - 4$
$5 \times 9 = 45 \quad 5 \times 9 = 50 - 5$
$6 \times 9 = 54 \quad 6 \times 9 = 60 - 6$
$7 \times 9 = 63 \quad 7 \times 9 = 70 - 7$
$8 \times 9 = 72 \quad 8 \times 9 = 80 - 8$
$9 \times 9 = 81 \quad 9 \times 9 = 90 - 9$

图 3—24

生 10：比 10 少 1。

师：也就是 10—1，那么如果我涂 2 个九呢？

生齐：10—2。

师：再想想。谁来说？

生 11：20—2。

师：为什么是减 2 呀？

生 11：因为有两个格子没有涂。

师：那 3 个 9 呢？

生 11：那就是 30—3。

师：同意吗？

第三章　在计算教学中发现算理、活化算法

生齐：同意。

师：4个9?

生12：40—4。

师：现在呢?

生13：50—5。

师：这样呢?

生14：60—6。

师：这样呢?

生15：70—7。

师：这样呢?

生16：80—8。

师：最后一个我们一起说。

生齐：90—9。

师：你们怎么越说越快？发现什么啦？几乘九就是？

生17：几乘九就是几十减九。

师：用这个规律计算7乘以9只要写什么就可以啦?

生17：70—7。

师：不错。也是个好的方法。大家发现什么规律了吗?

生18：第一个因数都比积的十位大1。

课件呈现

$$
\begin{aligned}
1\times 9 &= 9 \\
2\times 9 &= 18 \\
3\times 9 &= 27 \\
4\times 9 &= 36 \\
5\times 9 &= 45 \\
6\times 9 &= 54 \\
7\times 9 &= 63 \\
8\times 9 &= 72 \\
9\times 9 &= 81
\end{aligned}
$$

图 3—25

师：这个规律也很有意思，比如说要算八九，马上就想到它是几十多的啊?

生齐：七十多的。

师：要算六九，马上就能知道它的十位是多少？

生齐：五，五十多的。

师：算四九的时候呢？

生齐：三十多的。

(3)"活"记口诀

课件呈现

口诀中有趣的规律

3×9=27	3×9=30-3	2×9=18	2×9=18 1+8=9	2×9=⑱
4×9=36	3×9=40-4	3×9=27	3×9=27 2+7=9	3×9=㉗
5×9=45	5×9=50-5	4×9=36	4×9=36 3+6=9	4×9=㊱
6×9=54	6×9=60-6	5×9=45	5×9=45 4+5=9	5×9=㊺
7×9=63	7×9=70-7	6×9=54	6×9=54 5+4=9	6×9=㊼
8×9=72	8×9=80-8	7×9=63	7×9=63 6+3=9	7×9=㊽
9×9=81	9×9=90-9	8×9=72	8×9=72 7+2=9	8×9=㊻
		9×9=81	9×9=81 8+1=9	9×9=㊶

图 3—26

师：同学们找到了这么多的规律。那么现在你能不能利用规律再来巧妙地记一记口诀？比如四九这句口诀，你打算怎么记？

生1：40—4。

师：你想到了 40—4，可不可以？

生齐：可以。

生2：还可以用 45—9。

师：用下一句口诀倒推回去是吗？可以。

生3：也可以用 27＋9。

生4：因为是四九，所以积是三十几的。

师：你知道三十几呢？

生4：36。

师：你这个6怎么想出来的呢？

生4：9—3。

师：因为积的个位和十位上的数相加等于9，可以。这句口诀你能不能填出括号里是几呢？

第三章　在计算教学中发现算理、活化算法

生5：五十四。

师：你怎么想出来的啊？能不能利用上面的规律帮我想一想呢？

生6：60－6。

师：让我们来用一用规律，这个呢？你能很快想出积的十位吗？

生7：七九，个位肯定是单数。

师：我只要你填出括号里的话。

生7：七九六十三。

师：你是怎么想的呢？

生7：7加7等于9。

师：7加几等于9啊？那肯定不对了。刚才我们说7乘以9的话，那积的十位是不是比7少1，那就是六十几了是不是？

生齐：是。

师：其实我们已经学到了很多的规律了，那么静静地想一想，然后用规律再来记一记口诀，轻轻地背给自己听一听。

（生自己背口诀）

师：背完的小朋友坐正。我们学习了这么多新的本领啊，有没有信心来挑战一下？

生齐：有。

(三)练习巩固（课件出示）

师：看，谁来啦？

生齐：喜羊羊。

师：有没有信心接受喜羊羊的口诀大挑战？

生齐：有！

1. 把口诀补充完整

略去：五九四十五、二九十八等，其中当六九五十四时，学生用到了"第一个因数都比积的十位大1"的规律。

2. 看算式，想口诀

略去：二九十八、五九四十五等，其中当一个学生回答到七九时，六十（　）没想起来，教师抓住这一契机，启发学生运用积的个位数和十位数相加等于九的规律。

119

3. 看谁算得快

略去：幻灯片上打出气球，每个气球有1~2个算式，比比谁算得快。

4. 用口诀解决问题

师：好，接下来我们要用口诀来解决一些问题。这样一层有9块。那么这样呢？你能想一个乘法算式吗？

课件呈现

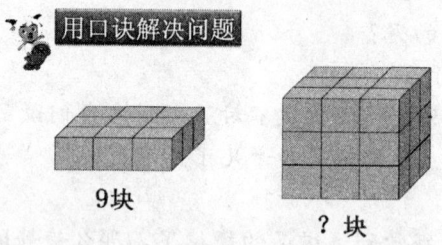

图3-27

生1：三九二十七。

师：乘法算式是？

生2：3×9＝27（块）或9×3＝27（块）。

师：喜羊羊文具啊搞促销，现在每个文具盒只卖8元。买9个要多少钱？你的算式是？

生3：8×9＝72或9×8＝72。

生4：他漏了元。

师：建议你把单位补上重新说一说。

生3：8×9＝72（元）或9×8＝72（元）。

师：现在对了没？

生齐：对。

课件呈现

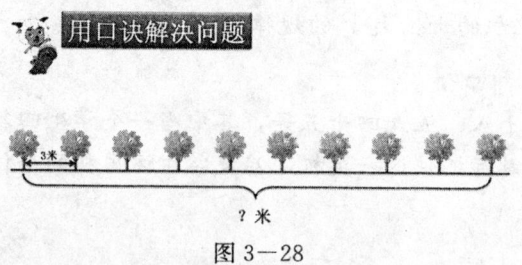

图3-28

第三章　在计算教学中发现算理、活化算法

师：两棵树之间有3米，那么这条路有多长呢？

生1：3×9＝27(米)或9×3＝27(米)。

师：9乘以3的话应该用哪句口诀？

生2：三九二十七。

师：还有没有不同的意见？

生3：3×10－3。

师：好，那我们看一下这三种方案当中你认为哪种方法是对的呢？

生4：我觉得第三位同学的答案是对的。

师：为什么？怎么想？

生4：因为每棵树中间有3米，有这样的10棵树，10棵树中间最后一棵树是没有的，所以只有9个3，就是9乘以3，是不是？

生5：他也是对的。

师：为什么？

生5：因为3×10，先把最后一棵树加上去。

师：也想象有中间的是不是？然后呢？

生5：因为最后那段并不存在，所以要减3。

师：那你们再来看一看，这两个其实……

生齐：是一样的。

师：一样的，你看这里几个3？

生齐：10个3。

师：10个3，然后减去1个3就是9个3，还是一样，为什么他要用这个方法啊？

师：有几个间隔？

生齐：9个。

师：好，我们一起来数一数。

生齐：1，2，3，4，5，6，7，8，9。

师：是不是？所以这个方法是对的。

生6：还可以3×8＋3。

改进数学课堂

课件呈现

图3-29

师：一个正方形是9。那么这样一个正方形呢？

生1：四九三十六。

师：你是怎么想的？

生1：因为1个大正方形和4个小正方形一样大。

师：你想把这个分成4个，是不是这个意思？

生齐：是的。

师：那我们来看看到底要怎么样？先来验证一下，把这个取出来，是不是一样的？

生齐：是。

师：所以我们就可以用乘法算式4×9＝36。

生2：或9×4＝36。

师：可以。这个呢？更大的。你在脑子里想象一下。

课件呈现

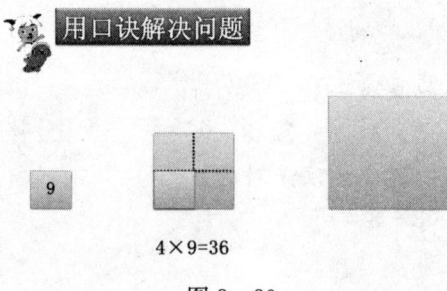

图3-30

第三章　在计算教学中发现算理、活化算法

生1：6×9＝54。

师：你认为有6个这样的是不是？有没有不同的意见？

生2：9×9＝81。

师：说说你的想法。

生2：因为把这个方块移进去，那么原来有4个，外面还有5个。4＋5＝9(个)。

师：所以我们的算式可以写成？

生齐：9×9＝81(个)。

师：到今天为止啊，我们已经学完了所有的乘法口诀了，这就是"九九乘法口诀表"，早在两千多年前，古人就把它写在竹简上，代代相传，流传了下来。那你知道"九九乘法口诀表"一共有几句吗？

生1：有9句。

生2：81句。

生3：45句，9的口诀有9个，8的口诀有8个，7的口诀有7个，6的口诀有6个……所以1＋2＋3＋4＋5＋6＋7＋8＋9＝45。

师：你怎么算得那么快啊？

生4：1和9，2和8，3和7，4和6，还有一个5，加起来就是45。

师：还有没有不同的方法？

生5：把最高的移到那个……

师：把最高的移过去，那我可不可以把最低的那块移过去呢？

师：来，你说一下。把九九八十一这句……

生6：把九九八十一这句移到一一得一上面，把八八六十四、八九七十二移到二二得四的上面，把七七移到三三的上面，把六六移到四四的上面。

师：好，现在怎么样？竖着发现怎么样？一列有10个，有这样的……

生齐：4列。

师：还有一个5。这个方法和前一位同学的方法差不多。其实是一样的，也是想到了凑十的方法。可以，还有吗？

师：我介绍一个方法给大家看一看，看看你能不能看懂，我也是移一移。你知道我接下来要怎么移了吗？

生7：六九移到五五。

师：为什么要这样移？这样组合一下你看有几个9？

123

改进数学课堂

生齐：5个9。
师：那我们可以利用今天的知识来解决啦。
生8：五九四十五。

（四）小结

略去：学生小结学到了"9的乘法口诀"和"1到9的口诀有45句"，教师补充"9的口诀的规律"。

第三节　教学设计改进

一、第一次课前分析

课程维
表内乘法的学习既是乘法计算的重要基础，也是后续除法学习的重要铺垫。其中，9的乘法口诀是表内乘法的最后一节课，也是口诀数量最多的一个教学内容。教材从编口诀、写算式、练口诀三个内容来编写这一教学内容。

教师维
在日常教学中，教师有意识地培养学生进行知识的自我探究的能力，例如在1~8的乘法口诀教学中。对于9的乘法口诀的教学内容，学生对于口诀是有一定基础的，有些学生已经可以背诵，因此编口诀不是重点，可以放手让学生自主探究得到结果。而9的口诀的积中蕴涵了大量的规律，是值得教师花工夫引导学生的，既可以培养学生的观察能力，也能培养其数学思维。

学生维
学生在学习1~8的乘法口诀的经验基础上具备自己探究9的乘法口诀的意义的基础，如画一画、加一加、找规律等。根据前测，我们发现个别学生能完整背诵9的乘法口诀，部分学生能背诵一部分，但从中随意抽出几句让学生补充完整则比较困难，特别是数字比较大的口诀问题就比较显著。

第三章 在计算教学中发现算理、活化算法

二、第一次教学预设

教学目标
1. 让学生经历编制验证9的乘法口诀的过程,知道口诀的意义。 2. 引导学生观察并找出规律、记忆口诀,渗透数学思想方法,培养迁移能力。 3. 学生能运用口诀准确计算并解决问题,感受数学的趣味性。
教学重点、难点分析
教学重点:经历编口诀、证口诀的过程。 教学难点:利用规律记忆口诀。

教学流程

教学线索	设计意图	课堂生成
(一)探究口诀 1. 四人小组合作,选择一种方法研究9的乘法口诀。 2. 请学生把编好的口诀记录在练习纸上,并再用小组选择的方式来表示。 学生小组合作学习,教师巡视指导。	利用学生学习1~8的乘法口诀的经验自己探究9的乘法口诀,编出口诀,沟通意义。	这项学习任务大部分学生能够自己独立完成,小组合作的价值不大,考虑改为学生独立思考完成编口诀的任务。
(二)找规律 提问:我们来观察一下同学们说的乘法算式,你有什么发现?	利用9的乘法口诀的规律促进学生对口诀的记忆,渗透函数、类比等数学方法,同时感受数学妙趣。	学生探索到了以下规律。 1. 积十位从小到大,每次多1;个位从大到小,每次少1。 2. 积个位和十位上的数字相加等于9。 3. 积从上往下每次多9,从下往上每次少9。 从学生发现的规律来看,有助于记忆口诀的规律不多,探究规律的过程应该有详有略,重点

改进数学课堂

续表

(三)记口诀 我们找到了那么多规律,根据规律我们再来记一记口诀。先自己背一背,然后同桌互相背一背。 提问:如果一个小朋友一时记不得六九( ),你有什么好办法告诉他?	促进口诀的记忆,活用口诀。	展开对于记忆口诀有帮助的规律。根据观察发现学生多用以下规律加以记忆。 生1:我想45+9=54。生2:我想63-9=54。 可见,学生还是停留在以往1~8的口诀记忆的方法上,没有联系9的乘法口诀的众多规律,探究规律环节提升不足。
(四)用口诀 1. 把口诀补充完整。 2. 看算式,想口诀。 3. 乘法大转盘。 4. 九九乘法口诀表共有几句。	回应前测的结果,增加变式练习。	生1:数出来。 生2:移多补少,每列10个,4×10+5=45(句)。 学生思维层次不同,既要允许学生用最基础的方法,如数一数,也鼓励思维层次较高的方法来优化方法,如移多补少。
(五)联系生活 提问:生活中哪些地方我们需要9的口诀帮助计算?	应用口诀解决生活问题。	9的乘法口诀可以联系的生活实际不多,学生大多想到价格,有些甚至是自己临时编造的,显得为了联系而联系,考虑可以拿掉这个环节。

第三章 在计算教学中发现算理、活化算法

续表

(六)独立作业. 完成课堂作业本 p.51 作业。	独立练习巩固,教师了解学生的学习情况。	学生在一些较难记忆的口诀练习中出错较多,如四九三十六,六九五十四等。对于较难记忆的口诀应提供更多的练习。

连接点:第一次课后反思+第二次课前分析

课程维
通过上节课的教学,我思考了以下问题。 1. 乘法口诀是越学越少好(一列一列学习)还是越学越多好(一行一行学)? 2. 计算教学如何体现计算速度、正确率,做到轻负高质。 3. 如何在计算教学中增加不同层次学生的思维含量,渗透思想方法:函数、数形结合等。 4. 使学生经历研究口诀的过程,方法比结果更为重要。

教师维
1. 教师在教学时间的分配上需要作出进一步的调整,突出探寻9的乘法口诀积中的规律这个重点,对于一些练习的设计需要数形结合、变式丰富,照顾到各个思维层次的学生需求。 2. 学生的错误是一种重要资源,要抓住好好利用。肯定思维层次较低的孩子的想法,引导从低级向高级过渡与发展。 3. 引导学生运用准确的数学表达语言。

学生维
1. 大部分学生在课堂上能够"背诵"9的乘法口诀和表示口诀的意义,但是个别学生还不能准确记忆每句口诀。 2. 学生如何通过发现规律来活化口诀,提高记忆的准确度。 3. 学生计算速度如何?要做前测和后测。

三、第二次教学预设

教学目标
不变。

教学重点、难点分析
不变。

教学流程		
教学线索	设计意图	课堂生成
(一)复习与回顾 提问:今天我们学习什么?(幻灯片:9的乘法口诀) 提问:对9的乘法口诀,你了解多少?	课堂中的学习起点的前测,了解学生对9的乘法口诀的了解情况:能否准备背出9句口诀,是否知道意义。	正如前测所示,有学生能够背诵9的全部口诀,但是也有不少学生还不能准确记忆所有口诀,知道的仅是其中的一两句。
(二)探究9的乘法口诀 1. 学习任务:编口诀,证口诀。 (1)袋鼠每次跳9格,一共跳了多少格? (2)把你编的口诀记录在练习纸上,并再用喜欢的方式来表示其中的一句口诀。 2. 全班汇报和交流。	以袋鼠跳为情境,提供给学生自编口诀的"拐杖",同时在数轴上渗透1个9与10相差1,2个9与20相差2…… 学生可以利用口诀之间每次加9的规律推出口诀的结果。 学生用各种方法(画图、写算式等)来表示口诀的意义。	第二小题,学生有的用袋鼠跳的结果来编口诀,有的重新每次加9自己推算下一句口诀的结果。 学习任务的设计意图是希望学生通过观察初步感知1个9与10相差1,2个9与20相差2……的规律,同时能够联系袋鼠图快速推算口诀的结果,但是从课堂学习来看,学生并没有将两者结合起来。

第三章 在计算教学中发现算理、活化算法

续表

(三)寻规律,记口诀 提问:你能根据口诀写出相应的乘法算式吗? 提问:我们来看同学们说的乘法算式,仔细观察你有什么发现? 把你的发现先和同桌交流一下。 请你选择自己喜欢的规律静静地想一想,然后轻轻把口诀背给自己听一听。 提问:如果一个小朋友一时记不得六九( ),你有什么好办法告诉他?	通过找规律的活动培养学生观察与发现的能力,并能利用规律帮助记忆口诀。	因为和同桌交流的时间充裕,比起第一次课,学生探究出来的规律多了以下几条。 (1)积十位上的数字总比第一个因数少1。 (2)积的个位和十位交换位置出现,18 和 81,27 和 72,36 和 63,45 和 54。 但是对于( )×9＝( )－( ),学生停留在模仿老师给出的第一个例子 1×9＝10－1,并没有真正理解。需要利用好百格图,进行数形沟通。 学生利用发现的规律来记忆口诀仍有一定的困难,考虑课件中呈现已经发现的规律作为思考的线索。

129

		续表
(四)练习巩固(课件出示) 1. 把口诀补充完整。 　　五九(四十五)　　(三)九二十七 　　七九(六十三)　　(六)九五十四 　　八九(七十二)　　(九九)八十一 2. 看算式,想口诀。 3. 60″口算练习。 4. 用口诀解决问题。 (1)一个正方体有多少个小正方体? (2)一个文具盒8元,买9个多少元? (3)一个小正方形代表9,一个中正方形多大?一个大正方形多大? (4)你知道"九九乘法口诀表"一共有多少句吗?	通过大量形式丰富的练习巩固9的乘法口诀,并在实际情境中进行运用。	最后一题学生想到了加法,并且使用了凑十法,这不是这节课的重点,因此是否有必要引出两种乘法或乘加算式值得商榷。
(五)全课小结 提问:同学们,今天你们有哪些新的收获?	旨在帮助学生回顾与整理今天的学习内容,梳理思路。	发现学生既能说出今天所学内容,也能说出最有帮助的规律,以及解决问题的思路。

连接点:第二次课后反思+第三次课前分析

课程维
新的思考: 1. 如何在9的乘法口诀教学中实现发现算理,活化算法。 2. 如何使得学生在发现规律之后能运用规律,避免两者脱节。 3. 增加一些变式练习,丰富学生对9的乘法口诀运用的能力。 4. 在解决"九九乘法口诀表"一共有几句的问题时费时太久。

第三章　在计算教学中发现算理、活化算法

续表

教师维
1. 如何有效利用学生错误资源，转危为机。 2. 对于有一定难度的问题，如观察9的乘法算式之中的规律，应该给学生充分思考的时间。 3. 全班讲解规律时一定要善于引导，分清详略。 4. 口算校对要有效，并了解学生的情况。
学生维
1. 学生在探究任务中，并没有按预设那样利用袋鼠跳格子来利用＋9的方法，有的是用口诀倒推，有的是不明白意思都填了9。因此这个学习情境的创设不够合理，不再放置该环节。 2. 学生不愿意用规律来记忆口诀，是因为记忆自动化以后很难回到最初的状态进行有意记忆，无法在规律与记忆运用之间架起有效桥梁。因此，探究规律的环节更多的是一种学习方法的训练和思维方法的渗透，同时兼顾记忆的优化。

四、第三次教学预设

教学目标
1. 学生在探究中经历编制9的乘法口诀的过程，并通过画一画、算一算等方式表示口诀的意义。 2. 学生通过找规律的活动，培养观察与思考的能力，并利用规律记忆口诀。 3. 学生在多样化的练习中熟练相应的乘法计算，能用所学的知识解决问题，感受数学的趣味性。
教学重点、难点分析
不变。

教学流程

教学线索	设计意图	课堂生成
（一）复习与回顾 1. 谈话复习。 提问：小朋友们，我们已经学了哪些乘法口诀了？ 揭题"9的乘法口诀"。	对每个班级的学生在展开教学时都需要了解他们已有的基础。	学生不仅能背诵9的乘法口诀，还有学生发现"每句＋9"的规律。

续表

2. 回顾探究方法。 提问：在研究之前我们先来回顾一下在学习"1~8的乘法口诀"的时候我们都用了哪些方法？	学习在于过程的积累与巩固，学生回顾学习1~8的乘法口诀时的方法，如画图法、算式法、规律法等。为学生自己进行9的乘法口诀的探究埋下伏笔。	
(二)探究9的乘法口诀 1. 编口诀，释口诀。 探究任务 (1)自己编一编9的乘法口诀。 (2)选一句喜欢的口诀来表示它的意义。(画图、写算式、找规律……) (3)完成以后轻轻地说一说自己是怎么编的。 反馈与交流 (1)口诀怎么编。 提问：你们的口诀是怎么编的？ (2)编口诀方法的比较。 提问：两种方法你喜欢哪一种？说说你的理由。 (3)检查口诀编写是否正确。 (4)口诀的意义。 我们一起来看看，同学们表示的口诀的意义。 总结：同学们真会学习，用我们以前的学习方法自己研究了9的乘法口诀。我们一起来读一读自己编的口诀。	联系学习1~8的乘法口诀的经验，学生有能力自己完成编写9的乘法口诀的任务。 结合口诀的意义或者之间的规律来推算结果。 算法多样化与优化。	学生的探究作品中图画丰富，联系生活表象，有数学符号，如○、△、方格图等，有汉字，如相、城等。 学生得以两种编口诀的方法，即"一九就是1个9，二九就是9+9，三九就是9+9+9"(第一种)；"一九得九，就是9，然后用每次+9的规律"(第二种)，学生们表示喜欢后一种，因为比较简便，这就涉及算法优化的问题。

第三章 在计算教学中发现算理、活化算法

续表

2. 说算式，寻规律，记口诀。 (1) 口答算式 提问：你能根据口诀说出相应的乘法算式吗？ (2) 寻找规律 提问：我们一起仔细观察这些乘法算式，你有什么发现？（等待） 把你的发现先说给你的同桌听一听！ 四九（　） 九五十（　）　七九（　）十 (3) "活"记口诀 提问：我们找到了那么多规律，你现在有没有更灵活的方法来记口诀呢，比如四九（　）？六九五十（　）？七九（　）十三？ 请你选择自己喜欢的规律静静地想一想，然后轻轻把口诀背给自己听一听。	通过规律来记忆口诀，通过找规律来发展学生观察、思考、推理的能力。 给学生提供充分的时间，并将他们发现的规律都呈现在课件上，利于学生联想和运用。	学生交流规律，激活思维碰撞出更多的规律。 比起上两次课，又增加了一些"新发现的规律"，比如"几九的积＝几十一几，如 $1×9=10-1$，$2×9=20-2$……"等，而且学生已经学会运用规律，比如，生：四九我就知道积是3＿，再想 $3+(　)=9$，就可以知道是36了。 生：我只要想 $40-4$ 就可以知道了。
(三) 练习巩固 1. 把口诀补充完整。 五九（四十五）　（三）九二十七 二九（十八）　（六）九五十四 八九（七十二）　（四）九三十六 七九（六十三）　（九九）八十一	根据前测增加了补口诀的前半句或后半句的练习，并基本覆盖9句口诀。	

133

续表

2. 看算式，想口诀。	计算时必须联想到相应的口诀，通过此练习巩固和加强二者的连接。	
3. 看谁算得快。	以气球游戏激发学生计算的兴趣，并提高计算的熟练度。	学生非常喜欢这样的游戏形式，注意力高度集中，并能用口诀进行快速计算。
4. 用口诀解决问题。 (1)一个正方体有多少个小正方体？ (2)一个文具盒8元，买9个多少元？ (3)每棵树之间3米，这条路有多长？（图略） (4)一个小正方形代表9，一个中正方形多大？一个大正方形多大？ (5)你知道"九九乘法口诀表"一共有多少句吗？	数形结合、联系生活、植树问题、估算的渗透等各种丰富的练习，促进学生用数学能力的提升。	学生有三种回答，即"3×9＝27（米）"（正确）；"3×10－3＝27（米）"（正确）；"3×7＝21（米）"（错误）3个学生的回答中，第一个与第二个是相通的，第三个学生数错了间隔数。
(四)全课小结 提问：今天这节课，你有什么收获？	整理与回顾所学知识。	

第三章　在计算教学中发现算理、活化算法

第四节　同行教学评价

教学环节解读，智慧观点碰撞
杭州市保俶塔实验学校　余建淳

亲历王虹老师关于"9的乘法口诀"三次课，感触颇深，形成了以下五个观点。

观点一：并非所有的数学课都要创设情境

数学与生活实践相联系是新课程改革的一大亮点，特别是计算课教学要与情境相结合，融合在解决问题中。但现在我们老师总是为情境所困，为了创设情境而创设，往往出现牵强附会、本末倒置的现象。王老师在"9的乘法口诀"的课堂教学中很好地诠释了情境与计算教学之间的关系。不是所有的计算课都非用情境不可——不用情境，直接明了地进入新主题也是计算课教学的一种方式。

观点二：学习方法的习得是数学教学的本质

类推学习是一种很重要的学习方法，王老师很注重学习的迁移。学习9的乘法口诀之前已经学过了1~8的乘法口诀，学生具备了一定知识基础，更具备独立研究新口诀的方法，如画图、加法算式、利用乘法算式意义等。王老师通过回顾旧知，勾起学生的研究方法，为后面的学习做好铺垫。

观点三：给学生独立思考大胆研究的时间与空间

王老师充分尊重学生，在二年级就大胆地放手让学生自己先独立思考、研究。学生已具备乘法口诀的研究方法和能力，通过独立思考让学生自己来检测之前的学习是否到位，遇到问题自己寻找解决途径，从而达到学习方法习得的效果，提升了数学思维的深刻性和创新。通过小组交流、比较各自的研究方法和成果，王老师不偏不倚地处理了方法多样化和算理之间的关系。在关注方法多样的同时又注重方法之间的沟通和算理的理解。

观点四：经历学习过程比记忆学习结果更重要

9 的乘法口诀存在着很多丰富、奇妙的规律，王老师让学生经历发现规律—交流规律—解释规律的过程，充分激发了学生学习数学的兴趣和积极性。同时王老师对规律进行有效梳理，选取了有助于口诀学习和有意记忆的规律展开讨论。在讨论规律产生的原因时，注重结合算理，帮助学生更深刻地理解和记住口诀。

观点五：练习设计合理有效才能提升学生思维水平

王老师的练习紧紧围绕 9 的乘法口诀的意义和算理，不断地变化练习形式，习题螺旋上升。有规定时间练口算提高速度，有看式抢答提高学习注意力，有实际运用提高解决问题的能力，有体、面、线的数形结合题培养学生空间想象力和估算能力。

对比三次教学，深度解析课堂

杭州市保俶塔实验学校　宋雪芬

一、以生为首重视学法

比较王虹老师的几次试教，不难发现，王老师越来越明白什么样的数学学习才能真正促进学生学会学习。如"9 的乘法口诀"的几次不同引入：第一次试教引导学生回顾已经学过的 1~8 的乘法口诀用到的学习方法，小组合作编 9 的乘法口诀。当发现学生已有知识基础（已学过 1~8 的口诀，有部分学生已经会背 9 的乘法口诀）小组合作流于形式后第二次试教利用袋鼠跳格子让学生自编 9 的乘法口诀，进入新课更直接，但又发现学生是在教师的指挥下完成学习任务的，其学习的主动性和知识的自主建构能力大大减弱后，第三次试教王老师重新完善使用回顾 1~8 的乘法口诀的学习方法迁移运用到自编 9 的乘法口诀，给学生搭建了一个自我构建知识、自我完善知识结构的平台，通过学生自己的实践获得，学生很好地经历了知识的发生、形成和发展的过程，学生的探索欲望获得了极大的满足，与原有的知识形成一个较为完整的知识体系。"授人以鱼不如授人以渔"，掌握良好的学习方法将有益于学生的终身学习。

二、深读教材重视生成

我们上课总是理解教材多过了解学生，正因为对学生有怎样的基础不是很清楚，所以我们的数学课堂究竟对学生有怎样的提升就不够清楚。从理解教材到了解学生，从"教教材"到"用教材教"是需要教师经历的一个过程。王老师最初的教学设计可以说也是完美无缺的，自编口诀，利用已有1～8的乘法口诀基础、来找一找9的乘法口诀中的规律、背口诀、用口诀。但在第一次试教中就有明显的感觉，教师按部就班地执行原先的教学设计，而对"找9的乘法口诀中的规律？"为什么要这样做的思考是不够深入的。如果说第一次试教时教师把找规律作为其中的一个教学任务来完成，那在第二次试教中王老师逐渐有了要组织学生利用规律来记忆口诀的意识。在找完规律后教师问"你觉得哪条规律能帮助你记忆九九八十一这句口诀？"可惜的是这是教师人为设置的问题，而不是学生中真正产生的问题，所以学生的感受不深刻，而且题目中已经有了九九"八十一"的答案更没有提问题的需要了。在第三次试教中，王虹老师在引导学生找规律时胸有成竹，不但很好地引领学生倾听并理解个别学生找到的规律，在学生找完规律之后问"能不能巧妙地运用规律记四九这句口诀？""知道十位上是3，个位上的6怎么来的"，设计"把口诀填完整"等环节帮助学生利用找到的规律来记忆口诀。可以说王虹老师一次比一次更清晰为什么教。在后来的评课交流中，王虹老师也意识到了一个问题——利用规律记忆口诀这一教学环节几次试教都有一种教师强加给学生的感觉，如果把它放在课堂学生口诀记忆错误或困难时来处理会更自然，使"找规律、用规律"真正成为学生学习的需要。

这次课例研究无论对于旁观者还是执教者来说都是获益匪浅的，它向大家展示了教师经历研究教材、研究学生、研究教师自身的教学行为，非常有意义。

第四章　在图形概念教学中建立空间观念

第一节　课例研究报告

图形概念的教学属于《数学课程标准》中"空间与图形"的内容，它涉及数学概念的建立问题。在图形概念教学中，教师们对"如何让学生在操作的过程中体验图形概念？""图形概念的教学中为什么要呈现图形的运动和变换？用意何在？""怎样呈现动态的图形？""在认识图形的过程中如何发展学生的空间想象力？""在图形概念的教学中，怎样渗透一些思想方法？"等问题感到困惑。

因此，本次课例研究以"在图形概念教学中建立空间观念"为目标进行探究。空间观念是指学生对物体的形状、大小、方向、位置和关系的感知。中小学的数学学习中，空间观念应包括图形的识别与理解能力、图形的分解与组合能力、图形的建构与探索能力、对图形的运动与变换的欣赏、利用几何直观解决问题能力。[①]这其中，图形概念的教学对空间观念的培养无疑起奠基性作用。根据这个主题，杭州市学军小学的查赟老师选择的执教内容是"锐角和钝角"的认识。

一、第一次课试教

执教教师选择的执教内容是义务教育课程标准实验教科书《小学数学》二年级下册第三单元"图形与变换"中"锐角和钝角"的认识。

[①] 王林全. 空间观念的基本构成与培养——兼谈美国如何发展学生的空间观念[J]. 数学通报，2007，46(10).

第四章 在图形概念教学中建立空间观念

(一)观察与发现

1. 教师通过找一找、做一做、画一画等方式,调动学生学习的积极性

教师在各个教学环节里,采用了丰富多样的教学方式,使学生充分参与其中。

2. 联系生活,启发学生的空间观念

联系生活中的角,并通过脱去"漂亮的外衣"使学生经历一个从"具象"到"抽象"的过程,有助于学生排除锐角和钝角的非本质特征,认识它们的本质特征。

3. 体现"分类"的思想,丰富对角的概念的认知

借助直角为参照,将角分为锐角、直角和钝角,拓展学生对角的外延的认识。

4. 能临场抓住学生的生活化语言,融通语文学科,帮助学生理解概念

在给"锐角"概念命名时,一个学生说出"锐"是"尖锐"的意思,其他学生随之想象,说出锐角是"尖尖的",教师能机智地反应,予以肯定,并顺延"中国的文字就是厉害",融通了语文和数学学科。

(二)问题诊断

1. 没能形成动态的概念意象

通过静态地呈现锐角、钝角和直角的画面,学生不能形成丰富的、可变的概念意象,这会影响学生对锐角、直角和钝角三个概念的理解以及对三者之间关系的理解。

此外,不利于深入地理解锐角、钝角和直角之间的关系。(注:概念意象是指与概念直接相联系的"整体性"认知结构,包括相应的心智图像。概念意象的主要特征为丰富性、个体性、相关性和可变性。①)

2. 没能抓住学生思维的闪光点

在教学中教师出示了三种角,请学生用符号连接它们,见图 4-1。

图 4-1 三种角

---

① 郑毓信. 数学教育的现代发展[M]. 南京:江苏教育出版社,1999.

改进数学课堂

教师本意是想让学生通过填"<"">""="体会角的大小和关系。但一个学生用"锐角＋直角＝钝角"回答，教师予以否定，其实锐角、直角和钝角三者也存在相加的关系，这时如果教师能抓住学生的思维亮点，启发学生的思维，可以使学生更好地理解三者的关系。

3. 没有体现锐角和钝角概念在生活中的运用

教师在认识锐角和钝角概念时呈现了生活中的实例，但没有将锐角和钝角的概念运用在生活之中。

(三)改进建议

1. 通过动态演示、空间想象和标注符号，使学生形成完整的概念意象

为了让学生形成丰富的动态和更富有整体感的概念意象，可以在各个环节用动态的方式呈现角。建议一，"从生活当中找角"，可以用动态的过程来演示，再脱去"外衣"还原成静态的这种角。建议二，设一个直角坐标系，锐角在0°到90°范围，钝角在90°到180°范围，动态地演示从锐角到钝角的形成过程。建议三，启发学生展开空间想象，使他们在脑海里完成这个动态的过程。建议四，通过用角的符号的标注来提示学生这一动态生成的过程。

形成完整的概念意象，不仅有助于加深学生对锐角、钝角是范围角、直角是唯一角的认识，掌握概念的本质特征，而且有助于他们理解三者的关系，并为后期认识平角、周角埋下了伏笔。(因为如果不能形成一个旋转的、动态的角概念，就很难理解平角和周角这些概念)。最后，这还有利于提升学生数学思维的严密性和广阔性。

2. 让学生在解决问题中体会锐角和钝角的概念

可以用"躺椅"、"滑梯"和"路灯"，调动学生的多种感官，唤醒鲜活的生活体验，体会锐角和钝角在生活中的运用，并使他们理解学习锐角、直角、钝角概念的必要性。

3. 鼓励学生全面观察，提升思维的周密性和开阔性

在"从生活中找角"这一环节，教师引导学生在每一幅图里找一个角，其实，有些图中有许多角，比如摩天轮不仅有锐角，还有钝角，这样不仅有利于让学生认识图形的特征、关系和组合，而且有利于观察力的培养和思维的提升。

第四章　在图形概念教学中建立空间观念

二、第二次课改进

本次课主要解决上次课上出现的"形成概念的动态意象"、"在问题解决中体会锐角和钝角"等问题。

(一)观察与发现

1. 运用现代教育技术，展现概念的运动性、变化性

这节课在"生活中找角"(见图4－2)时采用了动画等方式动态地展现了锐角、钝角和直角的形成过程，并增加了在"角群"(见图4－3)中感受角的分类环节，有助于学生在图形概念的学习中发展空间观念。

图4－2　　　　　　　　　　图4－3

2. "躺椅"、"滑梯"和"路灯"调动了学生的想象，引起学生的浓厚兴趣

"躺椅"、"滑梯"和"路灯"引发了课堂的一个小高潮，学生兴致勃勃地想象路灯变成锐角时和躺椅变成锐角时的情形，在生活体验中激活了这些概念。

(二)问题诊断

1. 对学生的起点估计有误，忽略了画角、测角的指导

从这节课"学生维"的观察结果来看，思维活跃、思维较弱和思维中等的学生在画角这一环节上都出现了困难，尽管在"角的初步认识"里已经学过了画角，但这一年龄段的学生仍需要不断地巩固重复，在用三角板测角时教师同样也需要给予清晰的指导。

2. 多媒体演示有取代学生空间想象之嫌

这节课的多媒体演示是一个亮点，它可以丰富学生的概念意象，但同时多媒体演示的时机把握显得尤为重要，如果过于置前，就会压缩学生的空间想象，使他们处于一个被动接受的地位。

改进数学课堂

3. 概念变式的渗透还不够充分

这节课教师通过动态演示等方式，使学生对锐角和钝角不同开口大小的变式有了很好的掌握，但对于"角的开口方向不同"、"角的边长长短不同"的变式加以忽略，所以，在最后做角时，教师做了一个直角，问其他同学还有没有别的直角时，有学生回答说有，他拿出的是一个开口方向不同的直角。

4. 三角板工具还没有充分地使用

对于学生空间观念的发展来说，三角板是用以测量、操作、感知等很好的媒介，因此要在各个环节中充分地使用三角板。这节课比起上节课来说，已经在量一量上使用了三角板，见图4－4。但在实践操作环节，教师使用折一折代替了用三角板拼一拼，在课堂时间有限的情况下，拼一拼显得更为重要。

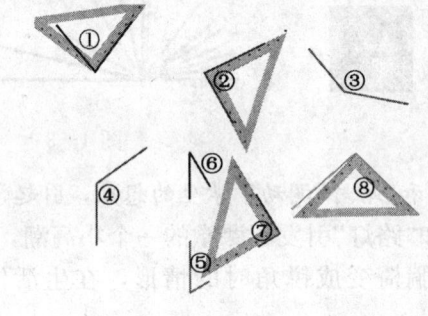

图4－4

5. 没有充分地利用学生生成的课堂资源

在课堂上，学生们做出各式各样的角，这时候教师完全可以收集学生们做的角，展示一个角群，这是一个很好的课堂生成资源。

(三)改进建议

1. 通过各种变式，达到概念的精微性

一方面图形概念的"标准图"和"原型"有助于学生表征数学概念。例如，教师可以在示范画角时，呈现标准的锐角、钝角和直角。另一方面，局限于对"标准图"认识又会产生图形概念的僵化，模糊学生对图形概念本质特征的认知。因此，提供各种变式，丰富学生对图形概念认知的概念意象是十分重要的。对于锐角和钝角的认识来说，变式可以从三个维度来提供，其一，角的开口大小；其二，角的开口方向；其三，角的两条边的长短。通过变式使学生更好地构建概念。

2. 利用学生课堂生成的智慧，展现角的变化

教师在课堂上安排了找角、做角，可以充分利用学生的研究成果加以展示，例如，在学生用吸管或用纸折角后，收集学生折的不同的角（包括不同角的大小、角的边长），并和直角对比，让学生观察体会锐角和钝角的特征，同时也让学生体会到成功感。

3. 融通新旧知识，在概念网络中理解概念

要更好地理解锐角和钝角概念，需要将概念的理解放置在一个概念网络之中，如果就"概念"教"概念"，学生不能很好地理解为什么要学习这个概念，从而产生对概念学习的疑惑感。就锐角和钝角概念的学习而言，既涉及点、射线，也关乎平角、周角，还和几何图形如梯形、平行四边形等密切相关。而且，锐角和钝角本身也是角这个概念的外延认识。

4. 合理地使用现代教育技术，培养学生的空间想象力

掌握多媒体呈现的时机，起到丰富而不是代替学生的空间想象的作用。

三、第三次课改进

本次课主要解决上次课上出现的"在概念网络中认识锐角和钝角"、"提供变式，丰富概念意象"、"合理使用多媒体，启发学生的空间想象力"等问题。

（一）观察与发现

1. 新旧联系，在概念网络体系中认识锐角和钝角

这节课在引入阶段就通过复习旧知"角有一个顶点，两条边"来尝试恢复学生对角的认知，这既能使学生更好地理解锐角和钝角的内涵，也使之通过锐角和钝角更好地理解角的概念外延，同时也将角的概念与点和射线等概念相联系。

在角群等环节中，通过角的一条边的旋转，使角经历了从锐角到直角到钝角再到平角的过程，为今后平角和周角的学习埋下了伏笔。

在练习环节中，教师设计了一个"下面图形中有几个锐角？几个钝角？"的练习，让学生在平面图形中找角，有助于学生将角的概念与平面图形相关联。

2. 通过师生、生生的互动交流,使学生学会用数学语言表达图形概念

在课堂中,教师安排了许多师生、生生的交流机会,使学生顺利达成物化语言到表象语言到形式语言的过程。

3. 自然渗透锐角和钝角的各种变式,有利于学生把握它们的本质特征

教师在教学中对角的各种变式都作了渗透,唤醒学生对于角的内涵和特征认知,形成灵活多变的概念意象,从而更好地理解锐角与钝角。具体而言,首先,在生活中找角时,教师设计了各个开口方向的角(见图4-5),丰富了学生的概念意象,并加以语言强调"角的大小和它们的张口无关"。

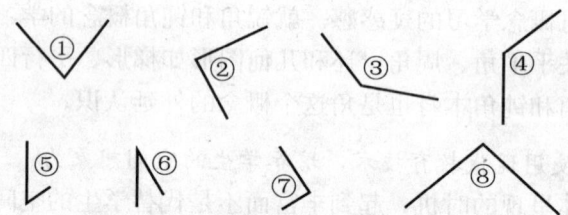

图4-5 各个开口方向的角

其次,在用吸管做角这个环节中,因为学生用吸管做的角的边各不相同,教师在显示学生成果时自然地通过演示提醒学生"角的边长不同不影响角的大小"。

最后,在角群等环节里,动态展示了作为范围角的锐角和钝角各种变式。多种变式的提供既有利于学生抓住本质性的特征,又有利于学生避免概念形成的单一僵化。

4. 通过"留出空白"、"放慢语速"、"肢体动作"和"减缓播放"给学生制造空间想象的机会

这节课教师在"将两个锐角拼成一个更大的角,这个角可能是( )"等练习时用了"请你先在脑子里想一想"等语言,启发学生的想象,在"用锐角和钝角解决问题时",教师请学生用肢体语言来感受躺椅的钝角时的感受,并对比在躺椅变成锐角时的感受,引发了学生的兴趣和想象。此外,这节课中教师还有个明显的变化是通过在教学媒体展示时通过"放慢语速"和"减缓播放",力求由教学媒体引导学生想象,然后任由学生想象,再由教学媒体验证教学学生的想象,最后再通过活动角来实现想象。

第四章 在图形概念教学中建立空间观念

(二)后续改进方向

可以在"利用学生原有的知识和思维不断推进概念认识的深化"、"提供清晰的、学生易懂的教学指令"、"在测角、画角环节,教师在演示操作后要留给学生亲自练习的时间"等方面上作出改进。

四、研究形成的结论与观点

基于查赟老师"锐角和钝角的认识"三次课的持续改进,我们对"在图形概念教学中建立空间观念"形成了以下观点。

(一)图形概念教学要加强四个环节

1. 呈现丰富表象,形成概念基础

通过现代教育技术、联系生活实际,帮助学生建立完整正确、丰富多样、动态生成的图形概念意象,对学生形成图形概念定义打下基础。

2. 互动交流推进,明确概念定义

通过师生的互动交流,形成学生脑海里概念意象和概念定义的相互碰撞和相互补充,通过呈现图形概念的各种变式帮助学生排除非本质特征,抓住本质特征,抽取概念正确的内涵。通过分类、比较等方法,明确图形概念的外延。

3. 引申联系,形成图形概念网络

通过同一关系、包含关系、从属关系、交叉关系、并列关系、对立关系、矛盾关系等连接相关概念,激活学生的内部概念网络,使图形概念的学习富有生长性和灵活性。

4. 联系生活解决问题,发展空间想象力

图形概念的学习遵循外—内—外—内的过程,即由外部操作活动逐步内化为智力活动,进一步用已建立的内部智力动作解决外部问题,积累经验并深化内部动作,完成对概念的完整认知。[①] 因此,将图形概念的运用仅停留在解题会过于单一狭窄,而通过解决生活中的实际问题,能唤起学生的兴趣和体验,从而多层次多角度地发展学生的空间想象力。

---

① 李善良. 认知观下的数学概念学习与教学[M]. 南京:江苏教育出版社,2005:304—305.

(二)图形概念教学要坚持四个原则

1. 原形与变式并重

一方面，图形概念的原形集中体现了概念的本质特征，具有典型性和标志性，有利于学生清晰直观地掌握和记忆。另一方面，如果只局限于概念的原形，容易造成学生图形概念认知的僵化和定势，混淆概念原形中的本质特征和非本质特征，只有提供完整丰富的变式，才能使学生正确地把握图形概念的本质特征。

2. 展示与交流并重

一方面，我们需要唤醒学生的生活体验，动态呈现图形概念的形成变化，提供完整多样的图形概念变式，丰富学生关于图形概念的空间想象。另一方面，通过师生和生生的交流活动，借助听、说、读、写、画等引导学生将外部语言、活动内化为自我语言。

3. 意象与定义并重

实验表明，图形概念意象丰富的学生往往对图形概念定义的理解也较为深刻，而那些对图形概念定义理解深刻的学生必须拥有丰富的图形概念表象。两者的关系是相互补充、相互诠释和相互促进的关系，因此并不存在机械的先后关系，即先建立学生完整的图形概念意象，再抽取图形定义。[1] 在教学过程中，需要概念意象和概念定义两者之间不断地相互推进，通过多角度、多层面的概念意象使概念定义不断精微化，通过抽象的概念定义来不断拓展对概念意象的深入理解。

4. 体系与运用并重

形成"联系"对于图形概念教学发展空间概念至关重要，联系能形成更富整体性和灵活性的概念认知，并明确概念学习的目的从而产生持续学习的动力。"联系"包含两方面，一方面，将图形概念学习置于一个概念域、概念网络和概念体系之中。另一方面，通过回忆生活中的场景和解决生活中的问题，将图形概念学习与更广大的生活背景相联系，启发学生的空间想象力。

---

[1] 李善良. 认知观下的数学概念学习与教学[M]. 南京：江苏教育出版社，2005：304－305.

第四章 在图形概念教学中建立空间观念

附录:"锐角和钝角"学生前测分析

一、样本情况说明

本次前测的杭州市学军小学二(3)班学生共43名,其中男生22名,女生21名。

这是执教教师自己的教学班级,学生比较认真,但是学习起点比较低。

二、问卷说明

本次前测一共设计了三个问题,具体见附件。通过书面测试的方式进行。重点检测以下几个方面:1. 检测能否把给定的角与直角比大小;2. 能否正确标出角的名称;3. 能否将一个比直角小的角拼成一个更大的角,能否有不同的拼法。

三、前测结果分析

问题一:下列角,比直角大的在(　　)里打"√",比直角小的在(　　)里画"○"。

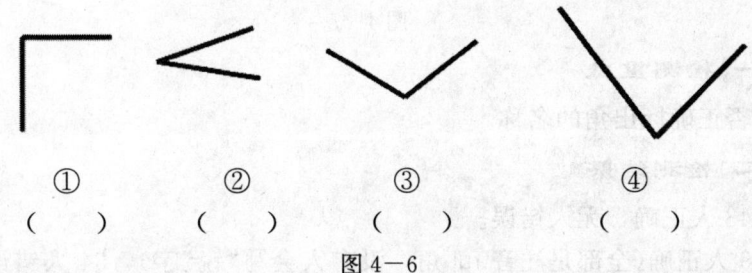

图4-6

(一)检测重点

检测能否把给定的角与直角比大小;在比较的过程中是否有借助三角板上的直角进行判断的意识。

(二)检测结果

1. 38人正确,5人错误(3人打"√",2人画"○")。

2. 41人正确,2人错误(2人打"√")。

3. 41人正确,2人错误(1人认为是直角,1人画"○")。

4. 26人正确,17人错误(8人打"√",9人未填,认为是直角)。

147

(三) 结果分析

①有 5 人错误的原因是对直角的学习不够扎实；②有 2 人错误的原因是审题不清或者对直角的学习不够扎实；③有 2 人错误的原因是不能正确判断角的大小；④有 17 人错误的原因是没有借助三角板上的直角进行判断的意识，但是有 26 人能够正确判断，说明这 26 人有借助三角板上的直角进行判断角的大小的意识。说明，这是我自己的教学班级，学生比较认真。

因此我们认为，大部分学生对于与直角差别比较明显的角均能正确判断，但是仍然有部分学生缺乏借助三角板上的直角进行判断的意识，也有 60.5% 的人有借助三角板上的直角进行判断角的大小的意识。

问题二：在( )里标出下列角的名称。

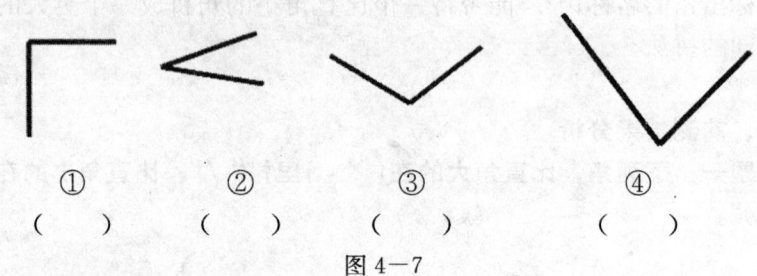

图 4—7

(一) 检测重点

能否正确标出角的名称。

(二) 检测结果

1. 43 人正确，无人错误。

2. 9 人正确（全部是注音 rui 角，没有人会写"锐"字），34 人错误（19 人写成"角"，5 人写成"小角"，2 人未填，1 人写成"小于直角"，2 人写成"小于直角的角"，1 人写成"小直角"，1 人写成"dun 角"，1 人写成"dui 角"，2 人写成"比角小"）。

3. 7 人正确（其中 1 人正确写出钝角，6 人注音 dun 角），36 人错误（14 人写成"角"，5 人写成"大角"，3 人未填，1 人写成"纯角"，4 人写成"chun 角"，1 人写成"dui 角"，1 人写成"kuan 角"，1 人写成"直角"，1 人写成"比直角大"，1 人写成"比直角大的角"，2 人写成"大于直角的角"，1 人写成"大于直角"，1 人写成"大直角"）。

4. 7 人正确（全部注音 rui 角），36 人错误（3 人写成"小角"，1 人写成"小

第四章 在图形概念教学中建立空间观念

直角",1人写成"小于直角",2人写成"小于直角的角",7人写成"直角",14人写成"角",3人未填,2人写成"大角",1人写成"比角大",1人写成"chun角",1人写成"dun角")。

(三)结果分析

大部分学生能够正确判断出直角,大约19%的学生能够正确写出锐角或者钝角的名称,大约81%的学生不能正确写出锐角或者钝角的名称,大约39.5%的学生没有借助三角板上的直角进行判断的意识。也就是说,班里的大部分学生不知道直角、锐角和钝角这三种角,起点比较低,但是学习习惯较好,在学习直角的时候,就已经形成了用三角板上的直角去判断一个角是否是直角的习惯。

问题三:将两个比直角小的角拼成一个更大的角,这个角可能是什么角?请你画一画。

(一)检测重点

能否将两个比直角小的角拼成一个更大的角,能否有不同的拼法。

(二)检测结果

有7人能够把两个锐角组成一个钝角;有8人能够把两个锐角组成一个锐角;有22人能够把两个锐角组成一个直角;有1人有两种正确的方法,一是组成了一个锐角,另一个是组成了一个直角;有1人有两种方法,一是组成了一个锐角,另一个是用两个直角组成了一个平角;有2人没有完成本题;也有2人不明白题目的意思;其中有1人画了两个锐角,一个在里面,一个在外面;另1人用三个锐角组成一个钝角。

(三)结果分析

大部分学生能够把两个锐角组成一个更大的角,而且直角、锐角、钝角都有,说明班级里存在着丰富的资源,但是只有一个学生想到了两种情况,说明这些丰富的资源需要拿到课堂上交流,才能形成更丰富的认识。

四、总体分析

综合以上三个问题的检测结果,我们发现在认识"锐角和钝角"中,二(3)班的学生比较细致,半数以上的学生具有借助三角板上的直角判断一个角是否是直角的意识。但是二(3)班学生的学习起点比较低,大部分的

改进数学课堂

学生能够正确地对不同的角进行分类，能够正确地判断出直角，但是大部分的学生不知道锐角与钝角的名称，需要教师更加细致地引导。

大部分学生能够把两个锐角组成一个更大的角，而且直角、锐角、钝角都有，说明班级里存在着丰富的资源，但是只有一个学生想到了两种情况，说明这些丰富的资源需要拿到课堂上交流，才能形成更丰富的认识。因此在本课时中，帮助学生正确建立借助三角板上的直角进行判断的意识是重点，理解锐角和钝角是一个范围角是一个难点，利用锐角是一个范围角，并且用这个概念解决问题更是一个难点。

第二节　课堂教学实录

一、第一次课教学实录

(一)创设情境，复习导入

1. 知识复习

师（板书：角）：我们今天继续来学习角，有关角，我们已经学过了哪些知识？

生：直角。

师：你给大家介绍了角的家族中一个非常特殊的成员，你们也认识吗？

生齐：认识。

师：有关角，你还知道哪些知识？

生：角是由一个顶点、两条边组成的。

师：你给大家介绍了角的组成，你们也知道吗？

生齐：知道。

师：我们一起来说说角。

生齐：角是由一个顶点、两条边组成的。

2. 出示角，分类

师：真棒！这里有一些角。它们一样吗？

生齐：不一样。

第四章　在图形概念教学中建立空间观念

课件呈现

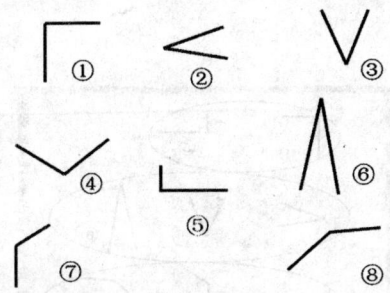

图4—8

师：能不能给它们分分类？你是怎么分的，请你轻轻地跟同桌说一说。
（学生交流讨论）
生1：①和⑤。
师：①和⑤分成一类，其他的分成一类，谁知道她是按照什么来分的？
生2：直角的分成一类，其他的分成一类。
师：哦，昨天我们一起研究了直角。这里，几号和几号是直角？
生3：①和⑤。
师：小朋友的眼睛真亮！①号和⑤号是直角，我们把它们归为一类，其他不是直角的归为一类。
师：还可以再分吗？
生4：分成直角、锐角和钝角。
师：哇，一下子说了这么多角，你所说的锐角指的是怎么样的角？你能不能给大家介绍一下？
生4：锐角就是像⑥、③、②这样的角。
师：咦，她说这些角是锐角，指的是怎样的角？你来说。
生5：比直角合拢的角。
师：你的意思是说比直角的张口小一点，那么我们就说它比直角……
生齐：小。
（板书：比直角小）
师：那么另外的三个角呢？
生齐：钝角。
师：指的是怎么样的角？

151

改进数学课堂

生6：比直角大。

课件呈现

归类。

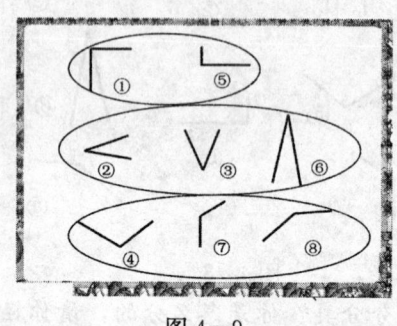

图4-9

3. **认识锐角和钝角**

师：这一类角，我们称它为……

生齐：直角。

师：这一类角刚才有个小朋友已经说了名字，谁知道它们叫什么？

生1：锐角。

（板书：锐角，并注音）

师：为什么称它们为锐角呢？"锐"是什么意思？

生2："锐"是尖锐的意思。

师：比较尖，比较锋利，像这样的角会看上去会有一种尖尖的感觉，所以我称它为……

生齐：锐角。

师：中国的文字就是厉害。那么这一类角呢？

生：钝角。

（板书：钝角，并注音）

师：那么现在在"角"的世界里，我们不仅认识了直角，还认识了……

生齐：锐角、钝角。

师：锐角是怎样的角呢？

生1：锐角是尖尖的，很锋利的角。

师：钝角又是怎样的角呢？

生2：比直角大。

(二)感知角,形成空间概念

1. 生活中找角

师:那么生活中有没有这些角呢?我们一起到生活中找一找。

课件呈现

图 4—10

师:我们来看这件衣服,你看到了什么角?你能不能边指边给大家说,你找到了什么角?

生1:衣服上有一个锐角。

生2:摩天轮的杆子上有一个锐角。

……

师:三角板上你找到了什么角?谁能上来边指边说?

生1:我找到了直角。

师:三角板上还有什么角?不仅找到了直角,还找到了……

生齐:锐角。

师:真能干,那么在这个楼梯上呢?

生2:那个,那个扶杆上有个钝角。

2. 判断角,交流判断的方法

师:生活中的角会找了,那么脱去漂亮外衣的角,你能判断吗?

课件呈现

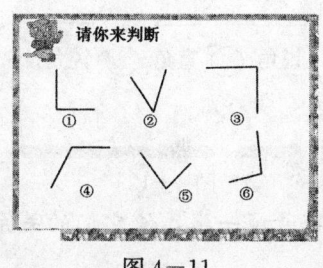

图 4—11

改进数学课堂

请你来判断一下，它们分别是什么角？

略去：①～④号角的学习，采取一生说，其他学生用拍手和跺脚的方式来表示赞同。

师：⑤号角，你认为是什么角？

生5：直角。

生6：锐角。

师：有些同学认为是直角，有些同学认为是锐角，到底是什么角？看来有争议，那怎么办？你怎么来说服大家？

生7：用三角板。

师：那你用三角板准备怎么判断？借助三角板上的哪个角？

生7：用直角，如果真的是直角的话就可以用这个量一下。

师：你说得真好，请你上来帮我们比一比。（一生用三角板的直角来比对）现在一边对牢直角了，另一边在这个直角的里面，所以它比直角小，说明这是一个锐角。

师：⑥号角呢？

生齐：钝角。

师：谢谢你，看来有时候眼睛会欺骗我们，但是我们只要借助数学的工具就会更精确了。

3. 想一想，说关系

师：能正确判断锐角和钝角，请小朋友们闭上眼睛回忆一下，这些角是怎么样的？

师：睁开眼睛，看大屏幕，让我们来叫一叫它们。

课件一一出示：

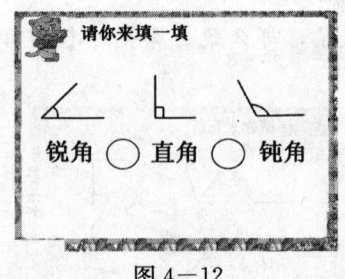

图4-12

师：能否选择合适的符号填一填，使它们的关系成立？

生1：……减号。

第四章 在图形概念教学中建立空间观念

师：你准备填减号。这是你的意见，还有不同意见吗？

生2：加号。

师：填加减符号，嗯，你是这样想的吗？好的，这是你的意见，谢谢你。还有不同的意见吗？你来说。

生3：锐角小于直角，直角大于钝角。

师：你准备这里填＞号或者＜号，是这样吗？还有不同意见吗？你准备怎么填？

生4：填加号。

师：填加号，咦，看来有不同的意见。有的同学准备填加减符号，那么要运算了，是吧？有些同学准备填＞号，＜号，是准备比较了，你觉得是比较合适还是运算合适呢？

生齐：比较。

师：哦，比较的话，那么填什么符号比较适合呢？

生5：第一个填＜号，第二个填＞号。

师：哦，锐角小于直角，直角大于钝角。

生5：……不是，都是＜号。

师：那么，也就是说这里也填＜号，这里也填＜号。同意的请举手。那么刚才填加减符号的同学现在有什么想说的。（没有人发表意见）那么现在我们的意见统一了。为什么填＜号？

生6：因为锐角比直角小，所以填＜号；钝角比直角大，所以也填＜号。

师：你的意思是说锐角比直角小，直角比钝角小，是这样吗？好，我们把＜号请出来，我们大家一起读一读：锐角小于直角小于钝角。

生齐：锐角小于直角小于钝角。

师：反过来还可以怎么说？

生齐：钝角大于直角大于锐角。

师：真能干。不仅弄清了直角、钝角和锐角，还弄清了它们之间的关系。

（三）创造角，寻找角

1. 创造角

师：锐角、直角、钝角在生活中都能找到，那么用我们身边的学具能不能创造出来呢？（停）你想到用哪些材料来创造呢？

155

改进数学课堂

生1：我准备用活动角。

生2：还可以用三角尺。

师：现在请你来创造锐角和钝角，当然如果你想创造直角也可以，现在开始。

（学生在创造角，教师巡视指导）

2. 反馈交流

(1) 用彩纸折角

略去：有的学生用彩纸折出锐角和钝角。

(2) 用活动角变角

略去：许多学生用活动角摆了锐角、直角和钝角。教师通过变化活动角一条边演示用直角变锐角和钝角。

(3) 用三角板拼角

略去：学生用三角板拼出直角和钝角。

(4) 用三角尺画角

略去：先由教师按照学生的提示画一个锐角，再由学生演示画钝角，结果学生因为搞不清三角板转动的方向，画错了，在教师的指导下纠正，教师请全体学生在自己的学习本上画两个锐角、两个钝角。

（四）课堂总结

师：同学们真能干，用不同的学具创造出了不同的锐角和钝角。通过今天的学习，你有哪些新的收获呢？

生1：我知道了直角、锐角和钝角，是要用三角板量。

生2：我还知道了锐角比直角小，钝角比直角大。

生3：我知道了角不仅可以找到，还可以创造。

生4：我学会了用活动角创造角。

生5：我学会了直角不仅可以画直角，还可以画锐角和钝角。

（五）思考题

（课件呈现一个钝角）

师：同学们学得真好，来思考这样一个问题。把这个钝角分成两个角，你有多少种分法？把这个问题留给大家。

第四章 在图形概念教学中建立空间观念

二、第二次课教学实录

(一) 创设情境,复习导入

1. 知识复习

师(板书:角):有关角,我们已经学过了哪些知识?

生1:直角和钝角。

师:怎么判定一个角是不是直角?

生2:可以画一个直角符号。

生3:直角是90度的角,只要画90度就行。

师:怎么判断一个角是不是直角呢?

生4:用三角板上的那个直角对一下。顶点对顶点,边对边。

师:那么除了直角,你还学习了哪些角的知识?

生5:直角、钝角、锐角还有平角。

师:你已经都知道了是吧?你的课外知识真丰富。

2. 出示生活中物体的图片,分类,取名

师:老师给大家带来了一些物体。

课件呈现

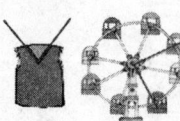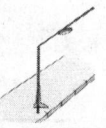

图 4—13

师:这些物体上都有角吗?请你在你的练习纸上画一画。

(学生自由描角,教师提醒学生用直尺描角)

师:衣服上哪里有角?请谁上来用教鞭指一指?

生1上台指出衣服边缘的角。

师:如果这个边缘的线是弯的,那还是不是角?

生齐:不是。

师:衣服上还有哪个角?

生2上台用教鞭指角。

师:电脑老师也把这些角请出来了。(电脑动态展示衣领上的角)

157

师：摩天轮上有哪些角呢？请谁上来指？

生3上台用教鞭指角。

师：顶点在哪里？摩天轮上还有角吗？

生齐：还有。

师：请你在下面指一指，我看你的手势，还有不一样的角。哦，看到了，还有更大的角，是不是？

（课件展示摩天轮上的一个直角）

师：查老师选择的是这个角，可以吗？

生齐：可以。

师：路灯上的角，我们一起指。

课件呈现

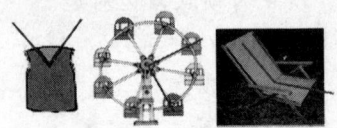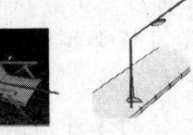

图4—14

师：老师让它们脱去漂亮的外衣，你还认识吗？

生齐：认识。

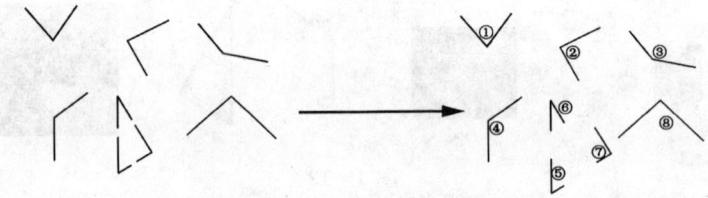

图4—15

师：那么你能给这些角分分类吗？（给各个角标号）你能给这些角分分类吗？同桌两个小朋友讨论讨论。

生1：直角分一类、锐角分一类、钝角分一类。

师：那么小朋友，哪些是锐角？

生1：①号、⑤号、⑥号。

（板书：①⑤⑥）

师：锐角是怎么样的角？谁能给大家介绍一下？

生2：比直角小的角。

158

师：钝角是哪些角？

生1：③号、④号。

师：钝角是什么样的角？谁来介绍一下？

生2：比直角大的角。

师：那么我们最熟悉的直角有哪几个？

生3：②号、⑦号和⑧号。

（板书：②⑦⑧）

师：你们认为②⑦⑧号都是直角，那么我们怎么判断一个角是不是直角呢？谁来判断⑧号角是不是直角？

一女生上台判断。教师和其他学生一起提示：点对点，边对边。经过操作，学生发现这个角不是直角。

师：发现什么了？这条有没有刚好对牢直角的边啊？那它是不是直角了？这条边在直角的里面还是在直角的外面？那这个角比直角怎么样？

生齐：大。

师：那这个⑧号角是什么角？

生齐：钝角。

师：看来这个⑧号角是一个小小的陷阱，我们小朋友看上去有点像直角，但是实际上不是直角。它是一个钝角。看来，有时候我们要借助数学的工具才能够准确地判断出一个角到底是什么角。

（教师把⑧改写到钝角的下面）

师：查老师也请来了一些三角板朋友。

课件呈现

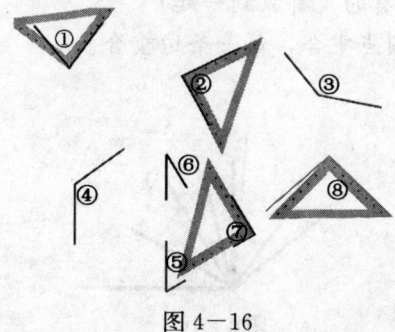

图 4—16

师：请你借助三角板再来介绍一下这里的角是什么角？

生1：①号角比直角小。

师：你是怎么知道的？来，这位女生补充下。

生2：因为它这条线在直角三角尺的里面。

师：哦，因为它在直角的里面，所以我们判断它是个锐角。那么另外一个角呢？

生齐：直角。

师：看来，借助数学的工具，我们的研究会更加准确。

课件呈现

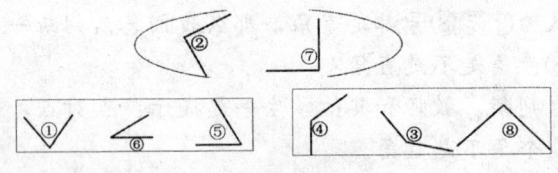

图 4—17

师：现在我们把这些角分成了三类，一类是……

生齐：直角。

师：这一类是……

生齐：锐角。

师：这一类是……

生齐：钝角。

(二)新知探究

1. 在角的群体中找锐角和钝角

师：现在查老师准备把它们都放在一起。

（课件动态展示所有的角都放到一起）

师：让这些角的顶点重合，第一条边重合。

课件呈现

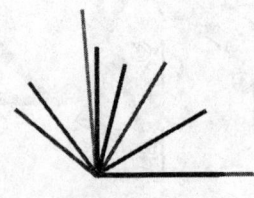

图 4—18

师：你还能不能找到刚才的角呢？

生齐：能。

第四章　在图形概念教学中建立空间观念

师：刚才的直角在哪里？能不能用颜色告诉我？刚刚明明有两个直角，怎么变成一个了？

生1：因为叠在一起了。

师：怎么叠在一起，另外一个就看不到了呢？

生2：因为挡住了。

师：直角张口是一样大的，所以被挡住了就看不见了是吗？

生齐：是。

师：锐角你还能找到吗？

（生3上台演示，画了一个新的锐角）

师：他找到了一个新的锐角，刚刚查老师的问题是刚才的三个锐角你能不能来指一指？

（生4正确指出了三个）

师：以这一条边为公共边，你还能找到、画出其他锐角吗？

（生5找了原来的锐角）

师：啊，你还是找了原来的锐角。那么查老师给大家找一下。以这条边为公共边，你还能找出其他的锐角吗？

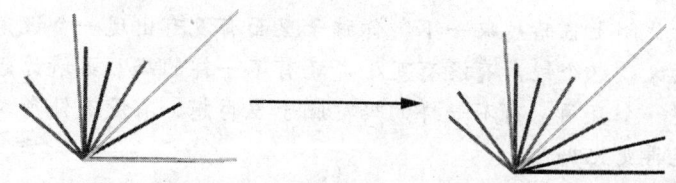

图 4—19

师：那么，刚才的三个钝角，你能找到吗？请你比画给同桌看。

师：除了这三个钝角，还有不一样的钝角吗？

课件动态展示

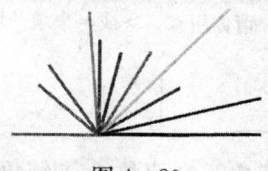

图 4—20

师（指着平角）：这个还是钝角吗？

生齐：不是。

（课件响爆炸声）

改进数学课堂

2. 用活动角演示锐角和钝角

略去：教师收集学生用活动角作出的不同的锐角和钝角，并通过摆动活动角的一条边告诉学生锐角和钝角是有大小变化的，因此锐角和钝角是范围角，而直角是唯一的。

3. 用课件动态再次演示

课件演示：在课件中感受锐角到钝角，再从钝角到锐角的动态过程。

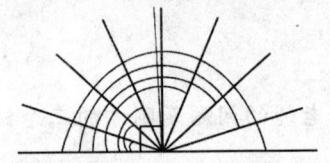 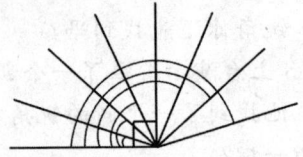

图 4—21

师：看来有不一样的锐角和不一样的钝角，但是直角只有一个。不管是从锐角变化到钝角，还是从钝角变化到锐角，中间都要经过……

生齐：直角。

3. 关系链接

师：请你闭上眼睛想象一下，你脑子里面有没有出现一个锐角，这个锐角有没有变大，这个锐角有没有变小，还有不一样的吗？再请你想，脑子里能不能出现一个直角，有不一样的吗？脑子里再想，有没有钝角，有不一样的吗？还能再变化吗？

（学生闭着眼睛想象）

师：睁开眼睛，看大屏幕，让我们来叫一叫它们。

（课件出示直角、锐角、钝角，一一叫名称）

课件呈现

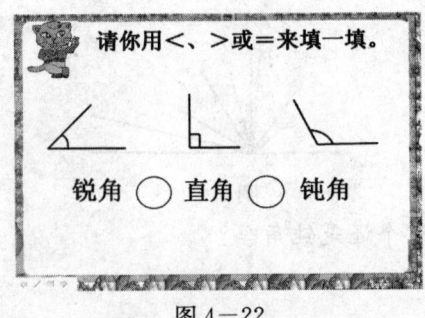

图 4—22

师：请你用大于、小于或等于来填一填，使它们的关系成立。

生1：锐角小于直角，钝角大于直角。

师：大家一起读。

（生齐读：锐角小于直角小于钝角）

师：反过来，还可以怎么读？

（生齐读：钝角大于直角大于锐角）

(三) 生活应用

师：我们脑海中的锐角、直角和钝角更加丰富了。我们再到生活中去看一看。

（课件出示路灯和躺椅的图片）

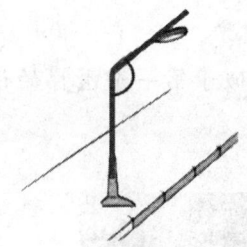

图4—23

师：如果路灯变成锐角会怎么样？

生1：汽车就会看不到了。

（教师用投影仪上的灯来演示）

师：如果设计成锐角，灯光照到的范围就小了，设计成钝角，照到的范围就更大了。看来路灯不能设计成锐角。躺椅的钝角如果设计成锐角会怎么样？

（学生都笑了）

生2：就会坐弯了。

师：坐着舒服吗？不舒服地坐一下，舒服地坐一下。

（学生模拟坐两种角度的躺椅）

师：查老师还带来了3个滑滑梯。

163

改进数学课堂

课件呈现

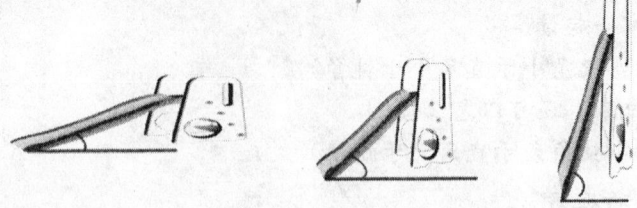

图 4—24

师：这 3 个滑滑梯，你愿意滑哪个？

生 1：滑第二个。

师：为什么选第二个呢？

生 2：第一个太平了，第三个又太斜了。

师：在生活中，像这样平平的设计，类似于第一个滑梯的设计也是有的，残疾人通道就是设计成这个角度的。

课件展示

图 4—25

师：不同角度的设计在生活中都有应用。

（四）**实践操作**

师：同学们想不想也来做个小小设计师，也来设计出我们今天所学的锐角和钝角？你准备用什么来设计？

略去：学生用三角板拼、用三角板画、用白纸折。

思考题1：

折一折：折出两个钝角、折出一个钝角和一个锐角、折出两个直角。

思考题2：

判断正误：一个钝角只能分成两个锐角。学生得出了三种答案，即一个钝角可以分成两个锐角，也可以分成一个钝角和一个锐角，还可以分成一个直角和一个锐角。

三、第三次课教学实录

(一)创设情境，复习导入

1. 知识复习

师(板书：角)：关于角，我们已经学过了哪些知识？

生1：直角。

师：一个特殊的角。

师：还学过了哪些知识？

生2：一般的角。

师：还有一般的角，是吗？还有什么？

生3：画角。

师：还会画角。

生4：角的组成。

师：谁能把角的组成说完整？

生5：角是由一个顶点、两条边组成的。

师：我们学习了角的组成，还认识了直角，今天我们将继续学习角。

2. 出示生活中物体的图片，分类，取名

师：老师给大家带来了一些物体。

课件呈现

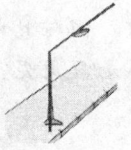

图 4-26

改进数学课堂

师：你能找到下列物体上的角吗？请你用水彩笔在练习纸上标出来。每幅图上描一个，动作最快的作品拿来展示，开始。

（学生自由描角，展示）

师：电脑老师也把这些角请来了。

课件展示

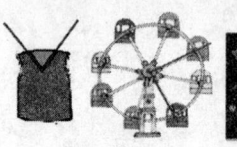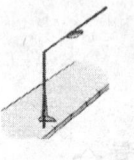

图4—27

师：老师让它们脱去漂亮的外衣，你还认识吗？

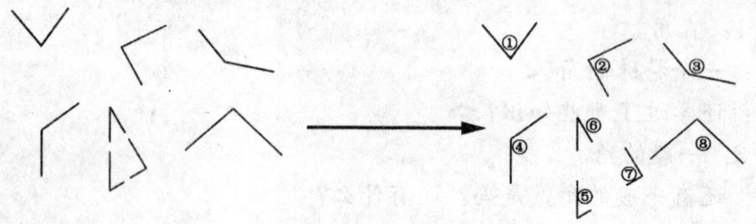

图4—28

师：那么你能给这些角分分类吗？（给各个角标号）

生1：大于直角的、等于直角的和小于直角的。

师：说得真清楚！那么直角有哪些呢？

生4：①号、②号和⑧号。

（教师在"直角"下面板书①②⑧，有学生说①不是直角）

师：看来对①号有意见。

师：还有吗？

生5：②号和⑦号。

师：你认为⑦号也是直角，但对⑧号有意见。

师：到底①号和⑧号是不是直角呢？谁来帮我们确定？

生齐：三角板。

第四章 在图形概念教学中建立空间观念

课件展示

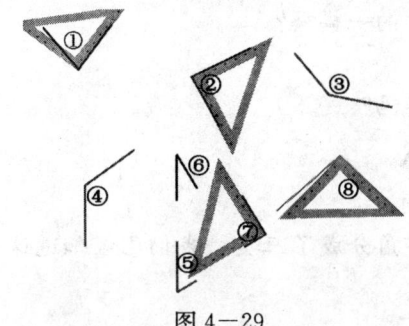

图 4—29

师：几号和几号是直角？
生 1：②号和⑦号是直角。
师：请问你是怎么判断的？
生 1：尺子的顶点和角的顶点对齐，尺子的两条边对牢角的两条边。
师：同意②号和⑦号是直角的，请你点点头。那么⑧号呢？
生 2：⑧号比直角大。
师：那么①号呢？
生 3：用三角板量一下，它在直角的里面，那说明它比直角小。
师：说得真棒！谁能再来说一说？
生 4：①号的角比三角板小。
师：①号角的一条边在直角的里面，它比直角小。比直角小的有哪些呢？
生 5：①⑤⑥。
师：还有一类是比直角大，有哪些？
生 6：③④⑧。
师：看来有些角，我们用眼睛就能判断它的大小，有些角不行。（惊讶）我就奇怪了，①的张口朝上，⑤的张口朝右，⑥的张口朝下，都能归为一类啊？
生 7：都能归为一类，因为角的大小跟张口的方向无关，跟张口的大小有关，张口大角就大，张口小角就小。
师：你给大家进一步介绍了角的大小跟它的张口有关系。那么这些①⑤⑥的张口的共同点是比直角小。
师：比直角大的有哪些呢？

167

改进数学课堂

生齐：③④⑧。

师：它们的张口方向一样吗？

生齐：不一样。

师：还能归为一类吗？

生齐：能。

3. 认识锐角和钝角

师：同学们把这些角分成了三类。我们已经知道这一类叫……

生齐：直角。

课件呈现

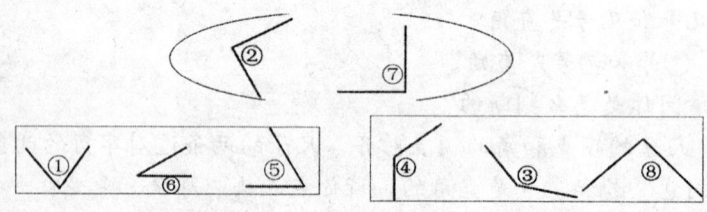

图 4—30

师（指着锐角）：这一类角叫什么名字呢？

生1：锐角。

师：新的名称诞生了，我们把它记录下来。

师：为什么人们称这样的角为锐角呢？

生2：因为它张口小，顶点就尖，所以叫锐角。

师：中国的汉字真形象。这一类比直角大的角又称为什么呢？

生3：钝角。

师：现在，在角的世界里，我们不仅认识了……

生齐：直角。

师：还认识了……

生齐：锐角。

师：还有……

生齐：钝角。

师：锐角是怎么样的呢？

生齐：比直角小的角。

师：钝角又是怎么样的呢？

生齐：比直角大的角。

第四章 在图形概念教学中建立空间观念

(二)新知探究

1. 在角的群体中找锐角和钝角

师：查老师想给大家变个小小的魔术，请你看清楚啦！

(课件动态展示：⑤号角慢慢移动之后，与⑥号角的顶点重合，第一条边重合)

师(放慢语速)：让这两个角的顶点重合，第一条边重合，形成一条公共边。再来一个。

(课件动态展示①号与⑥号角的重合过程)

师：如果这8个角全部都放在一起，请你闭眼想象一下，会是怎么样的？比画给同桌看看。

(学生自由想象并比画给同桌看)

师：电脑老师要隆重出场了。

(课件动态展示8个角的顶点重合，第一条边重合的过程。最后静态呈现)

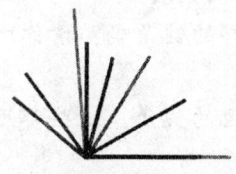

图 4—31

师：想得一样的，请你夸夸自己。

(学生掌声表扬自己)

师：你还能不能找到刚才的角呢？

生齐：能。

师：刚才的直角在哪里？能不能用颜色告诉我？

生1：红色的是直角。

师：刚刚明明有两个直角，怎么只看到一个呢？

生2：还有一个跟红色的直角重叠了。

师：哦，他的意思是想告诉大家，这两个直角的张口……

生齐：一样大。

师：所以重叠了。那么刚才的锐角你还能找到吗？

(生3上台指出三个锐角)

169

改进数学课堂

师：除了这三个锐角，以这条边为公共边，你还能不能再画一个锐角？谁上来画一个？

（生4上台画锐角）

师：采访你一下，你刚才是怎么找的？

生4：比直角小。

师：张口比直角小的这些地方都可以画出锐角。

（课件动态展示两个新的锐角）

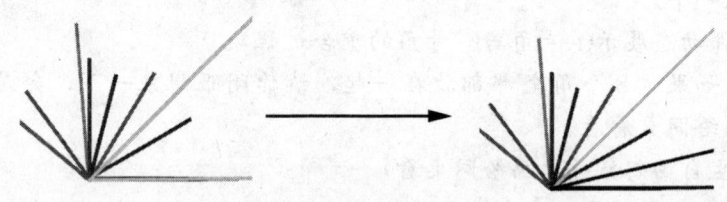

图 4—32

师：那么，刚才的三个钝角，你能找到吗？请你比画给同桌看。

（学生把找到的角比画给同桌看）

师：还能再画一个不一样的钝角吗？请你比画给老师看。

（学生比画钝角）

师：我也来展示一下其他的钝角。这些都可以吗？

生齐：可以。

课件动态展示

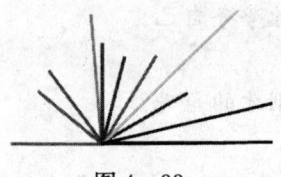

图 4—33

师（到平角）：这个还可以吗？

生齐：不可以。

（课件响爆炸声）

2. 用活动角演示锐角和钝角

师：其实，刚才这个有趣的过程用吸管也能展示。你能不能拿吸管摆出一个直角？

（教师和学生都摆直角。教师在吸管后面放了三角板。学生也用三

第四章 在图形概念教学中建立空间观念

角板摆直角）

师问：有没有跟我不一样的直角？

生：有。

（教师走到该生旁边，举起学生的直角）

师：他的直角跟我的张口方向不一样，还是不是直角？

生齐：是。

师：虽然张口方向不一样，但还是一个直角。你能不能摆出一个锐角？

（学生自由摆锐角，教师把学生摆的不同的锐角组合在一起）

师：这些都是锐角吗？你有什么发现？

生1：比直角小。

生2：锐角一个比一个大。

生3：第一个锐角很尖很尖，慢慢就不尖了。

生4：这个角比较大。

师：是不是边变长了角也会变大？

生齐：没有。

师：怎么样就可以摆成一个锐角？

生5：只要比直角小就是锐角。

师：他想告诉大家，只要张口怎么样就变成锐角了？

生6：张口比直角小就是锐角。

（教师用活动角动态演示将直角变小摆出锐角）

师：你能不能摆出一个钝角？请你想象一下，如果我把不一样的钝角组合在一起，会是怎么样的，怎么样摆就是一个钝角了呢？谁来概括一下？

生7：只要比直角大就是钝角。

师：只要张口比直角大就是钝角，但是不能摊平。

3. 关系链接

师：现在我们都能研究出直角、锐角和钝角了。请你闭上眼睛想象一下，这些角是什么样的？

（学生闭上眼睛想象）

师：睁开眼睛，看大屏幕，让我们来叫一叫它们。

（出示直角、锐角、钝角，一一叫名称）

师：根据你对这三种角的理解，能否选择大于、小于或等于来填一填，并使它们的关系成立？

171

改进数学课堂

课件呈现

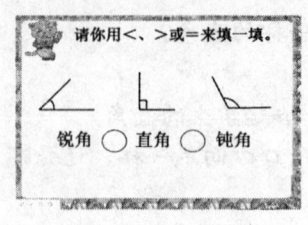

图4—34

生：锐角小于直角小于钝角。

师：大家一起读。

（生齐读：锐角小于直角小于钝角）

师：反过来，还可以怎么读？

（生齐读：钝角大于直角大于锐角）

4. 借助三角板来画锐角和钝角

师：看来，我们认识锐角和钝角，都要借助直角这个好朋友，那你能不能借助三角板上的直角来画一个锐角呢？

生1：用直角旁边的锐角来画。

师：哦，用这个锐角来画是不是？那我们能不能借助这个直角来画一个锐角？

生2：先画一个顶点，再画一条边，再画另一条边。

师：另一条边怎么画？三角板要往哪边动？

生3：往顺时针转，画另一条边。（根据学生的指导，教师在黑板上画锐角）

师：那么钝角怎么画呢？

生4：先画一个顶点，画一条边，三角板往上转。

师：这叫做逆时针转。请你画两个不一样的锐角，两个不一样的钝角。

（学生自由画角）

师：请画好的同学，欣赏一下你同桌画的锐角和钝角。

（三）生活应用

师：你们可别小看自己画的角哦！它们可是重大设计的基本组成呢！不信请你来看。

第四章 在图形概念教学中建立空间观念

课件呈现

图 4—35

师：路灯的钝角如果设计成锐角会怎么样？

生 1：弯下来了。

生 2：如果变成锐角的话，路灯就照到……

师：底下去了。是吧？

生 2：人都走不过去了。

生 3：人走过去灯光太刺眼了。

师：躺椅的钝角如果设计成锐角会怎么样？

生 4：可能是弯着腰了。

师：坐着舒服吗？锐角的躺椅坐一坐。

（学生弯着腰坐，学生发出"啊哟"）

师：钝角的躺椅坐一坐。

（学生舒服地躺在椅子上）

师：看来，路灯和躺椅上的钝角不能设计成锐角。查老师还带来了3个滑滑梯。

课件呈现

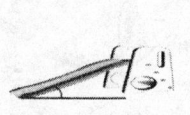 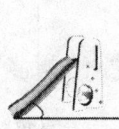 

图 4—36

师：这3个滑滑梯，你愿意滑哪个？选择第一个的举手？

（学生没人举手）

师：选择第二个的呢？

（学生没人举手）

师：选择第三个的呢？

（全体学生举手）

173

改进数学课堂

师：看来，我们班级的孩子都喜欢极限运动，那么都是锐角，给我们的感觉一样吗？

生齐：不一样。

师：是的，不同角度的设计在生活中都有作用，第一个滑滑梯的角度，在生活中也有作用。残疾人通道就是设计成这个角度的。

（四）实践操作

师：刚才我们都在研究单个角，如果让你研究两个角可以吗？

课件呈现

将两个锐角拼成一个更大的角，这个角可能是（　　）。

师：请你先在脑子里想一想。

（学生思考）

师：你认为有哪些可能？

生1：直角。

生2：钝角。

生3：锐角。

师：你可以在纸上画一画，证明自己的想法？也可以借助三角板上的锐角拼一拼来证明自己的想法，开始。

（学生选择喜欢的方法研究验证自己的想法，教师巡视指导并把学生画出的投影演示出来）

师：看来，两个锐角可能拼成锐角，也可能拼成直角，还可能拼成钝角。

（课件动态展示拼的过程，静态呈现结果）

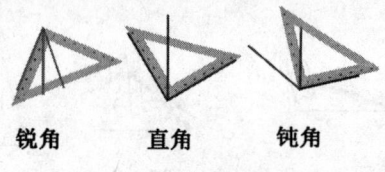

锐角　　　直角　　　钝角

图4—37

师：这是用画一画的证明方法，刚才还有同学用三角板拼的方法来证明自己想法的，谁来说一下？

生1用三角板拼成锐角和钝角，生2用三角板拼成直角。

174

第四章 在图形概念教学中建立空间观念

课件呈现

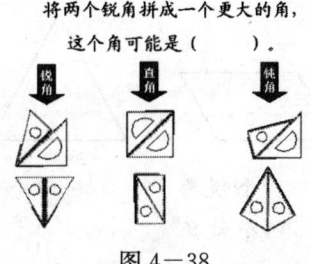

图 4—38

(五)课堂总结

师：小朋友真能干，用不同的学具创造出了不同的锐角和钝角。通过今天的学习，你有哪些新的收获呢？

生1：我学习了锐角和钝角。

生2：我学会了怎样画锐角，怎样画钝角。

生3：我还学会了怎么样可以拼成一个锐角和钝角。

师：带着你的收获，完成练习纸上的题目。

(六)课后独立练习

学生独立练习。

1. 在( )里标出下列角的名称。

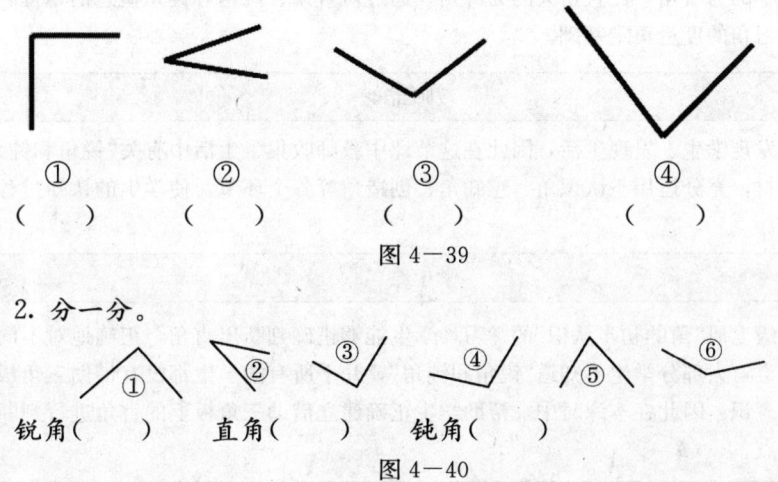

图 4—39

2. 分一分。

锐角( )　　直角( )　　钝角( )

图 4—40

175

改进数学课堂

3. 下面图形中,如图 4—41 所示,有几个锐角?几个钝角?

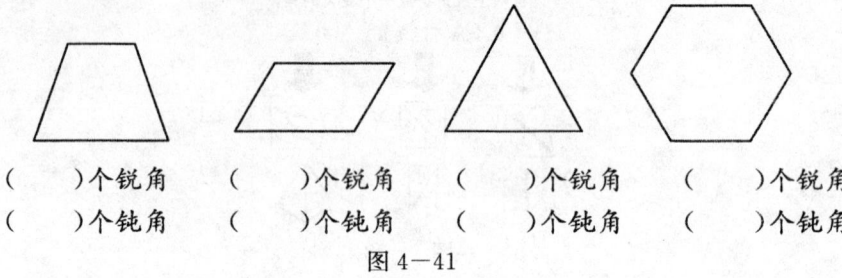

(　　)个锐角　　(　　)个锐角　　(　　)个锐角　　(　　)个锐角
(　　)个钝角　　(　　)个钝角　　(　　)个钝角　　(　　)个钝角

图 4—41

最后教师在投影仪上反馈填写答案。集体校对。

第三节　教学设计改进

一、第一次课前分析

课程维
本课属于"图形与变换"单元的内容,此单元的主旨是利用现实生活中有关图形与图形变换的素材,采用丰富多样的实践活动,帮助学生发展空间观念,感受变换的数学思想方法。锐角和钝角是通过对角两边的张口大小的变化而来的,以直角为对比点,突出比直角小的为锐角,比直角大的为钝角,通过对直角、锐角和钝角概念的掌握,为进一步学习角的度量奠定基础。
教师维
教师善于发现学生、发现生活,因此在这节课中教师收集了生活中有关"锐角和钝角"的大量素材,充分运用于认识角、感知角、创造角等各个环节,使学生的认知过程丰满而扎实。
学生维
通过二年级上册"角的初步认识"的学习,学生能够正确判断出直角,正确地对不同的角进行分类,大部分学生不知道"锐角和钝角",几乎所有的学生都没有借助三角板进行判断的意识。因此在本课时中,帮助学生正确建立借助三角板上的直角进行判断的意识是重点。

176

第四章 在图形概念教学中建立空间观念

二、第一次教学预设

教学目标
1. 认识锐角和钝角，能够正确辨认锐角、直角和钝角。
2. 掌握利用三角板中的直角判断一个角是锐角还是钝角的方法。
3. 会用直尺或三角板画出一个锐角或钝角。
经历判断锐角、直角和钝角的活动过程，发展学生的想象力，培养学生的观察能力、动手操作能力和抽象思维能力。

教学重点、难点分析
教学重点：认识并会判断锐角和钝角。
教学难点：用语言准确地概括锐角、钝角的特征。
教学关键是确定判断的标准，由具体到抽象的转化。

教学流程		
教学线索	设计意图	课堂生成
(一)创设情境，复习导入
1. 知识复习
关于角，你已经知道了哪些知识？	通过回顾对角的组成、形状等的认识，让学生感受到有不同大小的角，并通过直角的概念引出对锐角和钝角的初步感知。	
2. 出示角，分类

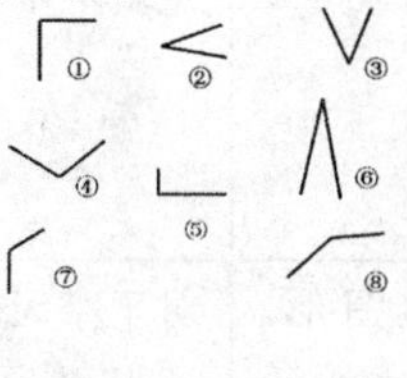

图4—42
追问：是直角的有哪些？那么比直角小的有哪些呢？比直角大的又有哪些呢？（归类出示） | 呈现各种变式的平面角，让学生来分类，揭示锐角和钝角的概念。
预设一：分成两类（直角和非直角）。
评价：是直角的有哪些？（①、⑤是直角为一类，其他的为一类）
预设二：分成三类（直角、比直角大、比直角小）。 | 学生的回答基本上都在教师的预设之中，先找到直角，再进一步分，学生直接说出了锐角和钝角，教师追问"锐角指的是怎么样的角"，然后把学生引导到"比直角大和比直角小"这两个概念上来，然后回到教案的"认识锐角和钝角"上。 |

177

续表

		实际上在这里，教师可以这样处理：当学生说出"锐角和钝角"的时候，教师追问："刚才这位同学不仅说了直角，还给我们介绍了两个新名词，谁听清楚了？"从而引导其他的学生去关注锐角和钝角这两个术语，然后直接板书这两个新名称，再理解这两个新名称，会更加顺其自然。
3. 认识锐角和钝角 提问：同学们把这些角分成了三类，我们已经知道这一类叫直角，那么这一类的角呢（第二类）？你能给它们起个名字吗？ 追问：为什么称为锐角和钝角呢？ 小结：在角的世界里，不仅有直角，也有——锐角，还有——钝角。锐角是怎么样的呢？钝角又是怎么样的呢？	通过取名，使学生再次感受"锐角"、"钝角"的特征，并且感受到"锐角、直角、钝角"的区别。	为什么称"锐角和钝角"？这样的问题过于抽象，如果换作"人们为什么称这样的角叫锐角（或者钝角）"，学生就不难回答了。
（二）感知角，形成空间概念 1. 生活中找角 提问：你能找到什么角？ 要求：其他物体中也能找到吗？把你找到的角和你同桌说一说。	角是一种抽象的图形，通过在生活中找角的活动，让学生感受到数学知识与生活的联系。	对于摩天轮，学生还找到了不同的角，教师没有给学生机会。 这里教师的反馈方式是"点对点"式的，如果能形成"点对面"式的反

第四章 在图形概念教学中建立空间观念

续表

		馈,问:"哪些是锐角?哪些是钝角?哪些是直角?"这样既可以节约课堂时间,又可以让学生尽情发表自己的观点。
2. 判断角,交流判断的方法 师:生活中的角会找了,那么脱去漂亮外衣的角,你能判断吗?请你来判断一下,它们分别是什么角? 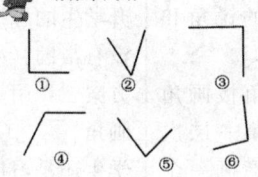 图 4-43 重点讨论⑤号,需要借助三角板来辅助判断。 3. 想一想,说关系 关系链接:能否选择合适的符号填一填,使它们的关系成立? 锐角○直角○钝角	认识了锐角和钝角后,通过生活中找角,让学生进一步巩固对锐角和钝角的概念,在此基础上,通过对不同角的判断,提出锐角和钝角的判断方法,有的可以通过直接观察来判断,有的则需要通过与直角的对比来判断,从而加强了学生对锐角和钝角的认识;通过对锐角和钝角的想象,使学生在头脑中更加明确对锐角和钝角的表象;通过对锐角、直角和钝角三者之间符号的填写,使学生明确了锐角、直角和钝角之间的关系。	原来呈现张口方向和大小不同的角是为了打破学生的思维定式的,但因为提示的疏忽以及呈现的静态没有达到目的。这一环节和上一个环节有重复之嫌;在想一想,说关系这一环节,学生出现了教师预设之外的"+"、"-"等,被教师"纠正"到统一答案"<",如果能倾听学生的思路,课堂会更精彩。

续表

(三)创造角，寻找角 创造角 锐角、直角、钝角在生活中都能找到，那么用我们身边的学具能不能创造出来呢？让我们动手试一试。 **多线路设计** **方案一** 用彩纸折角 用彩纸创造出角的，请举手。 提问：谁来把你折的角，展示给大家看一看呢？ **方案二** 用三角尺画角 提问：用三角板创造出角的，请举手。谁来说说你是怎么创造的？ 提问：你是怎么画的呢？ 要求：请你在彩纸上画出两个不同大小的锐角和两个不同大小的钝角。 **方案三** 用三角板拼角 提问：用三角板可以画出角，还有不同的方法可以创造出角吗？（拼） **方案四** 用活动角变角 1. 任意摆角，请学生操作。 2. 教师示范摆：体会锐角和钝角有一定的范围。 提问：咦，都是锐角嘛，你有什么发现？ 小结：是啊，感谢活动角，让我们学会这么多本领。	本课在设计时把重要笔墨放在了创造角这个环节中。空间知识观念建立是操作中形成的。因此对锐角和钝角空间观念的建立采取了让学生折一折、动一动、画一画、拼一拼来逐步培养学生空间想象能力。 分线路设计中每个线路的基本目标： 方案一：简单地呈现学生用彩纸折出的锐角和钝角。 方案二：用三角板画角有两个层次，第一层次是用三角板任意画一个钝角或者锐角；第二层次是借助直角画一个锐角和钝角。 方案三：用三角板拼角有两个层次，第一层次是呈现学生拼出的角；第二层次是让学生思考"两个锐角可以拼成一个什么角？" 方案四：用活动角变角有三个层次，第一层次是用活动角随意摆出一个锐角或者钝角；第二层次是由直角转动一条边，来变化出锐角或者钝角；第三层次是体会锐	原本在预设中学生是需要一段时间来创造角的，没有想到学生很快就能做出各种各样的角，而且争着展示。 在实际教学中，教师发现： 方案一：用彩纸折角。 教师仅仅是呈现了锐角和钝角，对提升学生的思维能力没有帮助。 方案二：用三角板画角。 学生还是习惯用三角板直接画角，不太愿意借助直角来画角，教师也就匆匆而过了。 方案三：用三角板拼角。 对于用三角板拼角，学生还是有困难的。 方案四：用活动角变角。学生比较喜欢用活动角来创造角，教学中确实呈现了三个层次，效果比较好，但是对于本堂课来说，如

第四章 在图形概念教学中建立空间观念

续表

(四)课堂总结 提问：小朋友真能干，用不同的学具创造出了不同的锐角和钝角。通过今天的学习，你有哪些新的收获呢？ 思考题：把一个钝角分成两个角，你有几种分法，请你画一画。	角和钝角的大小变化，随着张口的改变，锐角(钝角)的大小也会发生改变。 小结提升，并应用数学知识认识简笔画中的人物，让学生从数学的角度去欣赏周围的世界，进一步体会数学知识的作用。	果能把活动角找角提前，对于丰富学生的空间表象会更好。今天这节课这个环节太滞后了。学生小结自己的收获，提到了"三角板的工具作用"、"三种角的关系"、"创造角"等。但时间关系，思考题没有反馈，人物简笔画没有欣赏。

连接点：第一次课后反思＋第二次课前分析

课程维
第一次教学时，教师没有意识到"理解锐角和钝角都是范围角"才是积累起丰富空间表象的有效途径。因此第二次教学设计准备花时间让学生感受"锐角和钝角是范围角"，通过重叠角、变化角和创造角动态地让学生感受到锐角、直角和钝角之间的变化，提升学生的空间想象力和空间观念。
教师维
教师在使用生活素材时，更多地使用了"死"的素材，即只是让学生回忆有哪些生活中的锐角和钝角，这些素材都过于平面和简单，真正能激活学生空间想象力的"活"素材体现在创造角的环节，学生通过利用角和创造角充分感受锐角和钝角。
学生维
学生虽然大都知道了锐角和钝角的概念，但比较模糊，也没有借助三角板的直角进行判断的意识。上节课的拼角环节中学生拼出了各种角，这是可利用的生成性课程资源，可以充分利用以补充丰富学生对"锐角和钝角是范围角"的认识。

改进数学课堂

三、第二次教学预设

教学目标
减去"会用直尺或三角板画出一个锐角或钝角"。 增加"感受锐角和钝角是范围角,积累空间表象"。

教学重点、难点分析
理解和运用"锐角和钝角是范围角"。

教学流程

教学线索	设计意图	课堂生成
(一)知识复习 提问:今天我们将继续学习角,关于角,我们已经学过了哪些知识?	从复习"角的知识"入手引入"锐角和钝角"的学习,易让学生把握不同角的本质。	
1. 出示生活中物体的图片,分类,取名 (1)提问:你能找到下列物体上的角吗?请你在练习纸上标出来。 (学生自由描角) (2)提问:那么你能给这些角分分类吗?	通过生活中找角,进而抽象出不同的角,在此基础上,通过对不同角的判断,提出锐角和钝角的判断方法,有的可以通过直接观察来判断,有的则需要通过与直角的对比来判断,从而加强对锐角和钝角的认识。	学生在练习纸上画了角之后,教师只是让个别学生用教鞭指角,也没有给学生足够多的时间,让学生来一一指出每幅图上的角。
2. 认识锐角和钝角 提问角的分类,并追问锐角和钝角为什么这样取名。 归纳总结锐角和钝角的特征。	通过取名,再次感受锐角、钝角的特征,并且感受到锐角、直角、钝角的区别。	第一个学生就能说出角的分类和名称,因此这个环节被整合到上一环节中。

182

第四章 在图形概念教学中建立空间观念

续表

(二)新知探究 1. 在角的群体中找锐角和钝角 (1)提问：我们把这些角都放在一起，你还能找到锐角吗？你是怎么找的？ 提问：除了这三个锐角，以这条公共边为第一条边，你还能再画出不一样的锐角吗？（课件展示） (2)提问：你能找到钝角吗？你是怎么找的？（钝角是比直角大的角） (3)提问：除了这三个钝角，还有不一样的钝角吗？	把所有的角放在一起，让学生再次找角，让学生体会直角的大小是唯一确定的，锐角有很多个，有张口，并且张口比直角小的所有角都是锐角；钝角也有很多个，钝角的张口比直角大，但是比水平的平角要小。	对教师的问题，学生没有完全听明白，所以教师让学生用教鞭指角的时候，学生不能准确地指出原来的锐角和钝角。
2. 用活动角演示锐角和钝角 (1)学生动态操作：刚才我们这个过程也能用活动角来展示。要求： 摆出一个锐角； 摆出一个钝角； 摆出一个直角。 (2)教师动态演示：先出示一个直角，通过向内或向外转动直角的一条边，展示不同大小的锐角和钝角。 (3)课件演示：在课件中感受从锐角到钝角，从钝角到锐角的动态过程。 操作要求：在变化的过程中，让学生叫这些角的名称。 (4)关系链接：能否选择合适的符号填一填，使它们的关系成立？锐角○直角○钝角	再次通过活动角进一步感知，用活动角变角有三个层次，第一层次是用活动角随意摆出一个锐角或者钝角；第二层次是由直角转动一条边，来变化出锐角或者钝角；第三层次是体会锐角和钝角的大小变化，随着张口的改变，锐角（钝角）的大小也会发生改变。 再次用课件来感受锐角和钝角是范围角，锐角逐渐变大，过了直角就变成钝角了；钝角逐渐变小，过了直角就变成锐角了。 通过对"锐角和钝角是范围角"的感知，再让学生想象锐角、直角和钝角，	活动角改成了吸管，学生的操作更加具有生活的意义，学生作出了不一样的锐角和钝角，教师没有充分利用学生的作品。再用课件来感悟，学生已经不太愿意参与了，说明感悟太多。教师引导学生想象不一样的角，教师的引导语言太多，显得教师的话太多。

183

改进数学课堂

续表

	学生头脑中的表象会更加丰富，睁开眼睛叫名称的时候，学生的头脑中就有很多锐（钝）角了，从中辨认给出的一个，会更加轻松。比较锐角、直角和钝角三者之间的关系时，学生就更加有把握了。	
（三）生活应用 1. 课件出示路灯和躺椅的图片 提问：如果这个路灯做成锐角会怎么样？如果躺椅做成锐角会怎么样？ 2. 课件呈现3个滑滑梯 提问：这3个滑滑梯，你愿意滑哪个？ 不同角度的设计在生活中都有作用，展示残疾人通道图片，沟通联系。	角是从生活中抽象出来的，研究了它的数学本质之后，再到生活中去研究角的应用，通过思考"如果这个路灯做成锐角会怎么样呢？"让学生体会到生活中各种各样的角的存在是有道理的。	学生能够说出"路灯不能设计成锐角"的原因，但是教师没有让学生充分感悟和表达。
（四）实践操作 1. 布置任务 请学生运用不同材料创作角。 2. 反馈 你创造出了几个角？展示学生作品。 折一折变出两个钝角； 折一折变出一个锐角和一个钝角； 折一折变出两个直角。 3. 呈现 一个钝角只能分成两个锐角。 提问：同意吗？你认为还有哪些可能，在纸上画一画，证明自己的想法？	有了上一环节"角在生活中的运用"，学生对当小小设计师跃跃欲试。反馈学生的作品时，可以有意识地提一些问题引导和提升学生的思维发展。除了观察图形以外，也可以借助文字表述启迪学生的想象，例如最后一个问题可以促进学生再现图形表象的过程，来提升学生的空间想象能力。	学生设计出了各种各样的作品，但教师以预设的问题为导向，没有让学生来展示作品。对于最后一个问题，学生产生了许多想法，例如一个钝角可以分成好几个锐角，可以分成一个直角和一个锐角等，也未能全部收集。
（五）课堂总结 小结点题。		没有时间进行小结。

第四章　在图形概念教学中建立空间观念

连接点：第二次课后反思＋第三次课前分析

课程维
"锐角"和"钝角"作为一个新的数学概念，教师应该从"明确概念名称"入手过渡到"了解概念内涵"再"学会运用概念"，层层递进；使用数学工具三角板进行"锐角"和"钝角"的判断体现数学思维的严密和精确；引入角的变式有助于形成正确灵活的有关"锐角"和"钝角"的图形概念。
教师维
教师在教学中存在以下问题：第一，教师预设过强，因此关注学生进行课堂生成上尚欠；第二，教师指令不明确，有时让学生产生疑惑；第三，教学预案预设得过于详细和烦琐，在一定程度上影响了课堂生成。
学生维
在认识"锐角和钝角"中，二(3)班的学生比较细致，半数以上的学生具有借助三角板判断直角的意识。大部分学生虽然能够对不同的角进行分类，但不知道"锐角"与"钝角"的名称，需要教师更加细致地引导。

四、第三次教学预设

教学目标
增加"会用直尺或三角板画出一个锐角或钝角"。
教学重点、难点分析
不变。
教学流程

教学线索	设计意图	课堂生成
(一)创设情境，复习导入 1.知识复习 提问：今天我们将继续学习角，关于角，我们已经学过了哪些知识？ 预设：角有一个顶点，两条边；角是有大小的；角的大小与张开的程度有关；直角；等等。	数学上的定义分成发生式定义和属差式定义，锐角和钝角是属差式定义，就应该找到它们的知识源头，所以本节课从复习"角的知识"入手。	重点复习"角的组成"，为下面的学习做好铺垫。

2. 出示生活中物体的图片，分类，取名 (1)提问：你能找到下列物体上的角吗？请你在练习纸上标出来。 (2)提问：那么你能给这些角分分类吗？（给各个角标号） 提示学生用三角板的直角来判断不确定的角。 归类出示：②⑦为一类、①⑤⑥为一类、③④⑧为一类。这些角的开口方向都不一样，都能归为一类吗？ 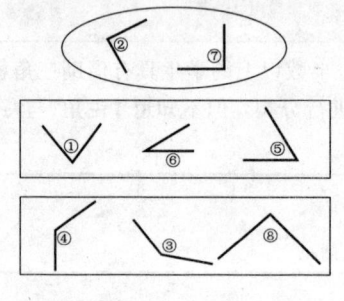 图4—44	选择生活中的材料，从"实物角"入手，体现数学与生活的联系，进而抽象出"平面角"，进行分类和取名。 在反馈的手法上进行改进，尽量不使用"点对点"的反馈，形成"点对面"的反馈，提高课堂效率。 教师有意识地提醒学生去关注角的开口方向是不一样的，有利于丰富学生的空间表象。	在判断哪些角是直角的时候，学生认为①②⑦⑧都是直角，教师直接在多媒体上呈现了三角板，让学生来判断这四个角是否是直角，这里教师错误地估计了学生的起点，二年级的学生还不能正确地使用三角板去判断一个角是否是直角，需要通过教师的指导，来学习如何使用三角板来判断角的名称，所以教师应该在投影仪上指导学生使用三角板判断角。
3. 认识锐角和钝角 提问：角的分类和名称。	用学生自己的语言理解概念名称有利于下一步对概念的探索。	揭示锐角的名称后，教师通过追问，让学生理解了"锐角"名称的形象性，但是教师忘记问"钝角"了。

第四章 在图形概念教学中建立空间观念

续表

(二)新知探究 1. 在角的群体中找锐角和钝角 (1)提问：我们把这些角都放在一起，你还能找到刚才的直角吗？明明是两个直角，怎么变成一个了？ 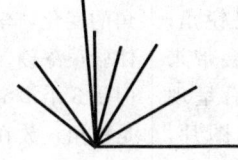 图4-45 (2)刚才的锐角你能找到吗？ 提问：除了这三个锐角，以这条公共边为第一条边，你还能再画出不一样的锐角吗？（课件展示） (3)提问：钝角呢？还能画吗？	把所有的角放在一起，让学生再次找角。通过放慢语速，减缓播放多媒体课件，为学生的空间想象提供一定的支持，经历"先教学媒体引导学生想象，然后任由学生自由想象，最后教学媒体验证想象的过程"，争取通过这样的教学活动，丰富学生的空间表象，发展学生的空间想象能力。	因受观察能力的局限，这个环节的找角对于学生来说是有难度的，加上对"公共边"概念的不理解，回答问题的女生只指出了一个很小的锐角，没有意识到"比直角小的都是锐角"，可能多媒体的放映需要逐步进行并同时予以语言提示，让学生有效感悟到锐角是范围角。
2. 用活动角演示锐角和钝角 (1)学生动态操作：刚才这个有趣的过程能不能用吸管也来展示一下。 要求： 摆出一个直角； 摆出一个锐角；（把所有的锐角组合在一起，提问：这些都是锐角吗？你有什么发现？） 摆出一个钝角；（想象：如果把所有的钝角组合在一起，提问：我们又会看到什么呢？） (2)关系链接：根据你对这三种角的理解，能否选择＜、＞或＝填一填，使它们的关系成立？ 锐角○直角○钝角 (3)借助三角板来画锐角和钝角。	通过上一个环节，学生的头脑中形成了一定的表象，再让学生自己动手操作，来感悟刚刚在脑海中建立的初步表象，从而巩固图形概念。增加画角的环节，落实学生的基础知识。	由于上一环节没有达成"初步感悟锐角和钝角是范围角"的目标，也使学生创作角的思路没能完全打开。 由于选择的学习材料（吸管）的关系，当教师试图把所有的锐角叠在一起时，出现了操作上的困难，因此给学生的感悟也带来了干扰。

187

改进数学课堂

续表

(三)生活应用 1. 课件出示路灯和躺椅的图片 提问:如果这个路灯做成锐角会怎么样?如果躺椅做成锐角会怎么样? (引导学生自由表达感受) 2. 课件呈现3个滑滑梯 提问:这3个滑滑梯,你愿意滑哪个?都是锐角,为什么选择这个滑梯呢? 明确:不同角度的设计在生活中都有作用,展示"残疾人通道"的图片,体现应用。	路灯和躺椅上的钝角设计成钝角会怎么样呢?通过感悟,让学生体会到"路灯和躺椅上的钝角是不能设计成锐角的"。 3个滑滑梯上都是锐角,但是不同的锐角会带来不同的效果,最后呈现"残疾人通道"的图片,沟通联系。	生活中的角激发了学生的研究兴趣,激起了他们的生活经验,课堂中教师让学生用肢体感受角的变化,学生的体验很深刻。 但是3个滑滑梯都是锐角,放在这节课中是否恰当,对达成"锐角和钝角"图形概念形成的这一目标是否有效,值得商榷。
(四)实践操作 1. 课件出示 将两个锐角拼成一个更大的角,这个角可能是( )。 提问:请你先想一想。 2. 操作 你认为有哪些可能,在纸上画一画,证明自己的想法。你也可以借助三角板上的锐角来拼一拼,证明自己的想法。 3. 反馈学生的各种方法 (最后课件演示)	设计这一问题,希望通过一个研究主题,即"将两个锐角拼成一个更大的角,这个角可能是什么",让学生选择适合自己的方法(画一画或者拼一拼),来验证自己的想象。	这个题目的表述形式可以更开放一些,改成"两个锐角可以拼成一个什么角",学生更容易理解。另外,这个题目放在二年级进行研究是否合适,也值得商榷。
(五)课堂总结 提问:小朋友真能干,用不同的学具创造出了不同的锐角和钝角。通过今天的学习,你有哪些新的收获呢?	小结提升,进一步体会数学知识的作用。	在小结中,学生没有提到"锐角或者钝角有很多,直角是唯一的",说明这一观念仍需要不断地反复和加深。

第四节 同行教学评价

运动的图形更精彩
——用"运动变化"的观点指导"图形概念"教学的启示

杭州市学军小学 袁晓萍

对于空间中的任何一个图形来说,各种元素之间的位置关系,实际上是处于变化的相互依存的状态,点、线、面、体经过"运动变化",就产生了丰富的图形变换:点动成线、线动成面、面动成体、体体交于面、面面交于线、线线交于点,由此形成多姿多彩的图形世界。

回放:两种不同的图形概念教学方式

二年级下册"锐角和钝角"是在已经理解和掌握了角的初步认识等知识基础上教学的。学生此前对角也有了初步的认识,本课需要学生完成对角的特征的进一步理解与体验。笔者所在的团队对这一教学内容进行了三次教学实践,由此引发了对两种不同的图形认识方式的思考。

【设计一】提供素材→描述特征→界定概念

设计一着力于利用学生对于抽象图形的认知,强调学生的观察感悟与分类抽象。在课堂中,却遭遇到了各式各样的尴尬。

尴尬一:探究范围过小。从观察图形到图形分类仅仅用了3分钟,交流与体验活动还没有展开,就只能草草收场。

尴尬二:图形素材过多。教师不断地呈现多种素材,纷繁的图形,给学生造成视觉疲劳与思维混淆。

尴尬三:概念认知过窄。学生对直角是一个唯一确定的角,锐角与钝角是一个范围角的认识不够深刻。

总结设计一遭遇的尴尬,我们从图形素材的有效提供、有效反思、有效联系几个维度入手,进行了第二次的教学设计与尝试。

【设计二】描画素材→反思分类→整体认知

1. 描画素材

你能在(如图4-46所示)的生活材料中发现角吗?

改进数学课堂

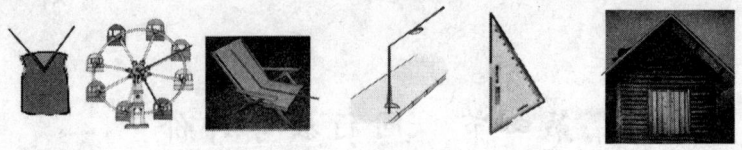

图 4-46

2. 反思分类

(1)引导分类,比较异同:这些角有什么异同?可以如何分类?
(2)整体观察,理解特征:什么样的角叫做锐角?什么样的角叫做钝角?

3. 整体认识

(1)想象:把这些角放在同一条公共边上,我们会看到什么?
(2)寻找:你还能再找到刚才的锐角与钝角吗?
(3)联想:以这条边为公共边,你还能再画出不一样的锐角吗?钝角和直角呢?
(4)操作:你能用手中的吸管摆出各种不同的锐角和钝角吗?

实践:三个用动态手法进行图形概念教学的启示

两个设计都试图让学生经历直观感知—形成表象—抽象特征—内化概念这一过程。然而设计二却给我们带来了更多的惊喜。

启示一:从直观描摹到想象构造,动态操作提供了更丰富的图形素材。

设计二中,教师首先通过学习材料,给学生预设了一个有条件限制想象的空间:"把各种不同的角放到同一条边上,我们会看到什么。"

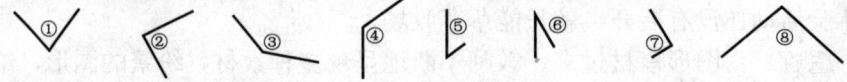

图 4-47

引导学生利用各种静态的角进行动态的思考,感受锐角、钝角与直角的大小关系,保证了学生数学概念学习的有效进行和生动扩展。

第四章 在图形概念教学中建立空间观念

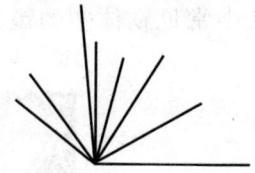

图4—48

启示二：从图形观察到动手操作，动态研究引发了更深入的数学思考。

设计二中要学生用吸管分别摆出一个直角、锐角和钝角，引导学生在操作中感受，"把所有的锐角、所有的钝角组合在一起，我们可能会看到什么？为什么？"当教师注意鼓励学生结合操作中积极思考时，我们发现动态研究更有利于学生进行对比，学生的思维也真正被激活了。

生1：所有的锐角都比直角小，所有的钝角都比直角大。

生2：但是如果角的两条边打平，就不是钝角了。

生3：只要比直角小的都是锐角，我们可以在这个范围内制造出许多的锐角。

……

当学生用一种运动变化的、相互联系的眼光，反思着锐角和钝角这两种图形的构造过程，进行着有效的数学推理时，他们对图形的多方面性质也有了亲身感受，更为其后的图形定义积累了感性的数学经验。

启示三：从分散学习到整体对比，动态联系构建了更完整的认知结构。

设计二从一开始的素材构建环节开始，就始终强调学生对锐角和钝角进行对比式的整体认知，希望给学生构建一个更完整的认知结构。

1. 操作想象对比：如果把不同的锐角、直角、钝角放到同一条边上，我们能看到什么？

2. 图形勾画对比：运用锐角、直角、钝角的关系，你能利用三角板上的直角画出锐角、画出钝角吗？

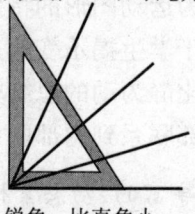
锐角：比直角小

钝角：比直角大

图4—49

191

改进数学课堂

3. 生活应用对比：生活中常见物体中的锐角变化为钝角会怎样？钝角变化为锐角会怎样？

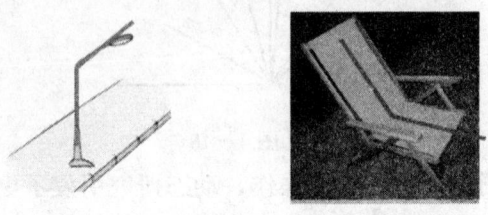

图 4—50

同样是锐角，下面（如图 4—51 所示）的滑滑梯，你愿意选择哪个？

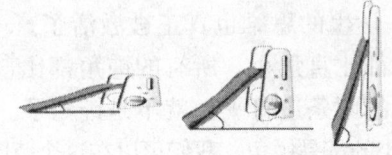

图 4—51

从上面的课例研究中我们得到启示，在"空间与图形"的教学中，以"运动变化"的观点来指导教学，从动态的角度去丰富对图形的认识，沟通图形间的联系，从动态的角度对图形作辩证的动态分析和动态处理，真正促进学生空间观念与思维能力的同步发展。

思考：一种动态的图形概念教学的理念

用"运动变化"的观点来看几何图形，任何一个图形都是在原有图形的基础上不断地发展变化而来的。运用旋转、平移、分割、叠加、延长等手法，直观清晰地展示图形的发生、发展、变化、演进的过程，将处于静止状态的图形的位置和形态，运用"运动变化"的观点理解为运动图形的特殊位置和形态。不仅可以使静态的图形具有活力，同时有利于学生揭示变化过程，概括图形处于某种特殊位置时的性质，以此培养学生化静为动的思维方式。促使学生的认识从片面到全面，从现象到本质，从外部联系到内部联系。

1. 重视操作——引导学生在运动变化中提供丰富的"动态素材"

通过操作，引导不同层次的学生得到不同的动态素材，成为动态图形素材的提供者。当然，操作是一种思维内化的过程，是非语言行为逐步概括化,变成在头脑中活动的过程。因此,要使操作活动更有深度,操作还应与适当的想象相结合。对低段与高段学生需要根据他们思维发展的特点,采取不同的操作流线,如图4—52所示。

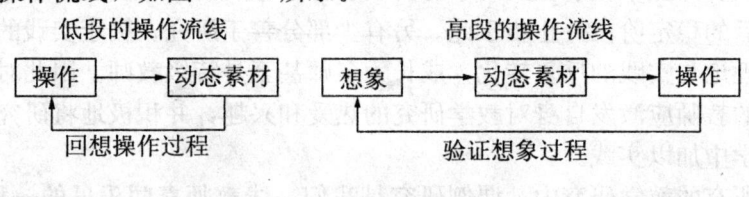

图4—52

2. 重视表达——引导学生在运动变化中表达有形的"变化轨迹"

图形的"运动变化"除了要借助先进的媒体技术以外,也常常需要借助学生的想象活动,所以有许多的图形轨迹往往是"无形"的。

因此,我们在教学中,不仅要重视"动态图形"的多角度呈现,更要重视引导学生及时把这些"无形"的"变化轨迹",借助图像语言与符号语言"有形"地表达出来,以便于学生充分清晰地把握动态图像的本质属性。

3. 重视思考——引导学生在运动变化中思考相关的"静态规律"

"动"与"静"是相对的,在运动变化过程中,要善于寻求或构造与之相关的一些不变因素,建立变量与不变量的有机统一体。因此,我们在教学中不能让学生只"眩目"于图形的多变上,更要重视让学生在图形的变化过程中,观察、思考其中的"不变因素",通过动态的图形得出"静态"的规律。

(1)运动变化中的所有可能或可能区域。
(2)运动变化中的极限位置。
(3)可以通过哪些常量来刻画某种运动变化。
(4)如何寻找表达动态图形本质属性的最佳位置。
(5)运动变化中的数学现象的相对性和绝对性、不变性和可变性。

好之乐之

杭州市学军小学 周 英

子曰:"知之者不如好之者,好之者不如乐之者。"

古今中外有知之、好之且乐之者,如达尔文、高斯等,对自己感兴趣的东西一门心思走到底"博学之、审问之、明辨之、笃行之",学问随着兴趣的提高而提高,成就随着学习的深入而增长,乐趣随着成就的辉煌而愈发昂扬。

改进数学课堂

做一名教师亦是如此，好教学实践、乐教学研究是成为一名优秀教师的前提。在我看来多数教师成长的过程大致可分为以下阶段：新入门时的快速成长阶段、评上中级职称后的平稳阶段、再学习后的增长阶段、形成一定教学风格后的稳定阶段并止步于此。另有少部分善于研究、勤于实践的教师经过多次理论与实践的反复转化，成长为名师甚至是特级教师。因此对教育有所追求的教师应激发自身对教学研究的热爱和兴趣，并积极地将研究成果在课堂教学中加以实践。

在所有的教学研究中，课例研究是我们一线教师喜闻乐见的一种形式。很有幸能参与到刘徽老师组织的课例研究活动中，对我而言活动不仅让我了解了如何培养学生的空间观念、见证了"锐角和钝角"教学设计每一环节的创生，最为重要的是通过活动激起了我对教学实践研究的兴趣。

一、知之

通过教学研究让自己的成长变被动为主动，明确了课例研究是本人突破教学水平"高原期"的重要途径。教学的"高原现象"，即课堂教学达到一定高度后的停滞不前。很多研究表明把课堂教学与课题研究相结合，能更快、更好地突破教师的"高原现象"。2008年本人评上小学高级教师职称后，无论是公开课的次数还是论文撰写的数量都明显减少，缺乏继续研究教学的动力。一年后，我明显地感觉到自己的课堂教学水平下降了，一种落后的紧迫感时时压在我的心上。很庆幸参加了刘徽老师的课例研究，从听课、交流、看课例组提供的资料、思考每次研究提出的主要关注点，再到亲自参与课堂观察、学生访谈、自主查阅相关资料、提出问题或研究方向，每一个环节都让我感觉到自己在成长。相信这是我教学水平再一次提高的起点吧！

二、好之

1. 民主、愉快的交流氛围让人敢于发表自己的想法和见解

每个人的性格、脾气各不相同，我在校教研活动、备课组交流时不会主动发表自己的观点和看法，久而久之自我意识里就有了一种本人不善评课、不善发表观点的结论。于是即便是对所听之课有很多困惑、建议也不多说，只将它们保留在听课本上。

刘徽老师在学军小学开展的第一次课例研究交流时就反复强调"民主"，请每一位听课教师都要发表自己的看法，并从教育学的角度告诉我们每一位

教师对课的看法可以不一样、没有对错之分，同时一同听课的浙江大学教育学院的学生也谈了他们观察的感受，这从心理上打消了我怕说错、怕说不好的顾虑。

如果说第一次交流让我敢说了，那么第二次再交流时我就说得更有条理了。从教学素材的选用，到生动、活泼课堂氛围的创生，再到基于观察和访谈得到的信息并据此给出了一些建议。我的发言得到了教师们的认可，而且上课教师从我的发言中摘选了部分内容整理出了一篇校园网上的通讯报道。从他人肯定的眼神中，我获得了自我的认可。有了自信，也就有了探究课堂教学的信心。

2. 观察和访谈给予的启发

课例组在学军小学的最后一次活动中，特意安排了每一位研究者观察一个学生的课堂表现，我的观察对象是思维相对较弱一些的小金。看了该生的课堂表现，课后我对他进行了访谈。基于观察、访谈我对本次教学实践又有了新的认识，同时也产生了一些新的教学建议。

(1) 教师课堂语言中的数学用语如"公共边"、"拼"等，语言能力发展较弱的学生理解起来有困难，限制了他们学习数学的能力。对于这一问题，我认为可以用多媒体动画辅助的方式帮助解决。如多数二年级学生难以理解的公共边，我们只要通过出示一个有一条水平方向边的角如图4—53所示，移动另一个角使得两个角的顶点重叠如图4—54所示，再通过旋转第二个角使得一条边与第一个角的水平方向边重叠如图4—55所示。再告诉学生这就是公共边，大多数学生都应该能理解了。

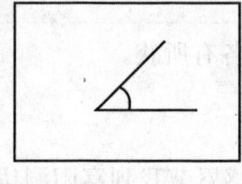

图4—53

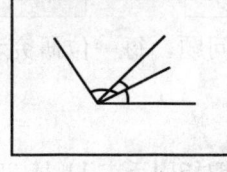

图4—54

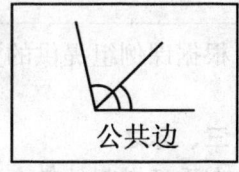

图4—55

(2) 判断锐角、钝角的时候，能目测判断的就不用三角板中的直角帮忙了。课堂练习中，让学生画两个钝角、两个锐角时，我的观察对象小金完全不知道怎样旋转自己手中的三角板来帮自己画出钝角和锐角，只是凭着自己的感觉画出了钝角和锐角。在平面图形——梯形、平行四边形、等边三角形、正六边形中数出锐角和钝角的个数，小金用三角板中的直角比画了半天

改进数学课堂

也难以判断出到底有几个锐角、几个钝角，当我问他不用三角板直接用眼睛看这个三角形的三个角，能判断出是什么角吗？他想了想后就能说出这些都是锐角。看来选择怎样的方法判断角，需要教师在课堂中指明。

(3)"将两个锐角拼成一个更大的角，这个角可能是（　　）。"对于这个推理题，小金更是无从下手。教师的要求是先猜想后用三角板拼一拼或画一画的方式说明自己的想法，这个环节小金就一直处于找那支不见了的水彩笔的状态。课后访谈中，我发现该生更善于从钝角中分出两个锐角来说明两个锐角能拼成一个钝角，同理来说明两个锐角可以组成直角或锐角。看来研究这个问题的方法不仅只有上课教师所说的"画"、"拼"，还可以有"分"、"找"。因此课堂中的素材提供需要考虑到不同思维层次的学生需求。

3. 提供资料、指向性问题，使思考更深入、更有方向

我们的每一次活动都有一些关注点，它们使我们的研究和思考更有方向。如第三次活动的资料中有"本课的难点设计处是否基于二年级学生的学习水平，对于发展学生的空间观念究竟是利大，还是弊大？"难点处要求教师对学生进行课堂观察与访谈，并记录对话内容。

观察：学生能理解老师的问题？ 提问：以这条公共边为第一条边，你还能再画出不一样的锐角？钝角？	观察：学生出现了几种画法？ 提问： 1. 一个钝角可能分成一个钝角和一个直角吗？为什么？ 2. 一个钝角可能是由两个直角组成吗？

根据课例组提供的资料和问题，每一位研究者都各有所获。

三、乐之

在重新燃起的教育研究兴趣指引下，11月25日感恩节我到富阳洞桥小学支教，所上的内容"圆的复习整理课"是我近一年来自我感觉上的最好的一节课。该课在本课例研究部分成果的指引下，教学设计力图用研究同一个圆贯穿始终，不仅让学生感到学习内容集中，而且以点带面，感受一个知识点在复习时可以变得丰盈起来，即将知识读厚，让学生初步感受到复习的方法。课后得到了富阳市教研室主任邵老师的肯定。

同时我写的《精彩的教学需要教育机智》即"锐角和钝角"教学实践引发的

第四章　在图形概念教学中建立空间观念

思考，得到了刘徽老师的认可和表扬，让我对写作充满了喜悦之情。

四、思之

一个课例的研究可以给我们带来多方面的思考，并为今后的教学研究指明方向。本次课例研究启发我今后可进行以下研究。

1. 教学机智类：磨课≠掌控课堂。

执教教师说她为了让学生的回答更符合教学设计的需要，于是会提出这类问题："以这条公共边为第一条边，你能找到锐角、直角和钝角吗？"如图4—56所示。

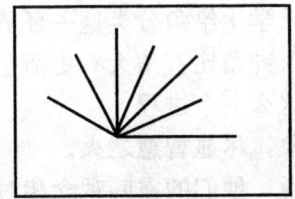

图4—56

这类便于教师掌控课堂的提问是否框住了学生的空间观念？学生对物体、图形观察的全面性是否被局限了？学生的思维深度是否就不够深了？……

2. 教学语言类：几何语言的早期渗透可不可能？怎样渗透？

3. 如果这堂课让我来设计，我会在哪里作出怎样的改动？……

课例研究虽然结束了，但我的课堂教学研究才刚刚开始！

空间观念的再实践
——听"锐角和钝角"一课反思
杭州市学军小学　蔡雯丽

一人同课多轮，这是一种什么形式？课例研究，通过一节课研究什么？又是怎么研究的……在第一次的教学研讨上，刘徽老师详尽的介绍，一一为我们释疑。查老师作为课例的执教者，先后三次执教同一个内容"锐角和钝角"，朝着"通过图形概念教学发展学生的空间观念"的方向来改进数学课堂教学，为我们的思考、交流提供了依据。很有幸地能够参与这样的活动，和很多老师一起，更规范、更科学地来审视我们的数学课堂，反思我们的课堂

改进数学课堂

能够为学生空间观念的发展提供怎样的一把火。

空间观念是在空间知觉的基础上形成的关于物体的形状、大小和位置关系的表象，它是在综合同一类事物的多次感知的基础上形成的，是记忆的重要形式，是想象的必要材料，是形成空间想象力的基础。我觉得空间观念的形成需要经过四个阶段：形象到表象到抽象到形象。结合查老师的课例和老师们的智慧，谈一谈自己的思考。

思考一：从形象到表象，撩起欲望之火。

查老师从生活中一些角的现象入手，追本溯源，回顾角的定义，找到锐角和钝角知识的源头。同时，锐角和钝角是在抽象概念的基础上进行分类、概括得到的，查老师通过让学生给角分类这一环节让学生经历概念得出的全过程，对于锐角比直角小，钝角比直角大有更清楚、准确的认识，也让学生经历了从不知道到知道的这么一个过程。

思考二：从表象到抽象，尽显智慧之火。

对于低学段的学生来说，他们的空间观念相对来说比较弱，查老师在这节课中带领学生经历了四次想象，来发展学生的空间观念。

第一次想象8个散乱的角，以一条边为公共边重叠在一起，会是怎么样的？

第二次想象用吸管折完后的所有锐角重叠在一起，会是怎么样的？

这两次想象让学生丰富了对于锐角、钝角的特征的认识，进一步感悟锐角和钝角是范围角，只要比直角小，不管小多少，都是锐角；只要比直角大，不超过平角的，不管比直角大多少，都是钝角。同时也通过提问"2个直角，怎么只看到1个？"来帮助学生区分直角是一个唯一的角，它的大小是确定的；而钝角和锐角大小不唯一，只要在一个范围里就行。

第三次在头脑中想象锐角、直角、钝角。

第四次在最后的练习时让学生想象由两个锐角拼成一个更大的角，可能是什么角。

这两次想象不借助任何表象，就让抽象的角在学生的头脑中生根发芽，又上升了一个层次。

思考三：从抽象到形象，回归反思之火。

教学的出发点和归宿点在于解决实际问题，在学生已经充分感知锐角和钝角的特征后，查老师带领着学生回归生活，带着新的眼光来重新看待"路灯"和"躺椅"的设计问题，建立了实物与相应的角之间的关系，在观察物体的过程中丰富了对于空间和图形的认识，发展了初步的空间观念，体会数学与生活的联系，在感受设计成钝角的必要性同时，再次感悟钝角和锐角的特征。

存在的小小疑惑如下。

1. 想象的时间能否更充分

第三次的想象环节，是否能够想象两个大小很不一样的锐角，甚至可以先让学生在头脑中想一个直角，然后想大小不一样的直角，让他们再次感受直角是唯一的。最后拼角的环节，由于学生的空间观念不同，在头脑中想象出来的角的形状也是不同的。有的学生头脑中的锐角是很标准的，差不多是接近45度的那种，而有些学生空间观念好一点，他就能想象到很小很小的锐角，很大的接近于直角的锐角，教师是否可以在第一次想象完之后，先说一说可能是什么角，问学生这两个锐角可能是多大，然后让学生进行第二次想象，如果锐角变小了，那么两个这样的锐角拼出来会是怎么样的呢？锐角能不能再变大，变大后两个这样的锐角拼出来会是怎么样的呢？在充分想象之后再让学生动手画一画，验证一下。

2. 发展空间观念的同时兼顾知识目标

正如第二次讨论时章莉老师所说的，这节课的知识目标，一个是辨别锐角、钝角；一个是画角。这节课查老师没有亲自演示三角尺判断接近直角的角，只是电脑演示了一下。其实空间观念弱的学生存在根本不知道怎么样去用这块三角板，甚至是用锐角去判断的，也不知道点对点、边对边该怎么对，这个可能还需要教师亲自示范讲解。还有画角的环节，为什么一定要借助三角板的执教来画锐角和钝角，是否是想让学生感受锐角的画就是直角往里面，而钝角就是直角往外面。其实我觉得学生如果能够借助尺子来正确地画一个锐角和一个钝角，就说明他们已经在头脑中建立了锐角和钝角的本质特征。

总有这样几句话会扣动学生的心弦

杭州市学军小学　华　青

通过查赟老师先后三次执教"锐角和钝角"，我校数学教研组的教师共同参与评课讨论，一步一步地改进数学课堂教学。对比三次教学的教学语言，我发现，原来总有这样几句话在扣动着学生空间观念的那根"弦"。

改进数学课堂

一、知识复习要为新知铺路

> 关于角，我们已经学过了哪些知识？我们是怎么学习的？

课堂回放：每次上课伊始，查老师都引导学生回顾"关于角，我们已经学过了哪些知识？"让学生对角的名称、基本组成及大小有所体验，找到知识的源头。儿童的空间对角的认识来自丰富的现实原形，在图片及分类中产生"比直角大的角"、"比直角小的角"的知识冲突，从而自然地引入"锐角"与"直角"。而角的基本组成为根据公共边和公共点，在角的群体中找锐角和钝角做了很好的铺垫。对角的大小的复习，让学生在感知锐角、钝角与直角的过程中，轻松地体验感受锐角与钝角是一个范围角，直角是一个规定度数的唯一角，并能正确运用"＜、＝、＞"表述三者的关系。

深度思考：旧知的复习也应该是新知的准备，目的是为学生新知的学习提供构建新知识所需的材料，使学生对已有经验、认知得到最好的重现，为新旧知识之间架起一座认知桥梁，有利于把新的图形知识纳入原有图形知识结构中去，同时运用原有的认知经验来发展新的认知结构，从而发展学生空间观念，培养思维能力。

二、生活经验要为新知服务

> 生活中，哪些地方的设计应用了锐角和钝角？为什么会这样设计呢？

课堂回放：在本节课上，查老师引导学生将所学的锐角、直角、钝角与平时的生活经验结合，在生活中进一步感知新知的现实意义。查老师在教学中将小朋友设计的锐角、直角与钝角与生活中一些重大设计（生活原形）联系起来：路灯的设计、躺椅的设计、滑滑梯的设计等，在感悟实物角特殊的生活意义中，学生得出了不同的角所带来的不一样的效果。

深度思考：在学习过程中，从实物角入手，不仅体现了数学与生活的联系，而且学生在找角并分类的过程中，产生了知识的冲突，激起了他们的学习角的家族成员的欲望，"点对面"的反馈更是有效地提高了课堂效率。

三、空间想象要为新知提升

> 请你想象一下，我们可能会看到什么？锐角还可能会是怎样的？

课堂回放：三次教学中，查老师都非常注重为学生制造空间想象的机会，让他们插上想象的翅膀，由第一次执教过程中，"请你想象一下锐角是怎样的？""钝角又是怎样的？"到第二次执教中，在角的群体中找锐角和钝角时，"我们把这些角都放在一起，请你想象一下，并比画一下"，随后再借助教学媒体得以验证，再到第三次执教中，在用活动角演示锐角和直角时，也是采用先让学生想象，再用活动角依次展示的方式验证，落实帮助学生感知锐角与钝角是一个范围角的教学目标，同时，此环节中还增加了对锐角组合、钝角组合的想象，引导学生积极发现，也是对这一范围角的深入体验。

深度思考：从学生的学习过程来看，在想象基础上的猜想应该是学生有效学习的良好准备。在第三次执教过程中，"将两个锐角拼成一个更大的角，这个角可能是（　　）？"指导了学生研究问题的方法"想象—猜测—验证—得出结论"，学生特别愿意验证自己的想象，此时，课堂教学也达到了高潮。

四、操作活动要为新知内化

> 让我们一起动手来做一做！让我们一起动手来试一试！

课堂回放：查老师三次的执教过程中，将实际的操作活动贯穿"锐角和钝角"教学的始终。她不仅采用小朋友喜爱的看一看、折一折、拼一拼、摆一摆、画一画等实际活动的方式，让他们亲自触摸、比画、观察、作图和验证，还巧妙地让学生通过身体的弯一弯，感受不同角的功效，在这样的学习过程中，查老师把视觉、触觉、运动觉等协同利用起来，有力地促进了知识的内化，形成空间观念。教学中，教师给学生一个活动空间，让学生去发现、探索、创造。

深度思考：新课程强调学生在学习中的感受和体验，学生通过自主操作，构建空间模型，感知体与体、面与面、线与线之间的关系，并由此产生位置、方位与变换，于是就有了各种不同的空间拼搭与组合，学生可以通过操作活动成为动态图形素材的提供者。同时，开放性的操作活动本身还体现了一定的层次性，通过不同层次学生的操作活动可以得到不同的动态素材。

改进数学课堂

以上是我在学习"锐角和钝角"的教学时的反思与收获,也希望这些教学的精妙语言能成为自己的空间教学中的智慧用语,帮助自己提高课堂的实效性,帮助学生自主建构对空间知识、培养与发展空间观念!

仰望星空与脚踏实地
——"锐角和钝角"课堂演绎后的两点思考

杭州市学军小学　严欢明

一个精彩纷呈的课堂离不开教师对每个环节的反复斟酌,离不开教师对数学思维的精心熔炼,更离不开教师对教学目标的准确定位。查老师每一次的课堂演绎和课后讨论对我来说都是难得的学习机会,多效的生活素材,多样的学习材料,多维的观念建构足见设计的精妙与精彩。

查老师瞄准了"空间观念"为学生设计了描角—分类—命名—叠角—摆角—画角—变角—组角这几个阶段,运用了大量的媒体辅助,帮助学生经历想象操作到验证的过程,希望通过这些手段和活动让学生明确钝角和锐角是范围角,并最终达到发展学生空间观念的目的。但当我观察到很多学生在判断角、画角时摆不好三角板,听不懂什么叫"拼成",数角时四道题错两三道时,让我不由地在热火朝天的课堂中冒出了一些冷思考。

思考一：判角画角的技能是空间观念的衍生品吗？

学生发现⑧号角光靠目测无法确定,讨论出用三角板判断的方法后,查老师在幻灯片中将三角板的图片附在⑧号角上,发现它是钝角,并小结了点对点、边对边这一方法。用直角板来判断角是这节课非常重要的一个技能目标,二年级的学生知道了"点对点,边对边"很难马上就驾驭三角板。三角板对他们来说是个新鲜事物,这时如果能够在实物投影中一步步地示范,和学生一起判断疑问角,走到学生中去手把手帮助学困生,并把判断角作为即时书面练习可能更为有效,毕竟这是一个有着4步的复杂操作。

画角也是应该达成的基本技能目标。利用三角板的直角边画一条边,再向不同方向转的方法画锐角(钝角)固然可以,看上去似乎更符合概念定义。但是否适合二年级的学生呢？观察中很多学生不能转动三角板,或者自创一法,结果画出来的"图案"不闭合,或者顶点处是圆的。在学生概念建立以后,画角只要利用尺子直边就可以,但要提醒学生画第二条边时尺子要穿过顶点,再稍往下移让顶点半露出来,避免不闭合的情况产生。教师要先示范,并在投影下带着学生画角,画完后小结要注意的地方,再让他们自己独

第四章 在图形概念教学中建立空间观念

立操作。毕竟他们只是一群刚刚告别一年级的孩子。

孩子和成人不同,他们没有操作经验,不是有了概念思想就能外化为技能。孩子需要符合他们年龄特点的操作方法,更需要逐步的、即时的技能指导和训练,才能形成熟练的技能并为更深层次的思考提供支持,否则空间观念就如同一片飘在思想星空中的浮云。

思考二:每一个活动都是发展空间观念的必需品吗?

查老师设计了两个活动致力于让学生体会钝角和锐角是范围角。先在幻灯片中将所有角先移到一起,然后突然公共边就重合叠在一起了。大人很容易理解这一过程,可学生看明白教师变的这个"魔术"了吗?用吸管做活动角,吸管本身有弹性有厚度非常难捏,一条边叠在一起后看过去变成了"一堆角"。这里是否有整合的可能呢?比如请学生事先做好活动角,先每个人摆一个直角,互相比一比、说一说为什么一样大。然后再来摆锐角,将不同的锐角一条边重合贴到黑板上去,问问学生如果把全班同学的锐角都贴上来,想象会出现什么样子,钝角也如此操作。最后将直角衬在活动角后面,转动一边,小结钝角和锐角的范围,不知这样是否可以达到更大的活动效益。

探讨路灯、滑滑梯等角度的合理性的环节引爆了孩子的笑声,趴着躺着滑滑梯这些很接近学生年龄特点的材料让学生很开心。当时我也觉得这个环节很有新意,不过转念一想他们笑的是什么?是变形的图片,是夸张的身体,这一笑似乎笑离了目标。毕竟这节课我们不是在研究不同的角度。

假如我是执教者,我会更倾向于设计一个用三角板拼角的活动。利用同桌两个人的四块三角板先无主题地拼,教师先带着学生一起拼,然后让学生自由拼,并用规定的语言描述是怎么拼的"我用一个( )角和一个( )角,拼出了一个( )角"。最后再抛出"两个锐角可以组成一个( )角"的问题,有了前面的经验和技能支持,学生再思考这个问题时有了更多的操作空间,可拼可画可分,为空间观念打开一条外化的途径。

这节课被很多教师拿来上公开课展示课,不同的教师带着不同的理念设计不同的活动,都希望为发展空间观念提供平台支持,但是不是每一个活动都那么"给力"?当我们为传递思想发展观念绞尽脑汁时,别忘了给学生带去实实在在能为己所用的技能。

数学思想的星空闪耀着迷人的光芒,引得我们驻足仰望。但暗夜中最亮的是我们手里的那个火把,可能简陋却能照散学生一路的迷茫,指引学生一路的方向。星光可采撷,路却在脚下。

第五章　在图形公式推导中提升数学思维品质

第一节　课例研究报告

图形公式的推导渗透了数形结合、推理归纳等思想，集中反映了数学思维品质的培养。如何通过"创设有效的问题情境，提供合适的支架，引导学生主动推导出图形公式，并且在这个过程中发展和提升他们的数学思维品质，为后续的学习打好基础"，成为教师在教学中关心的问题。因此，本次课例研究以"在图形公式推导中提升数学思维品质"为目标进行探究，数学思维品质是指人在数学思维中表现出来的个性特征，良好的数学思维品质一般包括严谨性、灵活性、敏捷性、深刻性、广阔性、批判性几个维度。根据这个主题，宁波市北仑区柴桥中学的郑桂芬老师选择的执教内容是"三角函数的诱导公式"。

一、第一次课试教

执教教师选择的执教内容是普通高中课程标准实验教科书《数学》必修4"三角函数的诱导公式"。

(一)观察与发现

1. 巧妙地设计一系列问题，试图利用学生的认知冲突，启发学生进行推导和思考

教师设计了几组问题，(1)$\tan 225°$　　(1)$\tan 1110°$

(2)$\sin \dfrac{4\pi}{3}$　　(2)$\cos \dfrac{7\pi}{3}$

第五章　在图形公式推导中提升数学思维品质

$$(3)\cos\frac{11\pi}{6} \qquad (3)\sin 570°$$

每一组的前面两题帮助学生复习和回忆已经学过的知识,第三道题学生用诱导公式无法解决,自然想到利用定义解决问题,从而产生问题,形成认知冲突,激发探究的兴趣,促进学生主动建构。

2. 教学设计遵循由易到难、从特殊到一般的顺序,适时提供认知支架

教学符合学生从局部到整体、从具体到抽象、从感性到理性、从特殊到一般的认知次序,启发学生对公式推导进行猜想、类比、归纳。

(二) 问题诊断

1. 教师的数学表达不够缜密,不利于学生思维严密性的培养

教师在上课时出现了"弧度和角度相加"的错误数学表达,容易使学生形成不缜密的习惯。

2. 教师没有能抓住学生思考的契机引导学生进一步思考

在小组讨论环节,有女生一下发现了 $\sin(\pi-\alpha)$ 和 $\sin(-\alpha)$ 的推导公式,这时候教师没有能顺势抓住这个亮点,让这名学生详说她的结论是如何得出的,从而点燃学生探索的热情。而是忽略她的回答,继续让学生再讨论。

3. 课堂整合和调整不够,教学节奏打乱

整堂课给人前松后紧的感觉,原因在于一方面设计的问题过多,一些题有重复之嫌。一方面公式推导过程过于拖沓,公式二的推导虽然花费了大量的时间,但没有使学生领会到本质和方法,因此未能充分启发学生的思维,因此给人以松散的感觉。而当教师意识到后面时间不够时,没有进行整合和调整,自己把后面的公式匆忙推导出来,让人感觉教学的节奏和步调杂乱。

(三) 改进建议

1. 规范数学表达,提供严密的数学表达范例

一方面教师要规范自我数学表达,另一方面也可以抓住和鼓励学生严密的数学表达作为示范,例如这节课上在"用一用"环节时,一个学生在回答 $\tan 225°$ 这题时,述说了一个严密完整的推导过程"$\tan 225° = \tan(180° + 45°) = \tan 45° = 1$",教师可以以此作为样例,供其他学生参照和仿效。

改进数学课堂

2. 设置低台阶、高水平的教学，引导学生经历从具体思维向抽象思维转化的过程

要根据课堂学生的情况适时地为学生提供支架，作为支架的语言提示和问题设计要适宜，既要起到启发学生思维的作用，又不能直接给学生答案代替他们的探究过程。比如提示"sin($-\alpha$)的正弦线是哪一条，sinα的正弦线是哪一条，这两条正弦线有什么关系，为什么有这样的关系"等。

3. 对公式的推导要适时地进行梳理和总结，让学生在脑海中形成一个清晰的表象

对公式探究的过程和结论进行适时的归纳总结，纳入学生的知识系统。注重知识体系的整理和重建，有利于学生养成思维的严谨性和广阔性。

二、第二次课试教

这次教学针对上节课的教学节奏零乱、培养学生思维严密性尚欠的问题进行了改进。

（一）观察与发现

1. 进一步规范数学语言和数学表达，关注数学思维的严谨性

这节课教师不仅进一步规范了自己的数学语言和数学表达，而且抓住了学生规范的数学语言进行示例，起到了良好的效果。在巩固复习、引入新知阶段，学生在回答"tan1110°"题时，用了规范的数学表达，教师马上予以肯定"过程很完整，结论是正确的"，将其作为示范。

2. 注意对研究结果进行归纳整理，培养思维的深刻性和条理性

在四个公式都推导完后，教师对四个公式进行归纳总结，揭示了它们之间的共性，有助于学生进一步理解公式。对这节课进行总结时，教师出示了"知识树"（见实录），提示学生对自己思维进行反思和梳理，培养了思维的深刻性和条理性。

3. 调整教学的步调和节奏，做到有张有弛

这节课教师调整了自己教学的教学步调和节奏，有效地完成了教学任务。

4. 教师注意了学生的错误性资源，给予了纠正

在推导终边关于 y 轴对称的三角诱导公式时，一学生把终边关于轴对称的角看作 $\frac{\pi}{2}+\alpha$，教师抓住学生这一错误，通过30°角为例来讲清假设 $\angle P_1Ox$ 是 α 角的话，$\angle xOP$ 应该是 $\pi-\alpha$，如图5—1所示。

第五章 在图形公式推导中提升数学思维品质

5. 关注教学的后继兴趣

在学生误将 $\pi-\alpha$ 看作 $\frac{\pi}{2}+\alpha$ 后,教师追问学生"$\frac{\pi}{2}+\alpha$ 和 α 的终边你认为是什么关系?"并提供问题支撑"若角的终边为 Ox,加一个 $90°$ 是哪条边?"引发学生后续的思考。教师对这节课进行总结时也留下了后续探究的问题,即"如果两个角的终边关于直线 $y=x$ 或 $y=-x$ 对称,它们的三角函数值之间有什么关系?"引发学生课后的探究和思考。

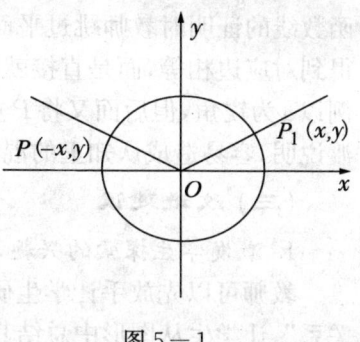

图 5-1

(二)问题诊断

1. 教师留给学生的探索空间偏小,不利于学生主动思考

这节课教师在加快教学节奏、完成教学任务的同时带来另一个问题,就是为了控制课堂,教师有意把教学步子变小,在教学中常常"包办代替",例如,在对四组公式进行整理归纳时,都是由教师归纳出它们的共性。学生基本上是跟着教师的思路走,没有对公式进行主动探究。

2. 学生思维从特殊到一般的归纳过程还需要加强,要进一步提高学生抽象思维的能力

教师在教学中运用了举例的方式帮助学生理解公式推导,但缺乏从特殊到一般的归纳过程,不利于学生抽象思维能力的提升。例如,在一学生把终边关于 y 轴对称的角看做 $\left(\alpha+\frac{\pi}{2}\right)$ 时,教师用了 $30°$ 来举例解释为什么是 $\pi-\alpha$。但仅停留于实例,不利于知识的提升和迁移。如果是 $120°$、$240°$ 怎么办,转了三圈终边又回到原来位置怎么办,应该让学生明白任意性,突出 α 的任意性,其实高中生已经具备相当的抽象能力,α 与 $-\alpha$ 这两个角的终边关于 x 轴对称,其中一个角再加上 π,转过来刚好两个角的终边关于 y 轴对称。

3. 公式推导过程要严谨,需要缜密的步骤和适当的过渡,避免造成认知混乱

教师常常跳过一些"已经学过的知识点",其实在推导过程中将学生已有的知识点纳入,不仅有利于温故,而且有利于思维严谨性的培养,例如,用三角

改进数学课堂

函数线的证明时教师跳过平面几何的角角边定理证明两个三角形全等,然后得到对应边相等,而是直接就使用了三角函数线的定义。又如,教师一开始举例以α为锐角,但后面又将P点设在第二象限,以α为钝角,中间缺乏适当的过渡说明,容易造成认知上的混乱。

(三) 改进建议

1. 激发学生探索的兴趣,拉大探索空间,使探索过程尽量饱满

教师可以先放手让学生研究"π－α和α、π＋α和α、－α和α的终边有什么关系",让学生从图形中总结其终边的位置关系,再利用定义或三角函数线证明公式。

2. 对四组公式的推导进行梳理,让学生在脑海中形成一个清晰的表象

四组公式全部推导出来后,教师需要对这四组公式进行归纳总结,有助于培养学生思维的广阔性和严谨性。

三、第三次课试教

这次教学针对上节课的"探索空间过小"、"培养学生思维严密性欠缺"等问题进行了改进。

观察与发现

1. 通过活泼的语言、有效的问题、适当的铺垫,激发学生探究的兴趣,引导他们进行主动探究

这节课教师用一组巧妙的问题有效地引发了学生的探索兴趣,如图5－2所示,问题中四个角的终边分居在四个象限,教师请学生说出他们的运算过程和结论,并提示他们"有什么发现吗?"学生踊跃发言,得出了以下结论。

问题1：求下列各三角函数值：

(1) $\cos 1110°$

(2) $\cos 570°$

(3) $\cos 690°$

(4) $\cos \dfrac{17\pi}{6}$

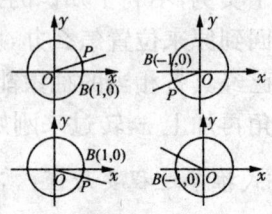

图5－2

(1) 绝对值都是 $\frac{\sqrt{3}}{2}$。

(2) 终边分布在四个象限。

(3) 终边与 x 轴的夹角都为 30°。

(4) 终边在一、四象限的余弦值都为正,在二、三象限的余弦值都为负。

(5) 一、三象限终边关于原点对称,二、四象限终边关于原点对称,且函数值都互为相反数。

根据学生自己的发现教师自然引导他们进行下一步的探究,学生先后根据"绝对值都是 $\frac{\sqrt{3}}{2}$","一、三象限余弦值互为相反数","终边关于 x,y 轴对称"分别探索出公式二、公式三和公式四。在整个探究过程中,教师用积极的鼓励、幽默的语言、适当的支架使学生的思维不断深入。

2. 促进学生对自我思维过程的反思和整理

当师生共同研究得到四组公式后,教师通过应用帮助学生完成思维整理的工作,并提示学生图形公式推导从无图 — 有图 — 无图的过程,初步建立辩证的观念。教学中,教师还结合数学的特征揭示这节课学习的意义,教师问学生"为什么我们已经会解决三角函数求值的问题,还要研究公式呢?"得出了"力求简约是数学的一大魅力"的结论。

3. 在公式推导中关注培养学生思维的严密性和批判性

在四组公式都推导出来后,教师不失时机地问学生"如果我们把角 α 当做任意角,这几个公式还成立吗?"引发学生的思考,使学生在脑海里浮现终边在第二、三、四象限时的情形。在此基础上师生共同总结,角 α 是任意角这几个公式也都成立,我们把角 α 当做锐角记忆是因为比较熟悉和方便。只要我们知道任意象限的角的三角函数值,运用这几组公式,想把终边放在第几象限都可以。例如:角 α 和角 π+α,我们可以把终边落在第三象限的角通过公式转化为终边在第一象限的角的三角函数值去求。

4. 引发学生后继学习的兴趣,同时关注知识网络的构建,达成知识点的融会贯通

这节课教师在公式推导中充分地复习了已有的知识点,并提示学生后续要学习其他的数学公式。

四、研究形成的结论与观点

基于郑桂芬老师"三角函数的诱导公式"三次课的持续改进,我们对"在图形公式推导中提升数学思维品质"形成了以下观点。

(一)图形公式推导要加强三个环节

虽然说数学思维的各种品质在整个图形公式推导中都有所体现,但在各个环节中有所侧重。

1. 启发学生仔细观察、大胆猜想,培养思维的广阔性和灵活性

图形公式推导需要启发学生仔细观察已知的条件和要素,展开联想,利用转化和化归的思想,把条件转化为结论、把抽象转化为具体、把未知转化为已知、把困难转化为容易、把数转化为形、把形转化为数……获取图形公式推导的思路。

2. 引导缜密多样的推导过程,培养思维的严谨性和创新性

引导学生对图形公式进行严密的逐一推导、环环相扣,运用清晰的数学语言加以表达。鼓励学生以不同的方式进行推导,培养思维的发散性和创新性。

3. 帮助学生对推导进行归纳优化,培养思维的整体性和深刻性

对图形公式的推导过程和结果进行归纳、总结、延伸,有助于促进学生的自我反思,连接各个知识点,提升数学元认知能力。

(二)图形公式推导要坚持三个原则

1. 从"无图"到"有图",从"有图"到"无图"

图形公式的推导首先向学生呈现图,通过数形结合辅助学生公式推导,经过公式推导,学生要将"图"内化在心中,在脑海里存留一个经思维加工过的无形的"图"。

2. 从特殊到一般,从一般到更一般

图形公式推导经历从特殊到一般,再从一般上升到更一般,通过不断地归纳总结提升,提高学生的数学抽象思维能力。

3. 从形象到逻辑,从逻辑到直觉

图形公式推导从形象思维入手,到逻辑的演绎推理,最后力求达到"整体的序",发展数学的直觉。

附录:"三角函数的诱导公式(1)"学生前测分析

一、样本情况说明

本次前测抽取了高一年级学生共30名,其中男生15名,女生15名。30名学生均是经过中考选拔上来的,其中7名学生在暑期补过课。根据学生平时的思维以及学习能力的表现,把学习水平分为上中下三个层次,每个层次的学生均为10名,男女生分布情况见表5-1。

表 5-1

	上	中	下	合计
男生	4	5	6	15
女生	6	5	4	15
合计	10	10	10	15

二、问卷说明

本次前测一共设计了三个问题,具体见附件。通过访谈与书面测试相结合的方式进行。重点检测以下几个方面:1. 公式一的运用是否熟练,能否准确理解公式一的结构特征;2. 是否会运用三角函数的定义准确表示任意角的三角函数;3. 在单位圆中,能否准确表示点 $P(x,y)$ 关于原点、x 轴、y 轴对称的点的坐标。

三、前测结果分析

试题一:求三角函数值,并在单位圆中表示出角终边所在的位置。

① $\cos 420°$ 　　② $\sin \dfrac{9\pi}{4}$ 　　③ $\tan \dfrac{25\pi}{6}$

(一)检测重点

学生能否熟练运用公式,并且要清楚公式一可以把任意角的三角函数值转化为求0到 2π 角的三角函数值,并能在坐标系的单位圆上表示出终边所在的位置。

(二)检测结果

30名学生中有25名学生能够正确表示出结论,5名思维和学习能力层次

改进数学课堂

为下的学生出现错误。在表示结果的过程中均运用公式一,只是把 30° 和 60° 的结论记错,最后能正确写出结论。

(三) 结果分析

虽然有 5 名学生出现错误,但是导致出错的最根本原因不在于公式记错,而是 30° 和 60° 的三角函数值的记忆问题上,例如 30° 的正弦值记成了 60° 的正弦值,因此我们认为,对于公式一的运用上不同水平的学生均有较好的基础了。

试题二: 已知角 α 的终边上有一点 P 的坐标为 $(-4a, 3a)$,且 $a \neq 0$,求 α 的三角函数值。

(一) 检测重点

是否会运用三角函数的定义准确表示任意角的三角函数。

(二) 检测结果

30 名学生中有 20 人能够正确表示出结论。10 名思维和能力层次为中偏下的学生出现错误。在表示结果的过程中,有 10 名学生直接利用定义的变形形式解决问题,有 7 名学生转化成定义做,有 3 名学生是直接代入特殊值得出结论。

(三) 结果分析

虽然有 10 名学生出现了错误,但是也并不是完全不会,有 6 人没有讨论 α 的正负,都按照正数在做,有 2 人想转化成定义但是没有成功,说明在这里知识有欠缺,另 2 人是属于基础和计算能力都不过关,导致错误,但是讲解之后,还是可以掌握。所以,我们认为对于三角函数的定义有 93.3% 的学生都能掌握了。

试题三: 根据上题,请表示出点 $P(-4a, 3a)$ 关于原点、x 轴、y 轴的对称点坐标,并写出两个角之间的关系,反之呢?

(一) 检测重点

对称点的坐标能否表示准确,角与角之间的关系的表示。

(二) 检测结果

已知点写对称点的坐标都可以表示出来。研究两角之间的关系:22 人表示不出关于 y 轴对称的角的关系,9 人表达不准关于原点对称的角,4 人表示不出关于 x 轴对称的角。

（三）结果分析

已知点的坐标求对称点的坐标学生可以完成。但是由对称的点的坐标求角与角之间的关系，无论层次好还是层次差一点的学生都比较困难，特别是由关于 y 轴对称的两点推两个角之间的关系，尤其难。反之，难点也在这个地方。所以这里又成了这节课的一个难点。

四、总体分析

综合以上三个问题的检测结果，在公式一的运用中，学生能够正确地写出相应答案，有着很好的基础。但是对于对称问题，层次中下的学生就有困难存在。通过前测，我们发现对于本课时内容中对称问题（和角之间的关系）的概念是重点也将会是一个难点。

第二节　课堂教学实录

一、第一次课教学实录

师：三角函数我们已经学习一段时间了，下面我找同学来说一下三角函数是利用什么来定义的？

生1：在单位圆中。

师：好，在单位圆中定义的，那么是怎么定义的？

生2：正切等于 y 除以 x，正弦等于 y，余弦等于 x。

师：x 在什么范围内？$x \in (-1,1)$ 你们觉得对不对？她说正弦等于 y，余弦等于 x，正切等于 y 除以 x，$x \in [-1,1]$，什么区间？

生2：闭区间。

师：好，先坐下。你有什么补充的吗？

生3：应该是开区间 $x \in (-1,1)$ 且 $x \neq 0$

[板书：$\tan\alpha = \dfrac{y}{x}, x \in (-1,1), x \neq 0$]

师：谁还有不同的意见？

生4：$x \neq 0$ 就可以了。

师：那么开和闭要不要探讨？x 可不可以取到 ± 1？

改进数学课堂

生齐:可以。

师:可不可以取到 -1?

生齐:可以。

师:因为前提条件是在什么当中定义的?

生齐:单位圆。

师:那么只需给出 $x \neq 0$ 就够了,这是三角函数的定义。

课件呈现

利用单位圆定义任意角的三角函数

设 α 是一个任意角,它的终边与单位圆交于点 $P(x,y)$,那么:

(1) y 叫做 α 的正弦,记作 $\sin\alpha$,即 $\sin\alpha = y$;

(2) x 叫做 α 的余弦,记作 $\cos\alpha$,即 $\cos\alpha = x$;

(3) $\dfrac{y}{x}$ 叫做 α 的正切,记作 $\tan\alpha$,即

$\tan\alpha = \dfrac{y}{x}(x \neq 0)$

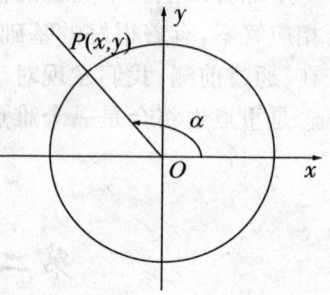

图 5-3

师:设 α 是一个任意角,它的终边与单位圆交于点 $P(x,y)$,那么正弦、余弦、正切都有相应的定义。由这个三角函数的定义,我们推导出一组公式,是什么公式呢?

生1: $\sin(\alpha+2k\pi) = \sin\alpha, \cos(\alpha+2k\pi) = \cos\alpha, \tan(\alpha+2k\pi) = \tan\alpha$(其中 $k \in \mathbf{Z}$)

(板书:公式一)

师:这个我们叫公式几?

生齐:一。

师:那么公式一,可不可以用文字描述?

生2:终边相同角的同一三角函数值相等。

师:终边相同角的同一三角函数值相等,对吗?

生齐:对。

师:应该说公式一的文字描述就是终边相同角的同一三角函数值相等,这

第五章 在图形公式推导中提升数学思维品质

句话我们也可以说,三角函数研究的就是角的终边的位置关系。公式一知道了,我们可不可以应用一下?完成练一练。

课件呈现

练一练:

试求下列三角函数值

(1) $\tan 1110°$

(2) $\cos \dfrac{7\pi}{3}$

(3) $\sin 570°$

[学生做题,教师板书课题三角函数的诱导公式(1)、画出单位圆并巡视指导]

师:差不多了吧。找个同学来说一下,第一个 $\tan 1110°$。

生1:$\tan 1110° = \dfrac{\sqrt{3}}{2}$。

师:说一下过程。

生1:$\tan 1110° = \tan(30° + \cdots\cdots)$

师:加上多少?这个数算不过来?先坐下。你来说。

生2:把 $1110°$ 化成 $360° \times 3 + 30°$。

师:直接利用公式一了是吧?等于 tan 多少度?

生2:$\tan 30°$。

师:等于 $\dfrac{\sqrt{3}}{2}$,对吧。好,坐下。第二个 $\cos \dfrac{7\pi}{3}$。

生3:$\dfrac{1}{2}$。

师:怎么算的?

生3:$\cos \dfrac{7}{3}\pi = \cos\left(2\pi + \dfrac{1}{3}\pi\right) = \cos 60° = \dfrac{1}{2}$。

师:对不对?

生齐:对。

师:第三个 $\sin 570°$。

生4:把 $570°$ 化成 $210° + 360°$。

师:你是说 $\sin 570° = \sin(360° + 210°) = \sin 210°$,然后怎么算?还能用公式一继续往下推吗?

生4:$\sin 210° = -\dfrac{1}{2}$。

215

师:为什么?

生4:角的终边在第三象限。

师:把终边画出来是吧?

(板书画出210°的终边)

师:设终边与单位圆交于点$P(x,y)$,过P做x轴的垂线交点为M,则正弦线为PM,为负的,对吧?

生齐:对。

师:210°的时候其实是利用哪个角度在算?

生齐:30°。

师:刚才$\sin 210°=-\sin 30°=-\dfrac{1}{2}$,如果是$\sin 240°$呢?

生齐:$-\sin 60°=-\dfrac{\sqrt{3}}{2}$。

师:210°的正弦值利用30°来表示,240°用60°来表示,那$\sin 225°$呢?

生齐:45°。

师:要加一个什么符号?

生齐:负号。

师:我们得出的是一般规律呢,还是特殊情况?210°的正弦值利用30°来表示,240°用60°来表示,225°用45°来表示,如果是230°呢?

生齐:—50°。

师:刚才我说过,三角函数只要看终边的位置关系。210°的终边与30°的终边又有什么关系呢?

生齐:关于原点对称。

师:240°与60°呢?

生齐:也是关于原点对称。

师:225°与45°呢?

生齐:还是关于原点对称。

师:都是关于原点对称,你能猜想到什么结论吗?

(学生沉默)

师:假如说用α表示第一象限的一个角,那么这条终边(指着第三象限)应该是多少度?

生齐:$\alpha+180°$。

师：我们说它们两个的正弦值有什么关系？

生齐：互为相反数。

[板书：$\sin(\alpha+180°)=-\sin\alpha$]

师：这是由前面的特殊值我们再猜测一般的规律，由特殊到一般，能直接这么写吗？

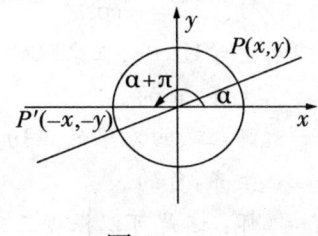

图 5－4

生齐：不能。

师：需要做什么？

生齐：证明。

师：你可以证吗？试一试吧！

（学生独立验证，教师巡视指导）

师：大多数同学都证得差不多了，我们找个同学来说一下。

生：利用单位圆，单位圆与终边交点为 $P(x,y)$，关于原点对称的点为 $(-x,-y)$。$\sin\alpha=y$，$\sin(180°+\alpha)=-y$，所以 $\sin(180°+\alpha)=-\sin\alpha$。

师：利用三角函数的定义，$\alpha+180°$ 的正弦值用 α 去表示，要添个什么号？

生齐：负号。

师：函数名称变不变？

生齐：不变。

师：不变，还是正弦。除了用三角函数的定义证明之外，还有没有其他什么方法？

（学生沉默）

师：我们说三角函数的定义是从代数的角度定义的，除了代数的角度我们还有几何的角度，就是三角函数线！如果想证明 $\alpha+180°$ 和 α 正弦值之间的关系，一个是刚才同学所说的从代数的角度去证明三角函数值之间的关系，另外一个我们可以用三角函数线。α 的正弦线是 PM，是正的，那么 $\alpha+180°$ 是 $P'M'$，方向与 y 轴相反，所以我们也可以利用三角函数线来解决这个问题。$\sin(180°+\alpha)=-\sin\alpha$，那么余弦，正切呢？你们推导一下，推导完了告诉我。

（学生独立推导，教师巡视指导）

师：可以了是吧？你推导完了吗？

生：$\cos(180°+\alpha)=-\cos\alpha$。

师：那正切呢？

生：$\tan(180°+\alpha)=\tan\alpha$。

师：到底是正是负？正的还是负的我们可以怎么办？可以把上下两个式子

改进数学课堂

除一下,所以应该是正的。

(一生边说,教师边板书推导过程)

师:$\tan\alpha = \dfrac{\sin\alpha}{\cos\alpha}$,所以正切不用推导,直接除就行。如果要推导的话,我们以前也学过,一、三象限的正切值是……

生齐:正的。

师:二、四象限的正切值都是……

生齐:负的。

师:这是可以根据三角函数线想的吧。

生齐:是。

师:正切的正负是由正弦余弦决定的,如果你还判断不了,可以先想正弦余弦。这个我们就把它叫做公式二。

课件呈现

公式二

$\sin(\pi+\alpha) = -\sin\alpha$

$\cos(\pi+\alpha) = -\cos\alpha$

$\tan(\pi+\alpha) = \tan\alpha$

师:我们再来考虑一下它们的结构特征是什么?等号的两边函数名称变没变?

生齐:没有。

师:但是符号改不改变?

生齐:改变。

师:这个我们怎么去分析和记忆它?怎么样记忆好记一点。

(学生沉默)

师:如果把$\alpha+180°$想象成第三象限,那么α角肯定在第几象限?

生齐:第一象限。

师:我们最好把α当做锐角去记忆这个公式。如果α在第一象限,那么$180°+\alpha$一定在?

生齐:第三象限。

师:至于正负情况,我们可以直接在脑子转一下单位圆,那么正负号就很容易记得住了。公式二研究完之后我们反过去再来看一下前面的题目。刚才第三道题,$\sin570°$,现在利用公式二推导一下。

218

第五章 在图形公式推导中提升数学思维品质

(学生做题,教师巡视指导)

师:再往下可以怎么应用?

生1:$\sin 570° = \sin(2 \times 180° + 30°)$。

师:你是说$\sin 570°$可以写成$\sin(2 \times 180° + 30°)$吗?你紧张得数字算错啦?那好,你先坐下,谁来帮帮忙?

生2:$\sin 570° = (360° + 180° + 30°) = -\sin 30° = -\dfrac{1}{2}$。

师:其实我们在应用这个公式的时候还要不要画单位圆?

生齐:不用。

师:直接把公式往里面代入就行,自己再想一遍公式,记一遍公式。下面来用一下公式。

课件呈现

用一用:

试求下列三角函数值

(1) $\tan 225°$

(2) $\sin \dfrac{7\pi}{6}$

(3) $\cos \dfrac{11\pi}{6}$

(学生做题,教师巡视指导)

师:第一题?

生1:$\tan 225° = \tan(180° + 45°) = \tan 45° = 1$。

师:直接把过程都说出来了。等于1对不对?

生齐:对。

师:第二题?

生2:$-\dfrac{1}{2}$。

师:怎么算的?

生2:$\sin \dfrac{7\pi}{6} = \sin\left(\pi + \dfrac{\pi}{6}\right) = -\sin \dfrac{\pi}{6}$。

师:$-\sin \dfrac{\pi}{6} = -\dfrac{1}{2}$,好,坐下,这是第二个。第三个$\cos \dfrac{11}{6}\pi$。

生3:$\cos \dfrac{11}{6}\pi = \cos\left(\pi + \dfrac{5}{6}\pi\right) = \cos \dfrac{5}{6}\pi$。

改进数学课堂

师：$\cos\left(\pi+\dfrac{5}{6}\pi\right)=\cos\dfrac{5}{6}\pi$ 吗？

生3：$=-\cos\dfrac{5}{6}\pi=-\dfrac{\sqrt{3}}{2}$。

师：$-\dfrac{\sqrt{3}}{2}$ 是怎么得来的，怎么算的？

（生3边说，教师板书其计算步骤）

生3：$\dfrac{5}{6}\pi=150°$。

师：对，然后呢？

生3：哦，是正的。

师：好，改成正的，那怎么算的呢？

生3：利用30°来算。

师：你的意思是利用单位圆重新画一个。

（板书150°和30°角的终边）

师：你把 $\dfrac{5}{6}\pi$ 和 $\dfrac{\pi}{6}$ 的余弦联系起来，它们两个什么关系？

生3：互为相反数。

师：他认为 $\cos\dfrac{1}{6}\pi$ 与 $\cos\dfrac{5}{6}\pi$ 互为相反数，你们认为对不对？

生齐：对。

师：为什么互为相反数？

生3：$\cos\dfrac{1}{6}\pi$ 的 x 值是正的，$\cos\dfrac{5}{6}\pi$ 的 x 值是负的。

师：那好，你先坐下。他是把 $\cos\dfrac{5}{6}\pi$ 用 $\cos\dfrac{\pi}{6}$ 来表示，我们先不管这个结论对不对，那如果我们这里把 $\dfrac{\pi}{6}$ 改掉，改成 $\dfrac{7}{4}\pi$，你们算算看，能不能用他刚才的方法解决？

（学生做题，教师巡视）

师：做好了是吧，你来说一下你是怎么算的？

生4：$\cos\dfrac{7}{4}\pi=\cos315°=\cos(180°+135°)$。

师：你先把它化成角度，我用弧度可不可以？

第五章　在图形公式推导中提升数学思维品质

生4：可以的。

师：那就是 $\cos\dfrac{7}{4}\pi = \cos\left(\pi+\dfrac{3}{4}\pi\right)$，然后？

生4：$-\cos\dfrac{3}{4}\pi$。

师：然后怎么求？

生4：$-\cos\dfrac{3}{4}\pi = -\left(-\dfrac{\sqrt{2}}{2}\right)=\dfrac{\sqrt{2}}{2}$。

师：$\cos\dfrac{3}{4}\pi$ 为什么等于 $-\dfrac{\sqrt{2}}{2}$ 呢？怎么算的？

生4：画图画出来的。

（板书 $\dfrac{3}{4}\pi$ 角的终边）

师：假如这个是 $\dfrac{3}{4}\pi$ 的角度，那我们就可以直接说它的余弦是 $-\dfrac{\sqrt{2}}{2}$，你先坐下。那我们可不可以利用上一个同学的思想，$\dfrac{3}{4}\pi$ 可以用哪个角来算？

生齐：$\dfrac{\pi}{4}$。

师：求 $\dfrac{3}{4}\pi$ 的余弦值，即求 $\dfrac{1}{4}\pi$ 的余弦值，我们又回到原始位置，求 $\dfrac{11}{6}\pi$ 可以转化成求 $\dfrac{5}{6}\pi$，$\dfrac{5}{6}\pi$ 的余弦值我们可以用 $\dfrac{\pi}{6}$ 去表示，要求 $\dfrac{3}{4}\pi$ 的余弦值，我们可以用……

生齐：$\dfrac{\pi}{4}$。

师：这体现了什么规律吗？刚才我们研究问题是由特殊转化到一般，现在这个问题你们可以考虑出来吗？我们可以分小组讨论一下，看看能不能把这个问题解决了。

（学生进行小组讨论，教师巡视指导）

师：大家研究得差不多了是吧？有的小组还没有推导出结论来，有的小组出现了两种结论，我们请这个小组说一下。

生：我们推导出来的是 $\cos(-\alpha)=\cos\alpha$。

师：你们是怎么做的？

改进数学课堂

[板书:$\cos(-\alpha)=\cos\alpha$]

生:画单位圆。$\cos\frac{7}{4}\pi=\cos\left(\pi+\frac{3}{4}\pi\right)=-\cos\frac{3}{4}\pi$,$\frac{3}{4}\pi$在第二象限,做终边的延长线到第四象限,则与$\frac{\pi}{4}$对称,就可以得出$\cos\left(-\frac{\pi}{4}\right)=\cos\frac{\pi}{4}$。

师:这是特殊的角推广到一般的角,$\cos(-\alpha)=\cos\alpha$,他们的意思是把$\cos\frac{3}{4}\pi$在第二象限的终边反向延长,转化成$\cos\left(-\frac{\pi}{4}\right)$在第四象限,$-\frac{\pi}{4}$的余弦值与第一象限的$\frac{\pi}{4}$相等,由此推导出$\cos(-\alpha)=\cos\alpha$。那我们可以证明吧?

生齐:可以。

师:证明的话设第一象限的终边与单位圆交点为$P(x,y)$,第四象限的P'则为$(x,-y)$,余弦值应该是……

生齐:相等。

师:那$\frac{3}{4}\pi$和$\frac{\pi}{4}$这两个角的角度有什么关系?

生齐:相加等于$180°$。

师:刚才推导出$\cos(-\alpha)=\cos\alpha$,那么我们把正弦值也说一下。$\sin(-\alpha)$等于多少?

生齐:$-\sin\alpha$。

师:正切呢?

生齐:$-\tan\alpha$。

(板书:公式三)

师:这就是我们推导出来的公式三。那刚才说到的两个角相加为$180°$,$\sin(\pi-\alpha)$和$\sin\alpha$有什么关系呢?

生齐:相等。

师:余弦呢?

生齐:互为相反数。

师:正切呢?

生齐:互为相反数。

(板书:公式四)

师:其实我们说公式三和公式四是可以由一道题直接推广而来的,我们来

第五章　在图形公式推导中提升数学思维品质

总结一下,通过刚才运用诱导公式一到四的过程,你对诱导公式有什么进一步的认识?诱导公式一是怎么样的?终边……

生齐:相同。

师:终边相同的角。诱导公式二呢?

生齐:关于原点对称。

师:诱导公式三呢?

生齐:关于 x 轴对称。

师:诱导公式四?

生齐:关于 y 轴对称。

师:这就是它们终边的位置关系。把任意角的三角函数转化为锐角的三角函数。假如说给你一个比较大的负的角。你首先可以通过公式一,公式四可不可以?

生齐:可以。

师:通过公式一我们把它化到$(0°,360°)$之间,再通过公式二、三、四一步步向下化简,最终把它化简到锐角范围内解决。我们来回顾一下,我们是怎样获得诱导公式一到四的,整个研究的过程我们是通过什么样的问题一步步向下研究的?

生齐:从特殊到一般。

师:其实就是把我们不知道的转化为我们知道的,今天的课就上到这里。

二、第二次课教学实录

师:为了检验大家对前段知识的掌握和记忆情况,下面请完成练一练。

课件呈现　　　练一练:

试求下列三角函数值

(1) $\tan 1110°$

(2) $\cos \dfrac{7\pi}{3}$

(3) $\sin 570°$

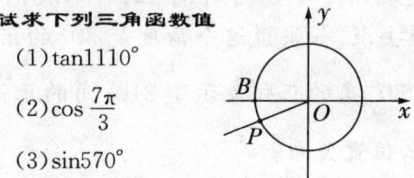

图 5-5

(学生做题,教师巡视指导)

师:请同学们说出你的运算过程与结论。

生1: $\tan 1110° = \tan(360° \times 3 + 30°) = \tan 30° = \dfrac{\sqrt{3}}{3}$。

师:大家觉得是这样的吗?

生齐:是。

改进数学课堂

师:好,请坐。过程很完整,结论是正确的。这就是我们下一个同学回答问题的模板。1110°的正切值转化成30°角的正切值去求,这个过程中我们利用了公式一。下面我们共同来回顾一下公式一。

课件呈现

公式一

$\sin(\alpha + 2k\pi) = \sin\alpha$

$\cos(\alpha + 2k\pi) = \cos\alpha$

$\tan(\alpha + 2k\pi) = \tan\alpha$

(其中 $k \in \mathbf{Z}$)

师:这个公式的作用是求任意角的三角函数值变为……

生齐:$(0, 2\pi)$。

师:变为求$(0, 2\pi)$角的三角函数值。一句话,终边相同角的同一三角函数值相等。这就是公式一。我们先返回去,再找个同学说一下第二个问题,$\cos\frac{7}{3}\pi$。

生2:$\frac{7}{3}\pi$转化成420°,$\cos 420° = \cos 60° = \frac{1}{2}$。

师:请坐,这是第二个。第三个呢?

生3:$\sin 570°$可以转化为$\sin(210° + 360°) = \sin 210° = -\frac{1}{2}$。

师:$-\frac{1}{2}$是怎么来的?

生3:将$\sin 210°$转化为$\sin(180° + 30°)$的角,在第三象限。

师:第三象限,是利用了单位圆。在单位圆中,我们找到了210°角的终边,利用30°角的正弦值去求。如果说这个角度是30°的话(指着第三象限的角),它的正弦值是$-\frac{1}{2}$。30°角的正弦表示了210°角的正弦,那么30°角的终边与210°角的终边是什么位置关系?

生齐:关于原点对称。

师:若两个角的终边关于原点对称,它们的正弦值都互为相反数吗?我们不妨算一算。

(学生拿出纸笔验证,教师巡视指导,并在黑板上画出坐标系与单位圆)

师:我们找个同学来说一下。

生:假设30°角的终边与单位圆交点为P,P点的坐标设为(x, y),则210°的角与单位圆的交点为P',因为P'与原点对称,所以P'坐标为$(-x, -y)$,$\sin 30° = y$,

$\cos 30° = x, \tan 30° = y/x, \sin 210° = -y, \cos 210° = -x, \tan 210° = y/x$。

（学生边说，教师边在黑板上表示出来）

师：这里的角是210°和30°，我们可以把这个角当做任意角吗？

生：可以。

师：那这个应该怎么表示呢？（指着第三象限的角）

生：$\pi + \alpha$。

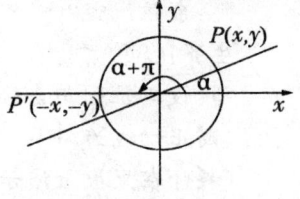

图5-6

师：其实她是在利用三角函数的定义。在单位圆中，用三角函数的定义研究了α角和$\pi + \alpha$角的同一三角函数值之间的关系，并且她给出了证明过程。那现在我们可以总结出什么？$\sin(\pi + \alpha)$和$\sin\alpha$之间是什么关系？

生齐：互为相反数。

[板书：$\sin(\pi + \alpha) = -\sin\alpha$]

师：那么$\cos(\pi + \alpha)$呢？

生齐：$-\cos\alpha$。

[板书：$\cos(\pi + \alpha) = -\cos\alpha$]

师：$\tan(\pi + \alpha) = ?$

生齐：$\tan\alpha$。

[板书：$\tan(\pi + \alpha) = \tan\alpha$]

师：这是利用三角函数的定义给终边关于原点对称的两个角的同一三角函数值之间的关系，这个我们把它叫做公式二。

课件呈现

公式二

$\sin(\pi + \alpha) = -\sin\alpha$

$\cos(\pi + \alpha) = -\cos\alpha$

$\tan(\pi + \alpha) = \tan\alpha$

师：我们反过来再看一看，除了用三角函数的定义证明公式，还有没有其他的方法？

（学生沉默）

师：α角的正弦线你会表示吗？

（学生沉默）

师：过P点作x轴的垂线，如果与x轴交于点M，那么正弦线应该是……

改进数学课堂

生齐：MP。

师：余弦线呢？

生齐：OM。

师：设单位圆与 x 轴非负半轴的交点为 A，过 A 作 x 轴的垂线与终边相交于 T，则正切线为……

（教师在黑板上演示）

生齐：AT。

师：你可以用三角函数线去证明 $\sin(\pi+\alpha)=-\sin\alpha$ 吗？

（学生沉默）

师：$\pi+\alpha$ 的正弦线是什么？

生齐：$M'P'$。

师：$M'P'$ 与 MP 这两条有向线段长度……

生齐：相等。

师：方向……

生齐：相反。

师：所以正弦互为……

生齐：相反数。

师：那余弦和正切一样吗？

生齐：一样。

师：再来看公式中，$\pi+\alpha$ 的正切等于 α 的正切值，我们如果三角函数和三角函数线的定义的话，可以由前面两个公式去推导吗？

（学生沉默）

师：$\tan(\pi+\alpha)=\sin(\pi+\alpha)/\cos(\pi+\alpha)$，$\tan\alpha=\sin\alpha/\cos\alpha$，所以证明 $\tan(\pi+\alpha)=\tan\alpha$ 时，不仅可以利用前面两种方法，还可以利用同角三角函数的基本关系式。我们既然已经得出一个公式，反过来再利用一下。要想求出 $210°$ 角的正弦，可以利用公式二去求吗？

生齐：可以。

师：不用再画单位圆了，那它应该等于什么？

生齐：$\sin 210°=\sin(180°+30°)=-\sin 30°=-\dfrac{1}{2}$。

（学生边说，教师边书写计算步骤）

师：那我们来利用公式二求下列各三角函数值。

第五章 在图形公式推导中提升数学思维品质

课件呈现

用一用：

利用公式二求下列各三角函数值

(1) $\tan 225°$

(2) $\sin \dfrac{4\pi}{3}$

(3) $\cos \dfrac{7\pi}{6}$

（学生做题，教师板书公式一与公式二并巡视指导）

师：找个同学说一下第一小题的过程和结论。

生1：$\tan 225° = \tan(180°+45°) = \tan 45° = 1$。

师：好，坐下，对不对？

生齐：对。

师：第二个 $\sin \dfrac{4\pi}{3}$。

生2：$\sin \dfrac{4\pi}{3} = \sin\left(\pi+\dfrac{\pi}{3}\right) = -\sin \dfrac{\pi}{3} = -\dfrac{\sqrt{3}}{2}$。

师：$-\dfrac{\sqrt{3}}{2}$，好，请坐。第三个 $\cos \dfrac{7\pi}{6}$。

生3：$\cos \dfrac{7\pi}{6} = \cos\left(\pi+\dfrac{\pi}{6}\right) = -\cos \dfrac{\pi}{6} = -\dfrac{\sqrt{3}}{2}$。

师：好，请坐。通过这道题目可以记住公式二了吗？我们看一下，公式中的 α 角是不是任意角？

生齐：是。

师：这个任意角要记忆的时候，你觉得把 α 角终边放在一、二、三、四哪个象限中便于记忆？

生齐：第一象限。

师：那就是说把 α 角当做锐角是最好记忆的，任意角成立，锐角一定成立。若 α 角为锐角，那么 $\pi+\alpha$ 在第几象限？

生齐：第三象限。

师：第三象限的正弦是？

生齐：负的。

师：所以前面要加一个负号。那么第三象限的余弦呢？

生齐:负的。
师:第三象限的正切呢?
生齐:正的。
师:这样我们记忆这个公式更轻松了吧。我们再回头看看,公式一表示的是终边相同角的同一三角函数值相等,公式二表示的是若两个角的终边关于原点对称三角函数值之间的关系,若两个角的终边关于 x 轴对称或关于 y 轴对称,它们的三角函数值之间又会存在什么样的关系呢?

课件呈现

问题 1:若两个角的终边关于 x 轴对称,那么这两个角的三角函数值之间存在什么关系呢?

问题 2:若两个角的终边关于 y 轴对称呢?

师:这三组的同学完成问题 1,这两组的同学完成问题 2。
(学生独立探究,教师巡视指导)
师:我们找个同学来说说。
生 1:$\sin(-\alpha) = -\sin\alpha, \cos(-\alpha) = \cos\alpha, \tan(-\alpha) = -\tan\alpha$。
(生 1 边说,教师边在黑板上写出验证结论)
师:可以证一下吗?

课件呈现

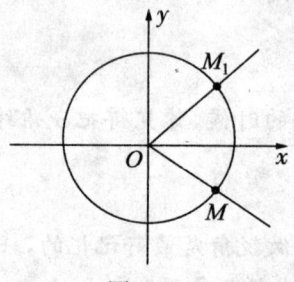

图 5-7

生 1:画一个单位圆,在第四象限找一个单位圆上的点 $M(x, -y)$,作关于 x 轴的对称点 $M_1(x, y)$,$\sin\alpha = y, \cos\alpha = x, \tan\alpha = y/x, \sin(-\alpha) = -y, \cos(-\alpha) = x, \tan(-\alpha) = -y/x$,就可以得出刚才的结论。

师:有意见吗?是这样证的吧。这个我们可以把它叫做公式三。

第五章 在图形公式推导中提升数学思维品质

师：这个也是利用三角函数的定义，还有别的做法吗？

生2：先画单位圆，分别画出三角函数线，利用三角形全等证明。

师：利用三角函数线也可以解决，终边关于 x 轴对称的时候三角函数值存在这样的关系，若终边关于 y 轴对称呢？

课件呈现

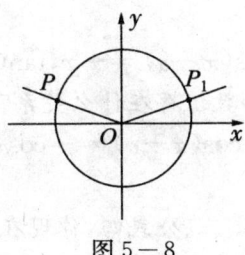

图 5-8

生3：设 $P_1(x,y), P(-x,y), \sin\alpha = y, \cos\alpha = x, \tan\alpha = y/x$。$\sin\left(\dfrac{\pi}{2}+\alpha\right) = y$。

（生3边说，教师边书写计算步骤）

师：$\sin\left(\dfrac{\pi}{2}+\alpha\right) = y$。你认为是这样的，你先请坐。我们现在来看一下，这两条终边关于 y 轴对称，这两个角度之间的关系应该是什么呢？$\dfrac{\pi}{2}+\alpha$ 和 α 的终边又存在什么样的关系呢？假如说 $\angle P_1Ox$ 这个角是 30°，如果设单位圆与 x 轴非正半轴的交点为 B 时，则 $\angle POB$ 为多少度？

生齐：30°。

师：$\angle xOP$ 这个角应该是多少度？

生齐：150°。

师：若 $\angle P_1Ox = 60°$，则 $\angle xOP$ 应该是多少度？

生齐：120°。

师：我们由此可以推一下，$\angle P_1Ox$ 是 α 角的话，$\angle xOP$ 应该怎么表示？

生齐：$\pi - \alpha$。

师：也就是说，如果 $\angle P_1Ox$ 是 α 角，$\angle POB$ 也是 α 角，度数的大小是相同的。刚才同学说的 $\dfrac{\pi}{2}+\alpha$ 和 α 的终边，你认为是什么关系？

（学生沉默）

师：这个我们可以课下再思考。我先简单地提示一下，若角的终边为 Ox，

改进数学课堂

加一个 $90°$ 是哪条边?

生齐:y 轴的非负半轴。

师:那它们之间是什么关系?

生齐:垂直。

师:这个问题我们留到下节课去研究。我们还是回到终边关于 y 轴对称的时候,再给你一次机会。

生 3:$\sin(\pi-\alpha)=y,\cos(\pi-\alpha)=-x,\tan(\pi-\alpha)=-y/x$。

师:那这个角度的三角函数值存在什么关系?

生 3:$\sin(\pi-\alpha)=\sin\alpha,\cos(\pi-\alpha)=-\cos\alpha,\tan(\pi-\alpha)=-\tan\alpha$。

(板书:公式四)

师:这个就是公式四。公式三、公式四,你现在记住了吗,怎么记忆最方便?把 α 角当做……

生齐:锐角。

师:把 α 角当做锐角记忆是最方便的。因为 α 角是任意角,所以把它当做锐角去记忆。我们再来看四个公式。公式一表示的是终边重合的时候,公式二是终边关于原点对称,公式三……

生齐:关于 x 轴对称。

师:公式四……

生齐:关于 y 轴对称。

(板书:重合、原点、x 轴、y 轴分别指向公式一、二、三、四)

师:其实我们在说两个角的终边它们的位置关系,那么也就可以说现在所研究的四组公式其实就是终边几何对称关系的一种代数表示。

课件呈现

> **总结:**
> 公式是角的终边具有对称性这种几何关系的代数表示。

师:我们再看一下这四组公式。假如说 $\sin(-\alpha)$ 应该等于什么?

生齐:$-\sin\alpha$。

师:四组公式中,正弦还是正弦,余弦还是余弦,不管任何一个等号的左右两边函数名称改变吗?

生齐:不变。

师:变的是什么?

生齐:符号。

第五章　在图形公式推导中提升数学思维品质

师：应该如何去记忆正负号呢？

（学生沉默）

师：这四组公式中的 α 都是……

生齐：任意角。

师：可以是一、二、三、四这四个象限，我们为了记忆起来方便都把它当做是……

生齐：第一象限角。

师：再简单说，就是……

生齐：锐角。

师：拿这个公式来说[指着 $\sin(-\alpha)=-\sin\alpha$]，$\alpha$ 是锐角，$-\alpha$ 是第几象限的角？

生齐：第四象限。

师：第四象限的正弦应该是……

生齐：负的。

师：所以前面应该填……

生齐：负号。

师：如果 α 是锐角，那么 $\pi-\alpha$ 应该是……

生：第二象限角。

师：它的正弦是正的，填的是正号。函数名称不改变，符号关键看这些角度所在的象限。现在我们来练一练。

课件呈现

能力训练：

(1) 已知 $\sin(\pi+\alpha)=\dfrac{4}{5}$（$\alpha$ 为第四象限角），求 $\cos(\pi+\alpha)+\tan(-\alpha)$ 的值。

（学生做题，教师巡视指导）

师：我们共同来看一下，如何去应用公式。我先领着大家把第一个小问题做一下。已知 $\sin(\pi+\alpha)=\dfrac{4}{5}$，$\alpha$ 为第四象限角。

$\left[\text{板书：}\sin(\pi+\alpha)=\dfrac{4}{5}\right]$

师：我们说公式中的 α 为任意角我们把它当成锐角去用，$-\sin\alpha=-\dfrac{4}{5}$。

$\left(\text{板书：}-\sin\alpha=\dfrac{4}{5}\right)$

231

改进数学课堂

师:题目中要求的是 $\cos(\pi+\alpha)+\tan(-\alpha)$,那我们可以利用公式先把结论转化一下吗?$\cos(\pi+\alpha)+\tan(-\alpha)$ 应该等于什么?

生齐:等于 $-\cos\alpha-\tan\alpha$。

师:要想求出它的值关键是要把什么求出来?

生齐:$\cos\alpha$ 和 $\tan\alpha$。

师:$\tan\alpha$ 可以用什么表示?

生齐:$\sin\alpha$ 和 $\cos\alpha$。

师:所以我们把问题移到同一个地方,求出谁的值就行?

生齐:$\cos\alpha$。

师:已知 $\sin\alpha=-\dfrac{4}{5}$,$\cos\alpha$ 会求吗?

生齐:会。

师:运用同角三角函数的基本关系式,$\cos\alpha$ 应该等于多少?

生齐:$\cos\alpha=\dfrac{3}{5}$。

师:正的还是负的?

生齐:正的。

师:因为什么?

生齐:第四象限。

师:第四象限角余弦值为正。那就可以代入了。

$$\cos(\pi+\alpha)+\tan(-\alpha)$$

$$\left[\text{板书}:=-\cos\alpha-\tan\alpha=-\dfrac{3}{5}-\dfrac{-\dfrac{4}{5}}{\dfrac{3}{5}}\right]$$

师:你们算出结果了吗?

生齐:$\dfrac{11}{15}$。

师:我们再来算两道题。

课件呈现

(1) $\sin\left(-\dfrac{5\pi}{4}\right)$

(2) $\cos(-2040°)$

(学生做题,教师巡视指导)

第五章 在图形公式推导中提升数学思维品质

师：你来说一下这个问题是怎么算的。

生1：$\sin\left(-\dfrac{5\pi}{4}\right) = -\sin\dfrac{5\pi}{4} = -\sin\left(\pi + \dfrac{\pi}{4}\right) = -\left(\sin\dfrac{\pi}{4}\right) = \sin\dfrac{\pi}{4} = \dfrac{\sqrt{2}}{2}$。

（生1边说，教师边书写计算步骤）

师：还有其他不同的做法吗？她这个是直接把负号提到外面，再运用公式，如果不提负号能不能做？

（学生沉默）

师：公式一的作用是什么？求任意角的三角函数值转化为$(0,2\pi)$范围内，可不可以利用公式一呢？

（学生沉默）

师：那也就是$\sin\left(-\dfrac{5\pi}{4}\right)$等于什么？

生齐：$\sin\dfrac{3\pi}{4}$。

$\left[\text{板书}：\sin\left(-\dfrac{5\pi}{4}\right) = \sin\dfrac{3\pi}{4} = \sin\left(\pi - \dfrac{\pi}{4}\right) = \sin\dfrac{\pi}{4} = \dfrac{\sqrt{2}}{2}\right]$

师：我们再来看一下第二个$\cos(-2040°)$应该怎么算？我们可以利用什么方法转化？利用公式几？

生齐：公式一。

师：如果$360°$乘以6的话是剩……

生齐：$120°$。

师：$\cos 120° = \cos(180° - 60°) = ?$

生齐：$-\cos 60° = -\dfrac{1}{2}$。

（学生边说，教师边板书计算步骤）

师：根据这两个问题，如果给出的角度是很大的度数，可以利用公式一，如果这个角是负的可以利用公式三。我们直接把它转化成$(0,2\pi)$内的角，再利用其他的几个公式最终我们把它转化成知道的角的三角函数值。今天我们围绕的是角的终边关于x轴、y轴、坐标原点对称及两个角终边重合时的三角函数关系，如果两个角的终边关于直线$y=x$或$y=-x$对称，它们的三角函数值之间有什么关系？请同学课下研究。下面我们来看一下这节课的知识树。

改进数学课堂

课件呈现

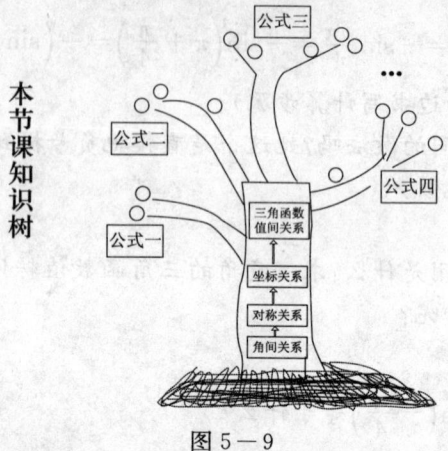

图 5—9

师:从特殊角之间的关系转化为终边的对称关系,再转化为它们的坐标关系,最终推导三角函数值之间的关系,从而得出我们这节课二、三、四三组公式。这节课上到这里。

三、第三次课教学实录

师:自从进入必修4这本书的学习后,我们对于角的认识和对于三角函数值求法的认识都有了更长足的长进。首先,对于角来说由原先的(0°,360°)之间的角扩充到了……

生齐:任意角。

师:那么在求三角函数值的时候我们又把任意角转化成了……

生齐:(0°,360°)之间的角。

师:那么最近我遇到了一个很有趣的问题,我迫切地想和你们共同探讨一下,看看它到底是怎么一个有趣的问题?

课件呈现

问题1:求下列各三角函数值:

(1) $\cos 1110°$

(2) $\cos 570°$

(3) $\cos 690°$

(4) $\cos \dfrac{17\pi}{6}$

第五章 在图形公式推导中提升数学思维品质

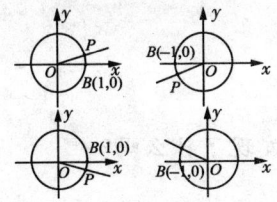

图 5-10

师：求下列三角函数值，同学们动动笔来算一算。

（学生做题，教师巡视指导）

师：好。下面找个同学来说一下，请说出你的运算过程及结论。

生 1：$\cos 1110° = \cos(3 \times 360° + 30°) = \cos 30° = \dfrac{\sqrt{3}}{2}$。

师：好！坐下。再找个同学说一下第二小题，$\cos 570°$。你是如何运算的？

生 2：$\cos 570° = \cos(360° + 210°) = \cos 210° = -\dfrac{\sqrt{3}}{2}$。

师：能再具体一点吗？为什么 $\cos 210°$ 等于 $-\dfrac{\sqrt{3}}{2}$ 呢？

生 2：画图。

师：那就是要在单位圆中找到什么？

生 2：找到 210°。

师：然后呢？

生 2：210° 与 x 轴的负半轴的夹角为 30°。

师：下面就可以利用三角函数的定义直接得出余弦值是 $-\dfrac{\sqrt{3}}{2}$。好！坐下。大家是这么想的吗？第三个小问题再找一个同学来说一下。

生 3：$\cos 690° = \cos(360° + 330°) = \cos 330°$，然后再找到一个角与那个角成 60°。

师：能不能再具体一点。

生 3：在单位圆中找到一个角与 x 轴的夹角为 30°，所以就可以得出那个角的余弦值就是。

（教师在屏幕上标出 30° 角和余弦值）

师：那么第四个呢？你的方法是什么？

生 4：$\dfrac{17\pi}{6} = 2\pi + \dfrac{5\pi}{6}$，$\dfrac{5\pi}{6}$ 的终边在第二象限，与 x 轴非正半轴夹角为 30°，

235

改进数学课堂

所以余弦值是 $-\frac{\sqrt{3}}{2}$。

（教师板书在屏幕上）

师：通过这四道题目你发现了什么吗？

（学生沉默）

师：下面给大家画一下第一个图。可以提示你几个方面，从计算各个角的余弦值的过程、结论或图形，等等，你有什么发现吗？不要认为发现东西一定是非常难的。也许我们发现的最简单的东西却是我们一个重大发现的开端。就像当年牛顿发现一个苹果掉在他头上一样，就是很简单的一件事。其实你们都发现了，请说出你的想法。

生1：这四个三角函数的绝对值都相等，都等于 $\frac{\sqrt{3}}{2}$。

师：非常好！一个重大的发现。还有吗？

生1：然后它们在坐标系中单位圆上的终边分布在各个象限。

（板书：绝对值，终边分布在四个象限）

生1：并且角的终边与 x 轴的夹角都是 $30°$。

（板书：终边与 x 轴夹角 $30°$）

师：没有其他的发现了。好，坐下。我们还有其他不同的意见吗？

生2：角的终边在二、三象限的余弦值是负的，在一、四象限的余弦值是正的。

师：再说一遍可以吗？

生2：角的终边在一、四象限的余弦值是正的，在二、三象限的余弦值是负的。

（板书：终边一、四象限的余弦值为正，二、三象限的余弦值为负）

师：你还有什么发现吗？谁还有不同的意见？

生3：在一、三象限时，它们的终边关于原点对称，它们的值刚好是相反数，同样的是在二、四象限时终边也是关于原点对称，它们的值也是相反数。

师：你已经总结出来了！

（板书：一、三象限关于原点对称，二、四象限关于原点对称，值互为相反数）

师：我可以再追问一个问题吗？为什么一、三象限的终边关于原点对称？

生4：因为它们终边刚好是 $180°$。

第五章 在图形公式推导中提升数学思维品质

师：她的意思是说当把终边逆时针旋转 180° 时，终边重合。严密一点说，再多转几个 360° 也一样。很好。还有吗？就看你能不能发现。谁还有不同的意见？

（学生沉默）

师：你们都赞同这几种说法吗？下面我们就从这几种说法中看看能不能提炼出一些规律，先说第一个，如果说绝对值相等，从图形中观察，就是 x 轴上的线段长相等。那么你可以推广到一般规律吗？你可以把现在我们所说的 30° 推广到一般角 α 吗？

（学生沉默）

师：有点难度，那我们把它去掉。我们想探究东西，但这个太难的我们无法探究，所以去掉它。以后再研究。那么第二个呢？我们说探究规律其实就是要把特殊划归到一般。如果把 30° 角化为任意角。你能发现它们的余弦值之间存在的规律吗？

（学生沉默）

师：感觉有点无从下手，一会儿正、一会儿负。那我们能不能把正、负再分一下。要么都研究正的，要么都研究负的，要么研究正、负。这不就相当于分类了吗？

生齐：是的。

师：综合黑板上五种情况，你能研究 30° 角化为一般角之后的两个角的三角函数值之间的关系吗？如果你走不通，可以按照第四个模块，也可以按照第五个模块。我们先从余弦入手，研究完之后再去探讨。下面我们试一试，如果一个人的力量不够，可以借助于团体的力量。

（学生小组合作探究，教师巡视指导）

师：同学们的探究方式是不一样的。有的同学是利用余弦值相等去探究的，有的同学是利用余弦值互为相反数进行探究的，有的同学是利用终边关于原点对称去探究的，那么我请这几位同学来说一下你的思路。你是不是以余弦值都为正而且相等探究的？你来说一下。

生1：在单位圆中，在第一象限任意画一个角 α，在第四象限有一个角 $-\alpha$，它们的余弦值相等，当它们的终边在第二、三象限时也相等。

（生1边说，教师边在黑板上标出角 α 与 $-\alpha$）

师：很好，请坐。那么对于这个图形来说，它们的正弦值存在什么关系呢？

生齐：互为相反数。

237

师：正切呢？

生齐：互为相反数。

（板书：公式三）

师：这是我们从图形中观察出来的。能证明吗？用什么证明？谁来说一下怎么证的？

生2：把点标一下。设点 P 的坐标为 (x,y)，P' 的坐标为 $(x,-y)$，$\cos\alpha = x$，$\cos(-\alpha) = x$ 因为 x 是同一个，所以相等。最后正弦和正切同理可证。

（生2边说，教师边在黑板上板书）

师：好。这是利用三角函数的定义给出的。除了用定义给出证明，还可以有其他的证明方法吗？

（学生沉默）

师：对于角 α 来说，它的正弦线应该怎么画？

生齐：过点 P 作 x 轴的垂线。

师：如果设垂足为 M，那么正弦线为……

生齐：MP。

师：余弦线为……

生齐：OM。

师：过 A 点作 x 轴的垂线交终边于 T，那么正切线是……

生齐：AT。

师：把点 M 延长与单位圆另一个交点为 P'，相应的两个三角形全等，相应边的长度相等，所以正弦线和与余弦线和三角函数值之间的关系可以直接得出来了。

（教师结合单位圆演示）

生齐：是的。

师：这是刚才一位同学发现的一组关系。除了用这种方法证明之外还有没有其他方法呢？

生3：$\cos\alpha = -\cos(\pi+\alpha)$，$\cos\alpha = -\cos(\alpha+180°)$。

师：你刚才说的 π 为什么要把它改掉呢？

生3：π 的话是弧度。

师：那么就是说这里面的 α 一定是以度数为单位吗？

生3：不一定，所以都可以。

师：你这个是根据我们这几个中的哪一个发现的？

第五章 在图形公式推导中提升数学思维品质

生3:终边在一、四象限余弦值为正。

师:其实你刚开始发现的不是这个,是……

生3:绝对值。四个公式算出来的角与 x 轴夹角都是。(3)和(2)的值正好互为相反数。所以加了一个绝对值。

师:去掉绝对值符号更标准一点,加上绝对值符号错了吗?

生齐:没有。

师:如果不加绝对值符号,那么 α 角和 $180°+\alpha$ 角的终边是什么位置关系呢?

生齐:关于原点对称。

师:根据这两个同学推导问题的思路,你知道了余弦值之间的关系,你可以推导它们相应的正弦值和正切值之间的关系吗?你们来试试吧。

(学生独立推导,教师巡视指导)

师:好,我们先到这里,大家共同来来说说 α 与 $180°+\alpha$ 的正弦值之间存在什么关系?

生齐:$\sin\alpha = -\sin(\alpha+180°)$。

师:那么正切呢?

生齐:$\tan\alpha = -\tan(\alpha+180°)$。

师:公式中的 α 与 $180°$ 的前后顺序对值有没有影响?

生齐:没有。

师:但是我们在头脑中要知道,加一个 $180°$ 就相当于把角的终边逆时针旋转半圈。若角 α 的终边在第一象限,逆时针旋转半圈后终边落在第三象限,若角 α 的终边在第二象限,逆时针旋转半圈终边落在第四象限。这是我们共同研究出的一组公式。刚才我看到有一个同学很意外地又写出一个。你来说一下。

生4:$\sin\alpha = \sin(\pi-\alpha)$。

[板书:$\sin\alpha = \sin(\pi-\alpha)$]

师:为什么会想到它呢?

生4:在画图时无意中发现的。

师:画哪个图的时候发现的?

生4:在画第一象限角的时候,把与单位圆的交点平行的对过去,相对的那个角是 α,所以终边所对的那个角是 $\pi-\alpha$,所以正弦值相等,余弦值互为相反数,正切也互为相反数。

师:这样我们发现了三组公式,按照课本中给出的公式序号把公式二、公式三、公式四分别标在公式的旁边。四个公式研究出来之后,我们回去再看看,

改进数学课堂

从特殊情况我们得到了一般的规律。那我们反过去用一用公式来解决前面的几个问题。cos570°可以化成多少度？

生齐：cos210°。

师：cos210°可以用哪一个公式呢？

生齐：公式二。

师：180°加……

生齐：30°。

师：就等于－cos30°。再来试一下第三个，cos690°呢？

生齐：先化成330°。

师：再往下怎么用？

生齐：公式三。

师：等于多少？

生齐：360°－30°。

师：这样也就利用了公式四。从现在开始再进行求值运算时，还用在每一个都画图吗？其实我们就想借助图形研究一种代数关系，再进行运算时图形就不用再画了，图形已经在头脑中了。这就达到了学习数学的一种境界。现在有个问题，为什么我们已经能够解决三角函数求值的问题，还要研究公式呢？

生齐：方便。

师：做题的速度快了，力求简约是数学的一大魅力。我的问题又出来了，自从我们把角度推广到全体实数范围内，我们公式中角的范围是什么呢？

生齐：(0°, 360°)。

师：任意角不行吗？可不可以呢？

生齐：可以。

师：有的同学说(0°, 360°)，其实没有错误，公式一已经出来了，它的作用就是把任意角转化到(0°, 360°)范围内。所以下面的公式都可以在(0°, 360°)内去研究。但是如果我们把角α当做任意角，这几个公式还成立吗？

生齐：成立。

师：幻灯片中的角α和角－α的终边关于x轴对称，余弦值一定……

生齐：相等。

师：但是知道这两个角的终边转了多少圈吗？其实我们下意识地已经把α角当做了任意角。怎么记忆公式更简单呢？一般的人都把角α当做锐角记忆。

只要我们知道任意象限的角的三角函数值,运用这几组公式,想把终边放在第几象限都可以。例如:角 α 和角 $\pi+\alpha$,关于什么对称?

生齐:关于原点对称。

师:我们可以把终边落在第三象限的角通过公式转为终边在第一象限的角的三角函数值去求。其他道理是相同的。这节课我们共同研究出了三个公式,是我们大家共同研究出来的。在我们研究的过程中,是先由特殊化到一般,再证明。课下可以去考虑:难道在单位圆中角的终边就只有我们图形中的这几种关系吗?如果还有其他的关系,三角函数值之间又应该如何去研究呢?这就是我们下一节课所要研究的主要内容。

第三节　　教学设计改进

一、第一次课前分析

课程维
这节课对任意角的三角函数定义、单位圆,以及三角函数线等内容都起到了承上的作用,而利用诱导公式进行任意角的三角函数的求值、化简等内容又起到启下的作用。 诱导公式的主要作用在于把任意角的三角函数划归成求锐角的三角函数,体现把一般化特殊、复杂化简单、未知化已知的特点。
教师维
教师善于在课堂上提出一些问题串,搞一些变式练习、让学生在总结、反思中来达到上课的目的。
学生维
知识层面:学生对单位圆的知识已经有了一定的了解,而且对于单位圆上点的坐标的表示以及点关于原点、x 轴、y 轴的对称点的表示也不陌生。初步具备了数形结合的思想。 能力层面:学生已经从代数角度和几何角度初步掌握了任意角的三角函数的定义及其表示,并会运用同角三角函数的基本关系。 情感方面:学生对数学新内容的学习有相当的兴趣和积极性,但探究问题的能力以及合作交流等方面的发展不够均衡。

二、第一次教学预设

教学目标
1. 知识与技能目标 (1) 掌握三角函数诱导公式二～四的推导方法,体验数学知识的"发现"过程。 (2) 能运用诱导公式,把任意角的三角函数的化简、求值问题转化为锐角三角函数的化简、求值问题。 (3) 培养学生借助图形直观进行观察、感知、探究、发现的能力,进一步理解数形结合思想方法,通过诱导公式的证明,培养学生逻辑思维能力及运算能力。 2. 过程与方法目标 (1) 经历由几何直观探讨数量关系式的过程,培养学生的数学发现能力和概括能力。 (2) 通过对诱导公式的探求和运用,培养学生的化归能力,提高学生分析问题和解决问题的能力。 3. 情感、态度与价值观目标 (1) 通过诱导公式的推导,培养学生主动探索、勇于发现的科学精神,培养学生的创新意识和创新精神,在诱导公式的探求过程中,运用合作学习的方式进行,培养学生团结协作的精神。 (2) 通过归纳思维的训练,培养学生踏实细致、严谨科学的学习习惯,渗透从特殊到一般、把未知转化为已知的辩证唯物主义思想。从而激发学生学习数学的热情,培养学生学习数学的兴趣,增强他们学习数学的信心。
教学重点、难点分析
教学重点:用联系的观点,发现、证明及运用诱导公式,体会数形结合思想、化归思想在解决数学问题中的指导作用。 教学难点:如何引导学生从单位圆的对称性与任意角终边的对称性中,发现终边分别与 α 的终边关于原点、x 轴、y 轴对称的角与 α 之间的数量关系,并提出研究方法。
教学流程

教学线索	设计意图	课堂生成
(一) 创设情境,引入新课 问题1:我们是利用什么来定义三角函数的? 问题2:怎么定义的? 问题3:能否根据三角函数的定义得到一组诱导公式?能用文字语言描述吗?	本节课主要利用三角函数的定义,公式一推导其他公式,这是必备知识。为新课的学习做好准备工作,并概括为	学生说出三角函数的定义,但是正切的定义域有几种回答:$(-1,1)$,还有 $[-1,1]$,及 $\alpha \neq 0$。

第五章 在图形公式推导中提升数学思维品质

续表

问题4：公式一的结构特征是什么？ 问题5：公式一的用途是什么？ 练一练：求下列各三角函数值。 ①$\tan 225°$ ②$\sin(7\pi/4)$ ③$\cos\left(\dfrac{11}{6}\pi\right)$	$f(\alpha+2k\pi)=f(\alpha)(k\in \mathbf{Z})$形式。 利用公式及三角函数定义解决简单问题，并发现公式一解决不了的问题，从而推动课程的进一步发展。	其特征是等号两边函数名称相同，且符号都为正。
（二）探究发现，得出公式 观察规律：$\tan(7\pi/4)=\tan(3\pi/4)$ $\sin\left(\dfrac{11}{6}\pi\right)=\sin\left(\dfrac{5}{6}\pi\right)$ 说出猜想。（学生可能直接利用公式一，那么猜想的就是公式三，视情况而定） $\sin(\pi-\alpha)=\sin\alpha$ $\cos(\pi-\alpha)=-\cos\alpha$ $\tan(\pi-\alpha)=-\tan\alpha$ 证明结论。（利用单位圆） 师生共同总结形式，说出结构特征。 对于基础训练题组一的后两题： 另外一种解法 猜想公式三： $\sin(-\alpha)=-\sin\alpha$ $\cos(-\alpha)=\cos\alpha$ $\tan(-\alpha)=-\tan\alpha$ 证明公式三。	观察特点，将问题一般化，转化为探索α与$\pi+\alpha$的三角函数值之间的关系。 培养学生思维的严谨性及发散性。 培养学生深入探究的能力。对于一个问题要多方位思考，换角度思考，换方法思考。	除了利用定义证明公式，还可以利用三角函数线证明。有的学生直接利用三角形全等证明，但是没有想到用三角函数线，有的学生只想到用定义证明，这时教师适时提示方可。 学生按照公式一解决大角化小角，再运用其他公式解决小角的函数值。
（三）简用公式，提升思维 基础训练题组三： ①$\sin\dfrac{5}{4}\pi$ ②$\cos(-1665°)$ ③$\tan 120°$	提高学生公式应用的熟练程度，并能进一步发现任意角三角函数值求值中的一种运算规律。	

243

改进数学课堂

续表

(四)活用公式,提高能力 能力训练题组: ① 已知 $\sin(\pi+\alpha)=\frac{4}{5}$($\alpha$ 为第四象限角),求 $\cos(\pi+\alpha)+\tan(-\alpha)$ 的值。 ② 已知 $\cos\left(\frac{\pi}{6}-x\right)=\frac{\sqrt{3}}{2}$,求 $\cos\left(\frac{5}{6}\pi+x\right)$ 的值。 选做题目: 求值:$\sin915°+\cos(-225°)-\sin1065°$,已知 $\sin(\pi+\alpha)=\frac{1}{3}$,$\pi<\alpha<\frac{3}{2}\pi$,则 $\cos(-\alpha-2\pi)$ 的值为_____。 思考题:如果两个角的终边关于直线 $y=x$ 对称,它们的三角函数值之间又有什么关系呢?如果关于直线 $y=-x$ 呢?	思维的一种升华,也是为了后续学习做好铺垫。 培养学生的多向思维。 熟记公式,并会应用。检测学生综合运用知识能力。 让学有余力的学生能够"吃得饱",并为了下一节做好准备。 培养学生的多向思维。	学生利用公式二解决问题 ③,遇到 $\frac{5}{6}\pi$ 时利用 $\frac{1}{6}\pi$ 求解,但是当教师问 $\frac{3}{4}\pi$ 时却说不出利用 $\frac{1}{4}\pi$ 来求,所以分小组讨论。有的小组讨论出公式三和公式四,有的小组没有结论产生。由于时间不够,只讨论出公式三和公式四,没有进行下面题目的训练,就直接过渡到总结的过程。

连接点:第一次课后反思＋第二次课前分析

课程维
不变。

教师维
上节课我主要是以问题为主线,由特殊到一般,由未知到已知的渐进过程,以题目为辅线,让学生在最近发展区内研究问题,产生思维冲突,逐步化解并进行后续研究。但由于问题太多,没有处理好课堂上时间的安排,导致没有完成课堂教学,只是推导出公式没有总结和练的过程。课后听了各位与课教师的评价,我准备用倒叙的方式呈现第二节课。

学生维
这个班的学生,他们擅长于思维但不习惯于积极发言,因此在问题设计上,应避免整体立刻作答,而需要留足思考的时间。

第五章 在图形公式推导中提升数学思维品质

三、第二次教学预设

教学目标
不变。

教学重点、难点分析
不变。

教学流程		
教学线索	设计意图	课堂生成
（一）巩固复习，引入新知 练一练：试求下列各三角函数值。 ① $\tan 1110°$ ② $\cos\left(\dfrac{7}{3}\pi\right)$ ③ $\sin(570°)$ 请说出你的运算过程及结论。	在学生回答第一个问题的过程中，复习公式一。复习公式一的作用是把求任意角的三角函数值转化为求 $0°\sim 360°$ 角的三角函数值。 当回答第三个问题时，公式一解决不了时学生会用到三角函数定义。	学生很完整地回答好这个问题，为下一个同学做好铺垫。 对于第三个问题，学生直接说出 $180°+30°$ 的正弦利用 $30°$ 正弦表示。直接总结出特殊的规律。学生也直接提出放在单位圆中研究。（为后面数形结合思想在本节课的应用奠定基础）
（二）提出问题，探究公式 若两个角的终边关于原点对称，那么这两个角的正弦值存在这样的关系吗？可以证明吗？余弦和正切呢？ 还有其他的证明方法吗？ 想一遍公式，记一遍公式。 用在 $\sin 210°$ 中。 再观察公式二，特点，α 为任意角。怎么记忆最简单呢？	学生可以进行由特殊到一般的归纳推理，锻炼逻辑思维的严密性以及发散性。	

续表

(三)简用公式,提升思维 用一用:试求下列各三角函数值。 (1) $\tan 225°$ (2) $\sin \dfrac{4\pi}{3}$ (3) $\cos \dfrac{7\pi}{6}$	对公式二的进一步熟练。	
过渡语言:公式一表示的是两个角的终边重合时的各三角函数值之间的关系,公式二表示的是两个角的终边关于坐标原点对称时的角的三角函数值之间的关系。 问题:若两个角的终边关于 x 轴对称,那么这两个角的三角函数值之间存在什么关系呢?若关于 y 轴对称呢,你有什么结论?	培养学生发现和探究问题的能力及语言的准确性。 提高学生运用思维的能力。	关于 y 轴对称的两个角的数量关系,学生回答错误,认为是 $\dfrac{\pi}{2}+\alpha$ 与 α 的关系(由于看做是关于直线 $y=x$ 对称,经过举例最终讨论出应是 $\pi-\alpha$ 与 α 的三角函数之间的关系)。
(四)总结公式,发现规律 公式一~公式四给出后,板书补充完整,总结:公式是角的终边具有对称性这种几何关系的代数表示。 再观察公式的特点,总结出函数名不变,符号看象限的规律,便于理解和记忆。 能力训练题(略)	让学生在头脑中对四个公式有一个整体的认识。	原设计:先是牛刀小试的题目训练,教师看学生接受得不错,就直接进行能力训练。但是学生完成得不是很好,所以讲完能力训练题目后,又在黑板上写了两个牛刀小试的题目,再总结这类题目的思路。
思考题:如果两个角的终边关于直线 $y=x$ 对称,那么两个角的三角函数值之间存在什么关系?如果关于直线 $y=-x$ 对称,你有什么结论? 总结:用本节的知识树作为总结。	对下节课进行了铺垫,同时也把课上的内容延时到课下进行。对本节课又有了总体上的认识,形成一条线,能够把知识串联起来。	

第五章　在图形公式推导中提升数学思维品质

连接点：第二次课后反思＋第三次课前分析

课程维
不变。
教师维
这节课从语言到设计，其严谨性、连贯性、整体性都比较好，但问题是留给学生的探究空间少，有鉴于此，第三节课要放手，给学生发现、探究的机会。
学生维
到一个新的环境上课，很多教师听课，给学生造成了很大的压力。这时教师应该机智地创造一个良好的氛围，让学生进入探究状态；要把课堂还给学生，让学生经历发现问题、总结问题、得出结论、证明结论这样的过程，让他们体验学习的乐趣和成功感。

四、第三次教学预设

教学目标
不变。
教学重点、难点分析
"如何让学生发现问题、发现规律、探究规律"成为这节课贯穿始终的诉求。
教学流程

教学线索	设计意图	课堂生成
（一）抛出问题，引发思考 复习"任意角"和"公式一"。	通过激活学生对"任意角"和"公式一"的回忆为下一组问题的解决做好铺垫。	
问题：这两天我在做题目时看到了一道很有趣的问题，我就等着这节课和大家共同分享它的趣味所在并探求它的内在规律。	点明想通过此题探求规律。调动学生的积极性，期望将要讲的内容。	

247

续表

		学生回答如下:
问题：求下列各三角函数值。 (1) $\cos 1110°$ (2) $\cos 570°$ (3) $\cos 690°$ (4) $\cos \dfrac{17\pi}{6}$ 请说出你的运算过程及结论。 提问：你有什么发现吗?(如果学生不知道怎么回答,再追问) 提问：从计算各个角的余弦值的过程、结论或图形等,你有什么发现吗?(如果还是没有反应就再继续提示：例如可以四幅图一起看,也可以两幅图一起看) 教师：只要有发现就好,即使你认为很简单,也许对我们大家来说,就是一个重大发现的开端,所以请发言吧!	(1) 会利用公式一及三角函数定义求值。 (2) 在求值的过程中体会求值的方法及求值后的新发现。 调动学生大胆发言的积极性。	(1) 绝对值都是 $\dfrac{\sqrt{3}}{2}$。 (2) 终边分布在四个象限。 (3) 终边与 x 轴的夹角都为 $30°$。 (4) 终边在一、四象限的余弦值都为正,在二、三象限的余弦值都为负。 (5) 一、三象限终边关于原点对称,二、四象限终边关于原点对称,且函数值都互为相反数。
上课之前担心学生害怕无论怎么提示就是不发言,只能提问针对这种情况,对于学生发言我有几种预设： (1) 余弦值不是正的 $\dfrac{\sqrt{3}}{2}$,就是 $-\dfrac{\sqrt{3}}{2}$。 如果只说出一种,再追问：能具体一点吗?哪几个为正,哪几个为负?余弦值相等时,这两个角的正弦值和正切值之间存在什么关系?凡是具有这个特点的两个角的正弦和正切都存在这样的关系吗?(如果学生还是理解不到位,就继续问：余弦值相等的两个角存在什么关系?这两个角的正弦值和正切值存在什么关系?可以证明吗?)	根据前两节课的反馈,这节课我自己在上课前做了很多种预设,也是想提高学生分析问题和特殊到一般的化归与转化思想。	上课时学生直接说出上面几种生成,所以这部分都没有用上。

248

第五章　在图形公式推导中提升数学思维品质

续表

(2) 通过图形,这几个角的余弦值都可以用 30°角的余弦值表示。如果把 30°改为任意角,也可以表示吗?若可以,请表示相应的正弦值和正切值之间的关系,并给予证明。若不可以,请说明理由。 (3) 从图形中观察这些角的终边分别位于一、二、三、四象限。(这是想从终边位置关系上入手) 在图形中标出各个终边与 x 轴的夹角均为 30°。(提示学生观察终边的位置关系)如果还是不行,提示:要想研究终边位置关系,应该把各个角的终边放在同一坐标系中研究。这样的两个角的其他三角函数值之间存在什么关系?可以证明吗? (4) 在单位圆中可以找到与 30°角的余弦值相等或互为相反数的角的终边。如果把 30°改为任意角也可以找到吗?改为任意角后,它们的正弦值和正切值之间存在什么关系?可以证明吗?		
(二) 自主探究,发现公式 教师巡视,抓住学生的发现,再共同用代数和几何的方法给予证明。	让这节课成为学生的发现、探究的课堂,教师只起到辅助作用。	学生先发现公式二(不是直接发现,而是先根据 $\pm\dfrac{\sqrt{3}}{2}$ 直接改为加上绝对值符号。教师提示后又重新改动得到的),又一个学生利用余弦值相等是终

改进数学课堂

续表

		边在一、四象限,和终边在二、三象限时都存在这种状况发现公式三。再有一个女生无意中发现公式四,是她在运算时直接关于 y 轴对称过去得到公式四。
提问:这三个公式中的角 α 范围是多少?	强调 α 的任意性,为今后应用时打下基础。	学生有的认为是锐角,有的认为是 $0°\sim 360°$ 角,大多数学生认为是任意角。(应再强调正切有它本身的范围)
(三)总结公式,发现特点 对于公式二中的角 α,若终边在第一象限,加上 α 后在第几象限?若改为第二、第三、第四象限呢?	让学生动笔画出相应的图形,进一步理解角的任意性。	学生的理解还是比较到位的。
提问:这么多的公式,怎么记忆呢? 总结:公式是角的对称性这种几何关系的代数表示。 提问:为什么把角 α 当做锐角记忆呢?从画图的过程可以发现,无论角 α 的终边在第几象限,我们都可以通过诱导公式放在我们所熟悉的象限,我们最熟悉的就是锐角了,因而一般来说是把 α 当做锐角记忆。	教会大家记忆的方法,但是也不强硬要求记忆。 不要死记硬背,要灵活,如果知道第二象限的角的三角函数值就没有必要再化为锐角进行计算。	学生可以反映出当锐角记忆。

续表

(四)深入探究,研究意义 提问:为什么我们已经会求一些角的三角函数值了(利用公式一及终边在单位圆中的位置,利用三角函数的定义),还要再推导公式呢?	要让学生知道为什么学习三角函数的诱导公式?它的作用是什么?	
学习是一个循序渐进的过程。这也是一个从无图—有图—无图的过程。这也正是数学的一大魅力——力求简约,追求卓越。(这也反映了数形结合思想)	让学生感受学习数学的快乐,数学的魅力。增强他们对学习数学的信心和兴趣。	学生听后热情高涨。
对课上第一个问题简单训练。	让学生学会简单应用。	学生可以达到要求。
如果还有时间再训练一些题目: 能力训练 选做题 总结:公式二中两个角的终边关于原点对称,公式三中的终边关于 x 轴对称,公式四中的终边关于 y 轴对称。	提高公式应用的熟练程度。	对课上第一个问题练习完后,已经接近下课了,所以后面没有练习。
小结:角 α 和角 β 的终边还有哪些特殊的位置关系?你能探究出它们的三角函数值之间的关系吗?	让学生把问题带出课堂,同时也为下一节课的学习打下基础。	

第四节　同行教学评价

优化图形公式推导　关注学生生命价值

宁波市北仑区柴桥中学　　李荣民

为了探索"图形公式推导教学"的有效教学方法,我校数学组教师郑桂芬以"三角函数的诱导公式(1)"课例为载体,带着"如何提升学生的数学思维品质"的任务开展了三轮研究课。通过前测已知学生已经掌握一些特殊角尤其是锐角的三角函数值,那么对于任意角的三角函数值能不能转化为这些特殊角呢?学生迫切需要一些有规律性的知识来解决这一问题,同时也为后面的和差公式作铺垫。新课改要求我们把知识的形成过程还原给学生,尽可能让学生自主提出问题,自主思考,化被动学习为主动学习,充分享受学习数学的乐趣,唤醒沉睡的潜能,激活封存的记忆,开启幽闭的心智。

郑老师的三轮课教学流程都大致为:创设情境 → 图形探究 → 探究学习 → 反馈评价 → 策略总结。

一、如何一开始就让学生积极参与教学,创设条件有所作为 —— 尊重生命的具体性

第一次课郑老师采用了"问题、类比、发现、归纳"探究式思维训练教学方法,让学生自己探讨诱导公式的得出以及诱导公式的公共特征,真正理解公式的内涵。

本节课一开始郑老师提出了如下的问题串。

问题1:试叙述三角函数的定义;

问题2:试写出诱导公式(一);

问题3:试说出诱导公式的结构特征。

郑老师指出终边相同的角的同一三角函数值相等,把求任意角的三角函数值问题转化为求$[0, 2\pi]$或$0° \sim 360°$角的三角函数值问题。此问题作为知识铺垫,为导入新课作准备,然后出示如下练习。

求下列三角函数值:(1)$\tan 1110°$,(2)$\cos \frac{7\pi}{3}$,(3)$\sin 570°$。

前两个问题学生很快做出来,而第三个问题变形到$\sin 570° = \sin 210°$大多数学生无法再运算,形成认知冲突。这样郑老师利用学生已有知识导出新的问题,创设问题情境,激发学生的求知欲,达到以旧拓新的目的。$\sin 210°$与$\sin 30°$的值关系如何?利用多媒体动态演示,使学生对"α为任意角"的认识更具完备性。

以往的常态课教师一般是先把诱导公式展示出来,然后给出证明,紧接着运用这个诱导公式进行化简或证明,而本节课郑老师侧重于诱导公式的发现,通过引导学生联想、进行问题类比、方法迁移,发现任意角α与$(180°+\alpha)$、$-\alpha$终边的对称关系,通过从特殊到一般的归纳推理训练,学生的归纳思维更具客观性、严密性和深刻性,有助于培养学生的创新能力。

但是本节课暴露的问题也不少,时间比较紧张,有点先松后紧的感觉,主要原因是问题设计得不够精简,总是试图每一个公式都从源头去推导。此外,对于有难度的知识点,例如用函数线证明诱导公式,需要设计问题过渡,也就是小坡度、密台阶设置问题。

二、如何在过程中帮助学生积极获取知识,知识生成关注过程 —— 尊重生命的体验性

第二次课以训练为主线,采用"教为主导"和"学为主体"的教学方法组织教学。郑老师首先抛出如下三个问题,让学生探究。

练习:试求下列三角函数值:(1)$\tan 1110°$,(2)$\cos \frac{7\pi}{3}$,(3)$\sin 570°$。

学生通过第三小题,得到诱导公式(2)(同课例一),接着郑老师又给出如下两个问题。

问题1:若两个角的终边关于 x 轴对称,那么这两个角的三角函数值之间存在什么关系呢?

问题2:若两个角的终边关于 y 轴对称呢?

经过问题设疑,观察演示,步步深入,层层点拨,进而归纳出其余的诱导公式。本节课旨在让学生充分感受和理解知识的产生和发展过程,在教师适时的启发点拨下,学生在归纳的过程中积极主动地去探索、验证诱导公式、运用诱导公式,培养学生思维的深刻性和敏捷性。

本节课郑老师用三角函数线证明诱导公式的时候,在学生的最近发展区搭设支架,提出三角函数线作为铺垫,然后再去应用,这样符合学生的认知规律。对于诱导公式的记忆方法,由于 α 是任意角,我们暂且提出把 α 视为锐角,这个改进很好,学生很容易知道和理解为什么把 α 视为锐角来记忆公式了。

另外要注意诱导公式的灵活运用,如:不仅可以用 $\sin(\pi+\alpha)=-\sin\alpha$ 去化简,还可以用 $\sin\alpha=-\sin(\pi+\alpha)$ 化简,公式的逆运用和变运用,可以提高学生思维的灵活性。

接着出示一组能力训练题。

(1)已知 $\sin(\pi+\alpha)=\frac{4}{5}$($\alpha$ 为第四象限角),求 $\cos(\pi+\alpha)+\tan(-\alpha)$ 的值。

(2) 已知 $\cos\left(\dfrac{\pi}{6}-x\right)=\dfrac{\sqrt{3}}{2}$，求 $\cos\left(\dfrac{5\pi}{6}+x\right)$ 的值。

(3) 化简：$\dfrac{\sin^3(-\alpha)\cos(5\pi+\alpha)\tan(2\pi+\alpha)}{\cos^3(-\alpha-2\pi)\sin(-\alpha-3\pi)\tan^3(\alpha-4\pi)}$。

通过能力训练题组和课外思考题，把诱导公式的应用进一步拓展，把归纳推理和演绎推理有机结合起来，发展学生的思维能力。运用诱导公式化简三角函数综合式的过程是一个由复杂到简单的过程，这些过程中反映出由未知到已知、由复杂到简单的思想。

最后给出思考题：

1. 如果两个角的终边关于直线 $y=x$ 对称，它们的三角函数值之间有什么关系？

2. 如果两个角的终边关于直线 $y=-x$ 对称，它们的三角函数值之间又会有什么关系呢？思考题的投放，让学生感到学无止境，要不断向高处攀登。

三、如何让学习难以忘记，主动探究口诀记忆 —— 尊重生命的发展性

第三次课郑老师运用"积极猜想、自主发现、独立探究"的教学方法组织教学。

上课初郑老师提出如下问题：

问题：求下列各三角函数值。

(1) $\cos 1110°$

(2) $\cos 570°$

(3) $\cos 690°$

(4) $\cos \dfrac{17\pi}{6}$

郑老师的提问："计算各个角的余弦值的过程或结果或图形中，你有什么发现吗？"有的学生发现这四个三角函数的绝对值都相等，都等于 $\dfrac{\sqrt{3}}{2}$。启发学生注意公式两边角的共同点，引导学生猜想。郑老师因势利导把学生推到主动探究的问题场景中。

学生大胆猜想，得到很多意想不到的结论。例如：在坐标系中单位圆上的终边分布在各个象限；角的终边与 x 轴的夹角都是 $30°$；角的终边在二、三象限的余弦值是负的，在一、四象限的余弦值是正的；在一、三象限时，它们的终边关于原点对称，它们的值刚好是相反数，同样的在二、四象限时终边也是关于

第五章 在图形公式推导中提升数学思维品质

原点对称,它们的值也是相反数。

　　数学教育家波利亚指出,只要数学的学习过程稍能反映出数学的发明过程的话,就应该让合情的猜测占有适当的位置。郑老师在教学过程中让学生大胆猜想、假设、提出一些预测性的想法,实现对事物的瞬间顿悟,有利于促进学生创造性思维的发展。在处理教材时,既发挥了教材的示范作用,但又不盲从教材,创造性地处理教材,设计了一定的开放性的教学内容,让学生猜测,课堂上教师只是适时对学生进行引导,把实践和空间都留给学生进行思考、探究、交流,教师关注学生在学习过程中表现出来的情感、态度与价值观。在整个学习过程中,教师教学的关注点,始终是学生的学习,学生自始至终处于主动参与的地位。这主要表现在课堂上学生活动时间多、对教师的提问反映强烈、感情投入的程度深、合作学习富有成效。

　　在局部探究的过程中,郑老师指出,诱导公式就是借助图形研究一种代数关系,要求学生要把图形在头脑里烙下深深的印迹,再进行运算时,就不用再画图形了。

　　在学法指导方面,郑老师用"奇变偶不变,符号看象限"口诀来记忆三角诱导公式,虽然这些口诀本身可能有不严密的地方,但是记住这些口诀,可以有效帮助学生解决问题。

　　总之每个学生都在疑惑中探索,在探索中思考,在思考中发现,享受了成功的喜悦,获得了新的感悟,这样就张扬了学生的个性,使学生情感的需要,自我价值实现的需要得到满足,从而使学习变成学生的内在需求。

　　课堂教学永远是一门遗憾的艺术,诱导公式是角的终边具有对称性这种几何关系的代数表示,是三角变换的基本公式,强调了代数与几何的联系,应用时要注意整体把握、灵活变通。其中角 α 可以是一个单角,也可以是一个复角,通过不相等的两个角的同名三角函数或两个互为余函数的三角函数值相等或互为相反数,反映了三角函数的周期性及各种对称性;通过类比明确诱导公式的作用是变角,而同角公式的作用是变名;刚开始提出的问题对于同角公式及诱导公式一不能用,为了避免无效探究,可以引导学生回归定义,利用坐标(代数法)和利用单位圆中的三角函数线(几何法)解决问题;还要概括出三个诱导公式的探究思想方法,提高学习活动中的思想性,引导学生建立圆的性质与三角函数诱导公式之间的联系。如图 5—11 所示。

改进数学课堂

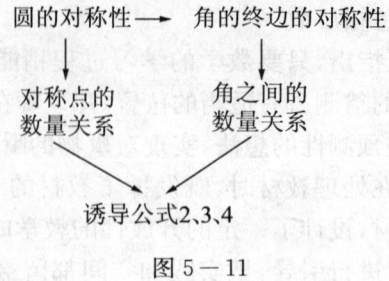

图 5-11

从知识呈现的时机与形式来看三节课

宁波市北仑区柴桥中学　师兆印

有知识呈现的课堂比比皆是,而呈现的效果却千差万别,其主要原因往往在于呈现的时机与形式是否恰到好处。"时机"简言之,就是指在恰当的时间呈现了适当的知识,不早也不晚,不紧也不慢。"形式"简言之,就是指将适当的知识以最具表现力的方式呈现出来,信息损失最小,主题间的沟通与理解最快捷。否则,知识的呈现即使全面,如果时机不对,也会造成主体认知的混乱,教学的效果就会打折扣。同样,知识的呈现尽管如期而至,但是若其形式不能最佳地传递其承载的内容,也会造成主体认知的困难,教学的效果也会有减无增。对知识呈现的"时机"与"形式"的把握是区别新教师和有经验的教师的"分水岭",实践智慧蕴藏其中。

第一次课:常态教法的呈现

"三角函数的诱导公式(1)",郑老师的课按照知识与技能目标:培养学生借助图形直观进行观察、感知、探究、发现能力,进一步理解数形结合思想方法,通过诱导公式的证明,培养学生逻辑思维能力及运算能力。然而,上课伊始问题密集、平淡、缺乏挑战性,未能激发学生的探究的欲望和热情,思维的火花难以激发出来,虽然进行了分组讨论探究,但效果不是很好。

第二次课:全新质的飞跃

执教教师在第一次课后研修的基础上,上了第二次课。改进了提问的形式,课堂节奏和质量有了质的飞跃,开始简洁明快,直奔主题,提出问题,接着学生探究证明,然后知识运用,课堂结构完整。但是在知识形成的过程中,教师没有进行巧妙的点拨,有告知的现象。

通过研修活动,大家欣喜地发现课例研修的成效。

第五章　在图形公式推导中提升数学思维品质

第三次课:趋向完美典范

在两次改进的基础上,第三次课趋于完美。

教师精心设计了一组问题,如下。

求下列各三角函数值。

(1)$\cos 1110°$,　　(2)$\cos 570°$,　　(3)$\cos 690°$,　　(4)$\cos \frac{17\pi}{6}$。

学生在解题过程中,运用公式(一)把所求的函数值,转化到了求$[0,2\pi]$范围内的函数值,但是在第一象限的好求,那么在第二、第三、第四象限的角的函数值,怎么求呢?它们和第一象限的角有什么关系呢?你能找出规律吗?这样富有启发性的提问,调动了学生的学习积极性,激发了学生旺盛的求知欲。在学生遇到困难时,恰到好处的点拨,使学生找到了方法,走出了迷宫。学生思维的火花点燃以后,教师没有让它消逝,而让它越烧越旺,趁着这火势,教师又提出,正弦函数和正切函数也有同样的规律吗?你能够证明吗?让学生从对现象的认识深入到对本质的认识,从感性、理性认识上升到情感体验。这节课环环相扣、高潮迭起、灵感不断,无论是对学生还是教师来说,这都是一堂"过瘾"的课。

第六章　　在应用题教学中注重建模

第一节　　课例研究报告

2001年7月颁布的《数学课程标准》和以往数学教学大纲很大的一点不同在于,应用题不再是独立的教学领域,而是以"解决问题"为名与"知识技能"、"数学思考"、"情感态度"并列,作为课程目标贯穿于"数与代数"、"空间与几何"、"统计与概率"等各个领域中。一时间,教师对应用题教学变得迷茫。与此同时,一些新名词相继出现,诸如"问题解决"、"解决问题"、"数学建模"等。为了与传统划清界限,许多人甚至都不愿再提"应用题"。传统的应用题教学是否一无是处?应用题教学与"问题解决"和"数学建模"等新理念的关系如何?应用题教学该如何发展?这一系列的问题亟待反思。研究希望以"应用题教学"与"数学建模"这一关键问题入手,对上述问题作一思考。

无论是"解题"还是"建模",重要的是到底怎么"解",怎么"建"?而不是简单地把"解题"看做"使用题海战术的应试教育",把"建模"当做"轻负高质的素质教育"。关键是学生在解决问题的过程中是否掌握了更为一般的方法和策略?数学建模专指对一个个比较复杂的具体情境建立一个特定的专用数学模型,并用模型来解决非常具体的问题。例如,中国人口增加模型,甲型流感传染模型、太湖水质模型,等等。由此看来,应用题就和数学建模很相似了。二者都是对一个个具体情境给出数学描述,并解决这个特定的问题。也就是说,数学应用题教学,是对一种比较复杂的特定情境给出一个具体的模型。例如,"鸡兔同笼"是一个特定的问题,我们可以给出一种解法,它的代数模型是二元一次联立方程。

传统应用题的解题步骤一般分为以下四步:1. 理解题意;2. 做解题计划;

3. 按计划解答;4. 回答和检验。对照"数学建模的工作流程",我们可以发现两者的过程很类似,见图6-1。

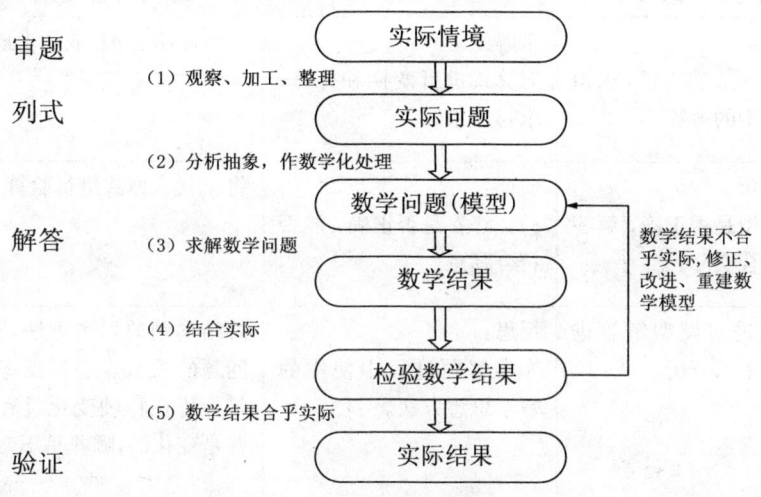

图6-1 数学建模的工作流程

两者在基本步骤上大体相同,只不过小学应用题内容比较简单而已。张奠宙教授曾经用一张表格来描述二者之间的相似性。

数学建模步骤	解应用题步骤	以行程问题为例
背景考察: 搜集必需的各种信息,尽量弄清对象的特征。	审题: 对问题设置的情境仔细揣摩体察。	弄清问题的目标。知道速度、位移、时间的关系;适度简化:如假定为匀速行驶在直线型的道路上,等等。
构作模型: 根据所作的假设分析对象的因果关系,利用对象的内在规律和适当的数学工具,构造各个量间的等式关系或其他数学结构。	列式: 将问题中用自然语言表述的情境,翻译成数学语言,借助数学符号、图像、逻辑等手段,构成可以反映问题本质的算式。根据情境,寻找数量规律。例如找出一些不变量,借以构成数学等式。	根据行程问题的不同情境进行思考。例如,相互距离为 c 的甲乙二者同时启动,分别以速度 a,b 相对而行,由于二者相遇时所用的时间 x 相同,据此列出等式 $ax+bx=c$,或者算术地说明各量间的相等关系。

改进数学课堂

续表

数学建模步骤	解应用题步骤	以行程问题为例
模型求解： 采用各种数学方法，求得满足模型的解答。	求解： 对算式进行变换和计算，求得结果。	$x=c/(a+b)$，或算术地求解。
答案分析： 检验模型是否正确，解答是否符合实际。	验证： 验证解答是否正确，能否符合题意。	将 x 代入原式进行验算。
模型改进对模型解答进行数学上的分析。	反思： 考察解题过程中使用的数学思想方法。	总结本题的思考方法，对行程问题的关节点进行反思，尤其是弄清在行驶变化过程中，哪些是变化的，哪些是不变的。

由此看来，应用题的教育价值在于能将情境"数学化"，即将文字的表述，转换为数学符号或图像的表示；将蕴藏在情境内的数量关系列为算式；用数学演算求得算式的答案，最终通过检验肯定"解答"的适切性。这些数学活动，为日后学习更复杂的"数学建模"，做好必要的准备。

因此，我们不能因为传统的应用题教学存在某些弊端就"全盘否定"，事实上，过去的应用题的教学本质也就是"数学建模"，但可能有时我们并不是有意让学生体验到建模活动，只是在不自觉的状态下经历着的就是建模的过程，需要关注的是让无意的过程变得有意，提升它的教学价值。

本次课例研究以"在应用题教学中注重建模"为目标进行探究。根据这个主题，杭州市上城区教育学院的唐彩斌老师选择的执教内容是三年级的"归一问题"。

一、第一次课试教

执教教师选择的执教内容是《新数学读本》三年级（上）的"归一问题"。

（一）观察与发现

1. 沟通数学与现实生活之间的联系，贴近生活

教学中采用大量的多媒体素材，能让学生置身于生活情境中学习教学。把

第六章　在应用题教学中注重建模

常见的数量关系与现实生活中的具体实物场景联系起来。在课堂教学的过程中，所选取的材料都来自于学生的身边。

2. 遵循学生的认知规律，稳步推进

教学的设计一步一个脚印，稳步推进。先借助现实情境认识相关的数量，再根据多个问题情境概括出相应的数量关系，在有了基本的数量关系基础上，进而归纳归一问题的解决方法。

3. 设计了不同层次的练习，强化特点

在学生掌握了基本的解决归一问题的方法基础上，设计了不同层次的练习，在基本练习环节，单一量不变，变化相应的数量，引导学生发现总数的变化。在"变"与"不变"的过程中，深刻体会到归一问题的实质。在练习设计时，还充分考虑到学生定势的心理，设置一些冲突，加深学生对归一问题的理解。

4. 课堂关注比较全面，提问面涉及各个方位、各个层次的学生

从师生问答分析表来看，教师的提问比较合理，关注到了绝大多数的学生。

(二) 问题诊断

1. 归一结构与数量关系认识之间的比重失调

本节课在学习归一之前，为了概括基本的数量关系名称所用的时间也不少，冲淡了归一结构的探索，因为只是局限在单价、数量和总价的数量关系中，并且也都是正向的归一问题（先求单价，再根据数量求总价）。

2. "导"的痕迹明显，"探"的空间不足

用不同的牛奶启发学生说出同样的牛奶，再从"同样的牛奶"启发出"照这样计算"。尽管比较直观形象，但教师的"导"的痕迹比较明显。

3. 认识的增量体现不足

没有进行相应的前测，但是从学生的学习状况来看，这部分内容比较简单，难有知识和技能的习得需要让他们接受挑战。怎样激发学生的探究欲望，赋予学习挑战的内涵，值得思考。

(三) 改进建议

1. 着重解决归一问题，进行数形结合的尝试，开始先不讲数量关系，从直观的图形引入，重点在归一模型的概括上。

2. 教学内容不应局限在"单价、数量和总价"的数量关系中，结合学生的

生活经验,拓展归一的内容。

3. 学习的梯度力求多层次。归一的类型有正向的归一也有反向的归一;在同一节课中尝试进行反向题的挑战。

4. 引进有趣的儿歌,丰富学习内容,增强学习兴趣;创设富有挑战又有童趣的综合实践活动情境,引导学生学以致用。

二、第二次课改进

本次课主要解决上次课上出现的"归一问题的情境丰富性"、"在解决问题中数形结合"、"归一问题的多样化解法"以及"相关综合实践活动设计"等问题。

(一)观察与发现

1. 设置儿歌情境,前后呼应

本课以"数青蛙"的儿歌为导引,创设了一个生动活泼的问题情境,既有效激发学生的兴趣,又为学习归一问题进行了铺垫。同时又与课堂教学的最后练习环节形成呼应,让学生不仅会"算"儿歌中的数,而且会根据规律编儿歌。

2. 数形结合直观揭示归一问题的解法

利用三角形拼成的组合图形、正方形拼成的组合图形,直观地引导学生明晰,要解决相关的问题,就要先求出一个三角形和一个正方形所表示的数量。进而,从一个三角形、一个正方形过渡到生活中的一个个具体的实物,实现半抽象图形与具体实物之间的沟通与联系,把抽象的归一数量关系直观表达。

3. 设置开放题,发展学生多样化解题能力

在表格式的练习中,有时已知数量求总价,有时已知总价求数量。在"饮料是否能装下"的问题中,引导学生选择相应的条件来解决问题,可以用"正归一",也可以用"反归一"的办法。在综合与实践活动环节,"要知道一小时水龙头流出的水",问题呈现更加开放,有利于培养学生的实践能力和创新精神。

(二)后续改进方向

这节课在"材料选择类别多样性"、"学生学习的自主性"和一些环节中还可以在"加大探索的空间"上再作研究。

三、研究形成的结论与观点

基于唐彩斌老师"归一问题"两次课的持续改进,我们对"在应用题教学

中注重建模"形成了以下观点。

1. 联系生活,让学生亲历将实际问题抽象成数学模型的过程

数学基于生活,数学的知识本来就来源于生活,因此数学教学尤其是应用题教学是激活学生的生活体验,让学生亲身经历将实际问题抽象成数学模型并进行解释与应用的过程;但数学又高于生活,学习数学不仅仅是生活的需要,同时也是学习本身的需要,数学不只是生活的简单"复制"和"粘贴",而是对生活的再加工。我们不仅要注重数学问题生活化,同时也应注重生活问题数学化。

2. 运用策略,使应用题中数学建模更有效

必要的思维策略可以帮助学生更快更好地抓住和归纳问题的本质,在解题中建立模型,但同时我们要防止策略方法的程式化和机械化束缚学生的思维。策略是灵活多样的,以小学数学为例,以下10项策略相对更为常用:尝试猜想;画图制表;实际操作;应用规律;等量替换;从简入手;整理数据;可逆思考;用方程解;逻辑推理。如果学生掌握了这些策略,当遇到一个新问题的时候,他们不需要依靠一些表面的信息来对应某种程式化的解法,从而实现解题的"自动化",而是会用更为一般的方法来解决,从而在思维上达到一个新的层次。

3. 开放问题,培养思考和解放问题的多种路径

在本节课例的研究中,有很多开放的教学问题和教学环节,大大发散了学生的思维,从而有助于学生把握问题的本质,在更宽阔的视野下进行建模。例如,在逛超市的情境中,出示某超市水彩笔销售的记录表。记录表不小心弄脏了,大家一起来帮它恢复原样。

水彩笔销假售记录表

日期	×月×日	×月×日	×月×日	当日日期
数量(盒)	2	5	6	
总价(元)	30			

最后一栏,当日销售情况请学生预测,无论数量和总价都是空白的。学生讨论:学生A说:数量随便填;学生B说:哪能随便呢?应该根据实际情况;学生C说:最后一栏应该把前面几天加起来(可能是受合计的影响吧);学生D说:后面的一天跟前面几天相比不能简单相加,没有这种关系的。另外还有一个问题:是先填数量呢,还是先填总价呢?学生首先想到的是填数量,后来也有学生

改进数学课堂

想到了先填总价也可以,但不能像数量那样随便了。实际上,如果先填总价,再求数量,就是接下去要学习的"反归一应用题"。空了两个格子,却拓宽了学生的视野,活跃了学生的思维,培养了学生预测推理的能力,又渗透了后续学习的内容。

同样在第二节课中:小瓶饮料90克,倒进空瓶占3格。大瓶饮料300克,倒进空瓶(8格)装得下吗?(每一格质量相等)引发了学生发散式的思考。

生1:90÷3×8＝240(克),240＜300;装不下。

生2:300÷(90÷3)＝10(格),10＞8;装不下。

生3:300÷90＝3(倍)……30(克);3×3＝9(格),9＞8;装不下。

教学中,教师引导学生发现解决方法的共同点:通过不同的方法,得到了相同的结果,虽然方法不同,但都是先求出每格装多少,也就是都是应用了归一的模型方法。即便是最后一种方法没有求出一格是多少,但实质上思考过程中学生把3格当做一份来思考了。某种意义上来说也是"归一"。这种对"一"的理解是开放的、深刻的。

第二节　课堂教学实录

一、第一次课教学实录

(一)实践导入,激发兴趣

师:同学们,在我们每一个人心目中都有自己最喜欢的物品。昨天,我已经布置大家去调查有关情况。现在我们就一起来看"你最喜欢的物品调查表"。

最喜欢的物品	一件物品的价钱	想买多少件	一共需要多少钱

把学生的调查情况用表格展示。(现场输入)

师:像一支钢笔15元,一辆滑板车120元,等等(学生中的例子),用来表示一件物品的价钱,我们把它叫做单价,(用颜色闪动)表示有几件物品,我们

第六章　在应用题教学中注重建模

把它叫做数量,一共需要多少钱,我们把它叫做总价。

师:观察调查表,你发现已知单价、数量,怎样求总价呢?

生:单价×数量＝总价。

师:如果已知总价和单价,怎样求数量?

生:总价÷单价＝数量。

师:如果已知总价和数量,怎样计算单价?

生:总价÷数量＝单价。

师:这些数量关系式在生活中有着怎样的应用呢?让我们一起到金华最大的超市去逛一逛(影像文件);暂停影像中的镜头。指出2元表示什么?

生:单价。

师:顾客手中的1瓶罐头,这个"1"表示什么?

生:数量。

师:在收银台计算的是什么?

生:总价。

师:由此看来,在超市中,单价、数量、总价得到了广泛的应用。如果你去超市购物,你会应用吗?同桌之间说一说:你是怎么做的?根据什么数量关系式?

(学生讨论)

师:算一算下面各题。

(1)每本数学课外书5元钱,3本数学课外书多少钱?

(2)8个玩具120元,每个玩具多少钱?

(3)5瓶牛奶要多少钱?(为例题教学作准备)

(二) 引导深究,自主学习

师:要求5瓶牛奶的价钱,还必须知道什么呢?

生:1瓶牛奶的价钱。

师:知道这样1瓶牛奶的价钱,能求5瓶牛奶的价钱吗?

生:不能。

师:为什么?

生:因为牛奶不一样。

师(出示牛奶实物):品牌不同,大小不同,价格也不同。

(学生顿悟,微笑会意)

师:如果知道这1瓶牛奶的单价呢?

生:能。

265

师:为什么?

生:因为牛奶相同。

(电脑演示:把两瓶相同的牛奶变成文字"同样的")

师:如果不告诉你单价,而是告诉你3瓶牛奶的价钱是12元呢,你会算吗?

生:$12 \div 3 = 4$(元)。

师:$12 \div 3 = 4$(元)表示什么?

生:牛奶的单价。

师:根据什么关系式?

生:总价÷数量=单价。

师:$4 \times 5 = 20$(元)表示什么?

生:牛奶的总价。

师:根据什么关系式?

生:单价×数量=总价。

师:先算的表示什么?

生:单价。

师:再算的表示什么?

生:总价。

师:以后在解应用题的时候,可以分步计算,也可以列综合算式计算。下面我们做几道练习。

(1)2盒饼干60元,买同样的7盒饼干要多少元?

(2)24英寸彩电3台要3600元,5台这样的彩电要多少钱?

(3)2包薯片4元钱,3包薯片多少钱?

(学生做题)

师:你们愿意花6元钱买3包薯片吗?

生:愿意。

师(拿出3包很小的薯片):你们愿意吗?

生(笑答):不愿意。

师:怎么又不愿意了呢?

生:大小不同了,单价变了。

师:对今天所学的应用题,你能总结出哪几条要点?

生:先求出单价,再求总价。

师:在题意叙述中,要用"同样的"、"这样的"等来表示单价一定的词语。

（三）多样练习，巩固知识

出示题目：买6袋巧克力付款30元，买7袋这样的巧克力要付多少元？

师：你们先列综合算式，然后观察屏幕中的变化，马上列出新题目的综合算式，不计算。

从变化中发现不变的是什么？

（点击，7变成10，算式是：30÷6×10）

（点击，10变成11，算式是：30÷6×11）

（点击，11变成1，算式是：30÷6×1）

师：能不能更简单？是不是都是30÷6？

生：是。

（点击，1变成12，算式：30÷6×12）

师：30×(12÷6)，12盒里面有2个6盒，就是有2个30元。

（课件出示：6只猫一天捉30只老鼠，12只这样的猫一天捉多少只老鼠？）

师：刚才讲的方法，在生活实际中有着怎样的应用呢？我们再到超市逛一逛。超市搞促销，3块香皂只卖8元，照这样计算，9块香皂要用多少元钱？

（四）回到实践，应用知识

师：选择自己喜欢的方法填写表格：水彩笔的数量和总价对照表。

（学生做题，教师巡视指导）

师：如果先填总价，你们能求数量吗？

生：能。

师：接下来我们听录音和对话。

主题：今天我当家

地点：月亮湾小区

小刚：阿姨，您好！您买了什么啊？

张阿姨：饺子。

小刚：买了多少？

张阿姨：今天我们家我和王叔叔两个人，所以我买了2袋（每袋10个）。

小刚：花了多少钱？

张阿姨：6元钱。

小刚：我也正准备去买饺子呢？阿姨再见！

张阿姨：小刚，再见。

267

改进数学课堂

师:按照小刚和张阿姨的对话,今天你当家,请你想一想,根据你家的实际情况,你准备买几袋饺子?花多少钱?并说一说理由。

(五)课堂总结,课外升华

师:今天我们结合生活实际,学会解答新的应用题,希望同学们能够把它应用到生活中去。

通过今天的学习,我们同学能不能自己编一道题:从生活中寻找应用题。

二、第二次课教学实录

(一)创设轻松氛围,从动漫儿歌导入新课

师:在上课之前,我给大家带来一首动漫儿歌。儿歌的名字叫数青蛙。你们会吗?下面就让我们一起跟着电脑动漫念一念。

(播放动漫儿歌,学生跟着节奏念)

师:同学们念得真不错。因为数字比较简单,又是按照一定的顺序从一开始,所以刚才你们背得很熟练。现在加大点难度,不按顺序了,2只,5只,8只,12只,你们还能念吗?我们一起来试一试。

(学生尝试念儿歌。节奏变得慢了)

师:怎么一下子就变得这么不整齐了,有时还故意把某个字念得特别长,这是为什么?

生:我们在算。

师:是啊,今天我们就要来学习有关怎么算的问题。学了以后,我们不仅能背儿歌,而且还能编儿歌。

(二)借助直观图形,初步感知每份数、份数与总数之间的关系

师:今天的学习从一个简单的图形开始。一个长方形,表示120。现在平均分成4份,1份涂上黄色,黄色部分表示多少?

课件呈现

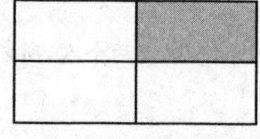

图6—2

268

生：120÷4=30。

师：你是怎么想的？

生：用总数除以份数，可以求出一份是多少。

师：一个三角形表示90，黄色部分有6个，黄色部分表示多少？

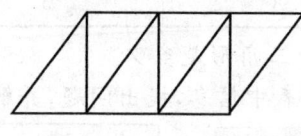

图6-3

生：90×6=540。

师：你是怎么想的？

生：用每份数乘以份数，可以求出总数。

（三）借助直观图形，初步感受归一的基本模式

师：下面这个图形的黄色部分表示多少？（注：黄色部分为下层阴影轻的部分）

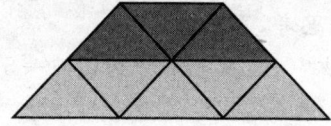

图6-4

生：少条件了，应该告诉一份是多少？

师：非要告诉一份是多少吗？我们一起来看看到底告诉了什么已知条件？能不能求出黄色部分是多少？

出示：红色部分表示180。

（学生独立思考，尝试解答）

师：你是怎么算的？

生：180÷3=60，60×5=300。

师（引导学生用综合算式解答）：180÷3×5=60×5=300，先算哪步，表示什么？如果已知的是整个图形表示480呢？

生：480÷8×5=60×5=300。

师：刚才是怎样求出黄色部分的，我们一起来回顾一下，为了比较的方便，可以用表格把相应的数据整理在一起，我们发现解答这些问题有什么共同之处？

269

改进数学课堂

	红色	黄色	整个图
总数	180	300	480
份数	3	5	8

生:都是先求出一个小三角形是多少。

师:我们再来看观察图表中信息,提出问题,并解答。

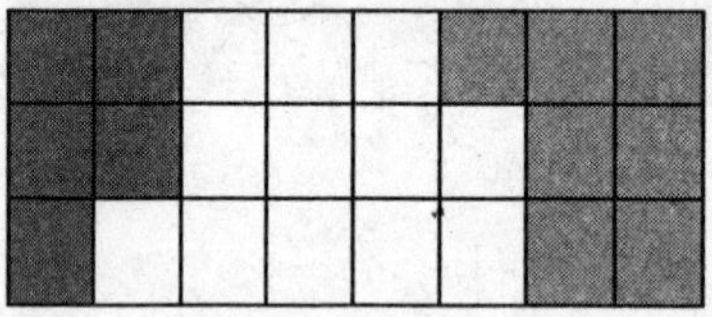

总数	63		
份数	7		

图 6-5

(学习方法提示:① 提问;② 解答;③ 填表;④ 交流)

(学生独立思考,静心思考,再交流)

师:蓝色部分表示多少?(注:蓝色部分为图 6-5 中左侧阴影部分)

生:$63÷7×5$。

师:空白部分表示多少?

生:$63÷7×12$。

师:涂色部分表示多少?

生:$63÷7×12$。

师:整个图形表示多少?

生:$63÷7×24$。

师:在解决这些问题中,你们发现了什么规律?

生:都是先求出一个小正方形表示多少?

师:表示 36 的图形可以怎样画?

师:先求出有几格。$36÷(63÷7)=36÷9=4$。

(有 4 格组成,但图形的形状可以不同,有 5 种不同情况)

师:你也能提出这样的问题吗?

生1:表示 45 的图形怎么画?

生2:$45÷(63÷7)=45÷9=5$。应该画 5 格。

师:有没有共同之处?不同的是什么?

生:还是先求一个正方形是多少,只不过本来根据数量求总数,而后者是根据总数求份数。

(四)通过实物图,感受归一思路的实际应用

师:刚才我们从不同的图形中都发现同样的规律,都是要先求出一个三角形或者一个正方形是多少,如果这个图形是现实生活的一件实物,那又该怎么解答呢?现在我们一起到生活中看看,迎奥运,买福娃。

图6-6

生:200÷4×6=50×6=300(元)。

师:你是怎么想的?

生:先求一个福娃。

师:现在题目要变一变,表格中依次出现数据,要求马上算出相应的数,看谁的反应快?

总数/元	200				100	
份数/个	4	6	10	80		

(尤其是总数为100元的时候,学生容易思维定式,100×50=5000元。稍作思考,学生马上会纠正)

师:如果最后的两个空格由你来填,你打算怎么填?为什么?

生1:先填下面,下面随便填一个,再用下面的数乘以50就是上面的数了。

生2:上面的数虽然不能随便填,但只要是50的倍数就可以了,只要用上面的数除以50就是下面的数了。

师:不管先填什么,都要先求出一个福娃多少元。

271

改进数学课堂

(五) 借助综合性的实际问题,沟通各种归一思路之间的联系

师:刚才表格中对应的两个数量都不告诉,我们也知道怎么填了。但有时在生活中,对应的两个数量都告诉,那又该怎么办呢?现在我们一起来解决一个实际问题:饮料一杯能装下吗?

[呈现问题:小瓶饮料90克,倒进空瓶占3格。大瓶饮料300克,倒进空瓶(8格)装得下吗?]

生1:$90 \div 3 \times 8 = 240$(克),$240 < 300$;装不下。

生2:$300 \div (90 \div 3) = 10$(格),$10 > 8$;装不下。

生3:$300 \div 90 = 3$(倍)……30(克);$3 \times 3 = 9$(格),$9 > 8$;装不下。

师:你们有没有发现这几个同学的解决方法的共同点?通过不同的方法,得到了相同的结果,虽然方法不同,但都是先求出每格装多少。

生:最后一种虽然没有求出一格是多少,但他把3格当做一份来思考了。

(六) 设计综合实践活动,应用归一思路解决实际问题

师:我们一起来把不完整的儿歌编完整。

4只小动物4张嘴,8只眼睛32条腿;7只小动物7张嘴,(　　)只眼睛(　　)条腿;(　　)只小动物(　　)张嘴,24只眼睛96条腿……

(学生填空)

师:8只脚的,这是什么小动物?

(课件呈现:8只脚的,出示图:蜘蛛)

师:看来现在大家不只是会背儿歌,而且还会编儿歌了。

(组织课外实践活动:怎样能知道打开一个水龙头1个小时会流出多少水?)

师:你们今天下午放学回家,千万不要一到家就打开水龙头1小时,再测量有多少水?

(学生大笑)

生1:要注意节约用水。

生2:开1秒钟就够了。

生3:那么快,来得及吗?

师:看来大家都要先设计好可行的方案,再去实践。希望大家把今天所学数学知识用起来,相信你的实验会成功。

第三节　教学设计改进

一、第一次课前分析

课程维
归一问题，是小学数学教学中的典型应用题，一般安排在三年级，是学生学习完加减混合的两步应用题的基础上要学习的一种常见的应用题，更为重要的是学生在学习归一问题之前，通常也正好刚刚开始接触小学数学的基本数量关系"单价、数量和总价"，"速度、时间和路程"，"工作效率、工作时间和工作总量"等，因此，可以说归一问题的解决是小学数学应用题教学的重要开端，因为开始涉及基本数量关系式的分析，同时开始有了结构的辨析。因此，该课在小学数学教学中有着重要的地位。

教师维
创设怎样的教学情境，能够激发学生学习归一问题的兴趣，设计怎样的学习线索帮助学生从易到难掌握。教学时，教师能够充分考虑到学生的认知特点，常常引发学生认知上产生冲突，强化归一问题的解题方法。

学生维
学生在现实生活中已经积累了很多的生活经验，对于买卖活动的基本数量关系有所感知，只不过学生不能用准确的语言来表达相应的数量，因此课堂教学在于基于学生经验的提升。归一问题的结构比较简单，又因为学生头脑中别的复合结构还不多，因此，容易归纳特点。

二、第一次教学预设

教学目标
1. 经历从现实生活抽象出数量关系的过程,理解单价、数量和总价之间的基本数量关系。
2. 能从多个现实情境中,归纳出归一问题的基本结构与解决方法,提高学生分析与解决问题的能力。
3. 组织富有现实性的数学活动,提高学生参与学习的积极性,借助归一的实际应用,内化归一思想,提高学生的综合素养。

教学重点、难点分析
1. 理解基本数量关系,掌握归一问题的解决方法是重点。
2. 先求单一量,再根据总量求相应的份数,这一类反归一问题相对比正归一问题要难一些。

教学流程		
教学线索	设计意图	课堂生成
(一)实践导入,激发兴趣
1. 调查情况展示
提问:同学们,在我们每一个人心目中都有自己最喜欢的物品。昨天,我已经布置大家去调查有关情况。现在我们就一起来看"你最喜欢的物品调查表"。

2. 讨论数量关系
提问:观察调查表,你发现已知单价、数量,怎样求总价呢?

3. 实际应用
提问:这些数量关系式在生活中有着怎样的应用呢?让我们一起到超市去逛一逛。 | 从小调查开始,轻松地切入学习主题,同时为认识数量关系作了铺垫。

采用视频文件,能让学生置身于生活情境中学习教学。把常见的数量关系与现实生活中的具体实物场景联系起来。 | 在教学单价、数量和总价的数量关系式时,事先去超市录了一段影像,让学生在课堂上跟着摄像机的镜头"逛超市",在超市中认识单价、数量、总价。把抽象的数量关系与生活实际联系起来。从课堂上学生的表现来看,兴趣还是很高的,效果应该是好的。 |

续表

4. 用一用,说一说 提问:如果你去超市购物,你会应用吗? 同学说一说。 5. 算一算下面各题 (1) 每本数学课外书5元钱,3本数学课外书多少钱? (2) 8个玩具120元,每个玩具多少钱? (3) 5瓶牛奶要多少钱?		
(二)引导深究,自主学习 1. 从准备练习中的最后一题引入,并进行电脑演示。 提问:要求5瓶牛奶的价钱,还必须知道什么呢? 引出:品牌不同、大小不同、价格也不同。 2. 学生尝试解答,小组讨论 (1) $12 \div 3 = 4$(元)表示什么?根据什么关系式? (2) $4 \times 5 = 20$(元)表示什么?根据什么关系式? 3. 列综合算式	从每瓶不同到相同,强调了单价不变,电脑演示从实物图(奶瓶)到文字"照这样计算"等,力求过渡自然。 再次强调如果标准不同就不能用归一的方法简单计算。	用不同的牛奶启发学生说出同样的牛奶,再从"同样的牛奶"启发出"照这样计算"。尽管还是比较直观形象,但教师"导"的痕迹比较明显。
4. 练习 学生尝试做 (1) 2盒饼干60元,买同样的7盒饼干要多少元? (2) 24英寸彩电3台要3600元,5台这样的彩电要多少钱? (3) 2包薯片4元钱,3包薯片多少钱?	学生通过课外实际调查,课内电脑演示,进入了探究归一应用题解题方法的理想情境,学生在教师的引导和参与下,自己尝试总结自己的研究发现。	

续表

5. 小结 提问：对今天所学的应用题，你能总结出哪几条要点？ 引导学生发现：在题意叙述中，要用"同样的"、"这样的"等来表示单价一定的词语。		
（三）多样练习，巩固知识 1. 数学魔术：变变变 出示题目：买6袋巧克力付款30元，买7袋这样的巧克力要付多少元？ 7变成10，算式是：30÷6×10 10变成11，算式是：30÷6×11 11变成1，算式是：30÷6×1 引出倍比法解题思路。 三个数字6、30、12没变，题意变了，6只猫一天捉30只老鼠，12只这样的猫一天捉多少只老鼠？ 2. 实际运用 提问：刚才讲的方法，在生活实际中有着怎样的应用呢？我们再到超市逛一逛。 超市搞促销，3块香皂只卖8元，照这样计算，9块香皂要用多少元钱？	丰富归一应用题的内容，不局限于单价这个数量关系式中。 通过深化练习，引导学生用倍比的方法来解决问题，也就是把"3块"当做"一"个单位来考虑，对归一应用题进一步作了探索，促进知识内化和迁移。	学生对这种练习的形式很有兴趣，并且也容易产生思维冲突。
（四）回到实践，应用知识 1. 表格式：水彩笔的数量和总价对照表 | 数量 | 2 | 5 | 6 | |---|---|---|---| | 总价 | 30 | | |	由正归一题型的练习和探究，实现解法向反归一题型迁移，培养创新意识。	问题本身比较开放，因此学生的思维比较发散。

第六章 在应用题教学中注重建模

续表

2. 生活情境形式:听录音和对话 主题:今天我当家 地点:月亮湾小区 小刚:阿姨,您好!您买了什么啊? 张阿姨:饺子。 小刚:买了多少? 张阿姨:今天我们家我和王叔叔两个人,所以我买了2袋(每袋10个)。 小刚:花了多少钱? 张阿姨:6元钱。 小刚:我也正准备去买饺子呢?阿姨再见! 张阿姨:小刚,再见。 提问:按照小刚和张阿姨的对话,今天你当家,请你想一想,根据你家的实际情况,你准备买几袋饺子?花多少钱?并说一说理由。	通过两种题型的研究学习,让学生联系生活运用数学方法分析和解决问题,为实践应用作铺垫。	
(五)课堂总结,课外升华 总结:今天我们结合生活实际,学会解答新的应用题,希望同学们能够把它应用到生活中去。		

连接点:第一次课后反思+第二次课前分析

课程维
在第一次教学的过程中,借助的是学生的生活经验,从教学策略的角度来说,能不能在学习归一问题的同时,引导学生掌握一种"用形来表征数"的数形结合的解题方法。 同时,与第一次教学相比,对于学生提出问题的能力方面,也花了比较多的时间,问题由学生自主提出;另外,正归一和反归一两种不同的类型都有出现,反归一的比重在后半段的学习中多有涉及。

续表

教师维
借助直观的图示,组织学生从形的经验迁移到数量关系的分析,能够鼓励学生自主提出不同的数学问题,在解决形的问题基础上引导学生概括一般的特点。

学生维
学生能够从形的问题中很直观地感受到应先求出一份是多少,这种学习的经验迁移到现实的数量关系中,从而掌握归一问题的解法。 学生一般会很快掌握正归一的问题解法,一旦出现反归一的问题,有时可能混淆。尤其值得注意的是,需要学生从正归一和反归一的问题中,概括出归一的特点,会有一定的挑战;结合现实生活,活用"归一"思路解决现实问题,有一定的挑战。

三、第二次教学预设

教学目标
变第一次"能从多个现实情境中,归纳出归一问题的基本结构与解决方法,提高学生分析与解决问题的能力"为"沟通图形、表格及具体数量之间的联系,通过形数结合的训练,提高学生比较、分析和综合的能力"。

教学重点、难点分析
增加:沟通形与数之间的关系,借助形,理解数量关系。

教学流程		
教学线索	设计意图	课堂生成
(一)创设轻松氛围,从动漫儿歌导入新课 动漫儿歌:数青蛙 (　　)只青蛙(　　)张嘴,(　　)只眼睛(　　)条腿。 (播放动漫儿歌,学生跟着节奏念) 揭题:今天我们就要来学习有关怎么算的问题。学了以后,我们不仅能背儿歌,而且还能编儿歌。	轻松的儿歌,动漫的形式,吸引了学生学习新知的兴趣。同时,也为学习归一奠定了基础,便于学生在学习过程中迁移已有的经验。	学生总是能朗朗上口,但一旦数据不连贯,学生就需要一定的算的时间,这个算的过程就是分析数量关系,即归一问题解决的过程。

第六章　在应用题教学中注重建模

续表

(二)借助直观图形,初步感知每份数、份数与总数之间的关系 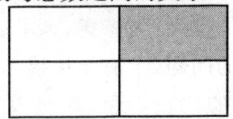 图6-7 提问:呈现一个长方形,如图6-7所示,表示120。现在平均分成4份,1份涂上黄色,黄色部分表示多少?  图6-8 提问:呈现另一个图形,如图6-8所示,1个三角形表示90,黄色部分有6个,黄色部分表示多少?	在直观图示的导引下,巩固学生根据总数和份数求每份数,以及根据每份数和份数求总数的基本技能。在两个不同的直观图示中,蕴涵了解决归一问题的分解步骤,为学习归一作必要的知识储备。	图形比较直观,学生能顺利解决。解决的过程中为后续学习积累经验。
(三)借助直观图形,初步感受归一的基本模式 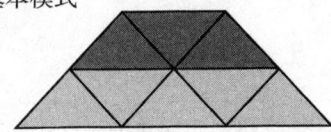 图6-9 提问:红色部分表示180,能不能求出黄色部分是多少?(注:图6-9中阴影深的部分表示红色部分) | | 红色 | 黄色 | 整个图 | |---|---|---|---| | 总数 | 180 | 300 | 480 | | 份数 | 3 | 5 | 8 | 提问:观察表格以及相应的算式,教师引导学生发现解答这些问题有什么共同之处?	在直观图示的导引下,学生形成了一定的认知冲突,要求黄色部分是多少,但又不知道一份是多少。引导学生根据已知的总数和份数求出每份数,再根据每份数和份数,求出相应的总数。虽然先后两次呈现条件,一次已知红色部分,一次已知整个图形,但每一次都是为了先求出每个三角形是多少,突出归一的必要和重要。	学生总是希望知道1个三角形的大小再求得5个三角形的大小。 学生总是从运算方法上去概括,先除后乘,而不能从数量的关系去考虑。

279

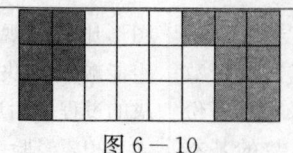

图6-10

总数	63		
份数	7		

(注：图6-10中左侧阴影部分表示蓝色部分)

问题1：蓝色部分表示多少？
解法：63÷7×5；
问题2：空白部分表示多少？
解法：63÷7×12；
问题3：涂色部分表示多少？
解法：63÷7×12；
问题4：整个图形表示多少？
解法：63÷7×24。
提问：在解决这些问题中，你们发现了什么规律？
预设：都是先求出一个小正方形表示多少。

在学生初步建立正归一的直观模型基础上，通过根据图表中信息的提问，引导提出反归一的问题，在正反归一问题的比较中，进一步突出归一的基本特征。
针对三年级学生的学习特征，学习时可结合学生的操作"画一画"表示36的图，既是对归一问题解决方法的强化，同时也是加强空间观念，提高数学综合素养。

提出问题，学生往往从不同的颜色去考虑，到了后来，就有学生提出不同颜色(甚至没有颜色限制)，例如6个小方格表示多少？

(四)通过实物图，感受归一思路的实际应用

图6-11

导语：现在我们一起到生活中看看，迎奥运，买福娃。

总数/元	200			100	
份数/个	4	6	10	80	

在直观图形的经验积累基础上，进一步用直观实物来呈现问题，为以后学习的文字问题作准备。学生理想的状态是在解决问题时能提取直观图示来帮助解决问题。同时这又是一个变式的对比练习，既强化同类型(正归一)的问题解决方法，又穿插反归一的问题，着力提高学生思维的灵活性和敏捷性，增强练习的灵

学生的思维比较定式，当问如果方格里出现100，学生常常脱口而出：5000。这种冲突对强化归一是有益的。

第六章　在应用题教学中注重建模

续表

现在题目要变一变,表格中依次出现数据,要求学生马上算出相应的数,看谁的反应快?	活性和趣味性。无论是正归一还是反归一最终是为了突出归一的本质特点。	
(五)借助综合性的实际问题,沟通各种归一思路之间的联系 导语:刚才表格中对应的两个数量都不告诉,我们也知道怎么填了。但有时在生活中,对应的两个数量都告诉,那又该怎么办呢?现在我们一起来解决一个实际问题:饮料一杯能装下吗? 呈现问题:小瓶饮料90克,倒进空瓶占3格。大瓶饮料300克,倒进空瓶(8格)装得下吗?(每一格质量相等) 教师引导发现解决方法的共同点:通过不同的方法,得到了相同的结果,虽然方法不同,但都是先求出每格装多少。	在解决问题时,学生首先把现实问题转化成数学问题,这也是要着力培养的一种能力。同时,还蕴涵着比较,解决同一问题不同的方法却有一个共同的本质特征,有正反归一两种方法都可以解决问题。更可贵的是有学生能深化"一"的认识,不拘泥于一就是一格,这是对归一的内涵的拓展,也是对归一问题的透彻的解析。	学生面对开放题,思路发散,常有不同的解决方法出现在班级里。同时能够启迪别的同学。
(六)设计综合实践活动,应用归一思路解决实际问题 导语:我们一起来把不完整的儿歌编完整。 4只小动物4张嘴,8只眼睛32条腿; 7只小动物7张嘴,( )只眼睛( )条腿;( )只小动物( )张嘴,24只眼睛96条腿……	呼应课前念过的儿歌,同时在解答的过程中也包含着归一问题的多种类型,并且在解决问题时需要学生选择相应的条件,也为学生用多种策略来解决问题提供空间。	学生一听到儿歌,总是想到4条腿的青蛙,因此,开始总觉得7只小动物28条腿。

281

续表

组织课外实践活动：怎样能知道打开一个水龙头1个小时会流出多少水？	实践能力的培养，需要设计一个个切实可行的实践活动来付诸实施。只有这样才不会成为空谈。而像这样的实践活动，既是对本节课数学学习内容的针对性应用，同时又是一次可操作性很强的实践活动。既有新意，又很务实。	学生有时会说"1秒钟"，但生活实际中很难操作的，学生对"1"的理解变得多样了。
（七）课堂总结 教师勉励：希望大家把今天所学的数学知识用起来，相信你的实验会成功。	课堂小结，总结学习方法。	

第四节　同行教学评价

数形结合，从图形直观中理解数学结构

杭州市学军小学　汪培新

数学是什么？数学是数和形及其演绎的科学。数形结合是数学的一种重要思想，数与代数，空间和图形是小学数学教学中两块重要的内容，到了后续学习中又会产生一门新的学科，那就是解析几何，解析几何就是用方程的思想去描述空间与图形。也许，这是小学阶段重视数形结合思想渗透的重要原因吧。

看了这个课题，我们就会想这样一个问题，归一问题属于解决问题中的一种典型的模型。这样一种模型如何和图形结合，是一种挑战。听了唐老师的课以后，让我们很好地领略了唐老师的智慧和风采，他很好地演绎了自己的课题，使我们与会者深受启发。

第六章　在应用题教学中注重建模

一、智慧地建立了图形推算和归一问题的结构性联系

唐老师找到了直观图形推算和归一问题的联系，通过解决图形中已知总数和对应份数，求几份对应的总数这样的问题，建立了正归一问题的直观模型。让学生感悟图形推算过程中要先求出单一量的中间问题，然后用具体的现实生活中的实物代替几何图形，推广到了归一问题，实现了图形模型和生活问题的联结，产生了类推，实现了数形结合。同时为学生表格的、文字的生活问题奠定了基础。这样我们也不难理解三年级的学生能够很好掌握归一问题的原因了，这个原因就是结构化模型的转换。

二、渐进地处理了解决问题的模型化和去模型化问题

模型化有助于学生理解结构和掌握结构，唐老师上课的效果已经非常明显地证明了这一点。但唐老师在建立图形模型和实物模型的同时，又极力注意去模型化。让学生经历图形、表格到生活问题，特别是到解决生活中的综合实践问题，重视了对解决问题的策略研究，没有过分地去套用模式，这对学生的思维发展，解决问题的能力发展是很有益的。我想，唐老师也正是基于这样的思考，才实现了正归一，反归一，倍比法的综合，突破了学生思维的定式，增强了灵活性和趣味性，又深化了"一"的认识，不拘泥于"一"就是"一个"，对归一的内涵进行拓展，透彻解析归一。

感谢唐老师为我们提供"数形结合，从图形直观中理解数学结构，掌握数量关系"这样的思路来改进应用题教学的思路。为我们广大数学教师呈现了一个新的视角，值得大家一起研究探索。

后 记

从 2010 年 5 月开始，陆陆续续在杭州市求是教育集团、杭州市保俶塔实验学校、杭州市学军小学、宁波市北仑区柴桥中学、杭州市上城区教育学院完成了"在数概念教学中奠基数感"、"在计算教学中发现算理、活化算法"、"在图形概念教学中建立空间观念"、"在图形公式推导中提升数学思维品质"和"在应用题教学中注重建模"等专题的课堂教学改进研究。

亲历了整个课例研究的过程，深感这是一个历程。首先是合作的历程，感谢各位参与合作研究的中小学校的老师们，他们的热情和智慧常常让我感动和吃惊；感谢浙江大学教育学院 07 级本科生、08 级本科生和 10 级教育学硕士 1 班，因为篇幅所限，无法将他们的观察报告和研究报告一一呈现，课例研究中凝聚了他们的才智。其次是生成的历程，课例研究开展过程学校、教师和我的学生们都在不断贡献他们的智慧，改进课例研究。例如，在求是教育集团我们有了"课前前测"，在保俶塔实验学校我们有了"教后反思"，在杭州市学军小学我们有了"课后访谈"，在研究中碰撞产生的火花每每让人欣喜，并深感大学和中小学合作的必要性。

本书系列专题研究的执教教师是：浙江省杭州市求是教育集团的艾薇薇、浙江省杭州市保俶塔实验学校的王虹、浙江省杭州市学军小学的查赟、浙江省宁波市柴桥中学的郑桂芬、杭州市上城区教育学院的唐彩斌。

全书由浙江大学教育学院课程与教学研究所刘徽博士策划，并负责总体框架的设计、各章节稿件的组织以及最后的修改和统稿。全书各章节的具体分工如下。

第一章第一节和第二节、第二章第一节、第三章第一节、第四章第一节、第五章第一节由刘徽撰写；第二章第二节由沈剑英整理，第二章第三节由艾薇薇撰写；第三章第二节由李蒙娜整理，第三章第三节由王虹撰写；第

后　记

四章第二节第三节由查赟整理和撰写；第五章第二节由陈爱飞、陈丽翠、郑桂芬整理，第五章第三节由郑桂芬撰写；第六章第一节由唐彩斌撰写，第六章第二节由唐彩斌整理，第六章第三节由唐彩斌撰写；第二章第四节、第三章第四节、第四章第四节、第五章第四节、第六章第四节，因是众多教师撰写的点评和感言，所以作者名在文中一一注明。

最后感谢上海市教育科学研究院的胡庆芳老师给了我们这次智慧之旅的机会，感谢我的学生陈丽翠的全程参与，在组织、统稿和校对上都付出了很多心血。

在课例研究开展的过程中，常常有老师问我"是不是我们上的研究课必须一次比一次好，第三次则要画一个完美的句号"，我说"不一定"，对于一节课例研究课而言，更可贵的是尝试，大胆地尝试才会有问题的产生，有问题的产生才会引发思考，而思考则是促进每一位教师教育智慧成长的最重要因素。

让我们的课堂因为智慧而灵动，让我们的师生因为智慧而幸福……

刘徽

2010年12月于杭州

摆渡者教师书架（现已出版部分）

丛书名称	主编或作者	书 名	定价(元)
大师背影书系	张圣华	《陶行知教育名篇》	24.90
		《陶行知名篇精选》（教师版）	16.80
		《朱自清语文教学经验》	15.80
		《夏丏尊教育名篇》	16.00
		《作文入门》	11.80
		《文章作法》	11.80
		《蔡元培教育名篇》	19.80
		《叶圣陶教育名篇》	17.80
教育寻根丛书	张圣华	《中国人的教育智慧·经典家训版》	49.80
		《过去的教师》	32.80
		《追寻近代教育大师》	29.80
		《中国大教育家》	22.80
杜威教育丛书	单中惠	《杜威教育名篇》	19.80
		《杜威学校》	25.80
		《杜威在华教育讲演》	29.80
班主任工作创新丛书	杨九俊	《班集体问题诊断与建设方略》	19.80
		《班主任教育艺术》	22.80
		《班级活动设计与组织实施》	23.80
新课程教学问题与解决丛书	杨九俊	《新课程教学组织策略与技术》	16.80
		《新课程教学现场与教学细节》	15.00
		《新课程备课新思维》	16.80
		《新课程教学评价方法与设计》	16.80
		《新课程说课、听课与评课》	16.80
新课程课堂诊断丛书	杨九俊	《小学语文课堂诊断》（修订版）	18.60
		《小学数学课堂诊断》（修订版）	18.60
		《小学综合实践活动课堂诊断》	23.60
		《小学品德与生活(品德与社会)课堂诊断》	22.80
名师经验丛书	肖 川	《名师备课经验》（语文卷）	25.80
		《名师备课经验》（数学卷）	25.60
		《名师作业设计经验》（语文卷）	25.00
		《名师作业设计经验》（数学卷）	25.00
个性化经验丛书	华应龙	《个性化作业设计经验》（数学卷）	19.80
		《个性化备课经验》（数学卷）	23.80
	于永正	《个性化作业设计经验》（语文卷）	20.60
		《个性化备课经验》（语文卷）	23.00

续表

丛书名称	主编或作者	书 名	定价(元)
深度课堂丛书	《人民教育》编辑部	《小学语文模块备课》	18.00
		《小学数学创新性备课》	18.60
课堂新技巧丛书	郑金洲	《课堂掌控艺术》	17.80
课改新发现丛书	郑金洲	《课改新课型》	19.80
		《学习中的创造》	19.80
		《多彩的学生评价》	26.00
教师成长锦囊丛书	郑金洲	《教师反思的方法》	15.80
校本教研亮点丛书	胡庆芳	《捕捉教师智慧——教师成长档案袋》	19.80
		《校本教研实践创新》	16.80
		《校本教研制度创新》	19.80
		《精彩课堂的预设与生成》	18.00
		《让孩子灵性成长:青少年野外活动教育创新》	20.00
		《联片教研模式创新:一题一课一报告》	23.00
美国教育新干线丛书	胡庆芳	《美国学生课外作业集锦》	35.80
美国中小学读写教学指导译丛	胡庆芳 程可拉	《教会学生记忆》	22.50
		《教会学生写作》	22.50
		《教会学生阅读:方法篇》	25.00
		《教会学生阅读:策略篇》	24.80
提升教师专业实践力译丛	胡庆芳 程可拉	《创造有活力的学校》	22.50
		《有效的课堂管理手册》	24.00
		《有效的课堂教学手册》	32.80
		《有效的课堂指导手册》	24.80
		《有效的教师领导手册》	25.80
		《提升专业实践力:教学的框架》	30.80
		《优化测试,优化教学》	22.50
		《有效的课堂评价手册》	26.80
中小学教师智慧锦囊丛书	费希尔	《初为人师:教你100招》	16.00
	奥勒顿	《把复杂问题变简单——数学教学100招》	17.00
	格里菲思	《精彩的语言教学游戏》	17.00
	墨菲	《历史教学之巧》	18.00
	沃特金 阿伦菲尔特	《100个常用教学技巧》	16.00
	扬	《管理学生行为的有效办法》	16.00
	鲍凯特	《让学生突然变聪明》	17.00
	库兹	《事半功倍教英语》	17.00
	鲍凯特	《这样一想就明白——100招教会思考》	17.00
	海恩斯	《作文教学的100个绝招》	15.00
教育心理	俞国良 宋振韶	《现代教师心理健康教育》	25.80

续表

丛书名称	主编或作者	书　名	定价(元)
教师在研训中成长丛书	胡庆芳　林相标	《校本培训创新：青年教师的视角》	21.80
		《教师专业发展：专长的视野》	21.60
		《听诊英语课堂：教学改进的范例》	31.60
		《提升教师教学实施能力》	22.00
中小学课堂教学改进丛书	胡庆芳　王　洁	《改进英语课堂》	32.80
		《改进科学课堂》	26.00
		《改进语文课堂》	28.00
		《改进数学课堂》	31.00
其他单行本	胡庆芳	《美国教育360度》	15.80
	徐建敏　管锡基	《教师科研有问必答》	19.80
	杨桂青	《英美精彩课堂》	17.80
	陶继新	《教育先锋者档案》（教师版）	16.80
	单中惠	《西方教育思想史》	59.80
	孙汉洲	《孔子教做人》	27.90
	丰子恺	《教师日记》	24.80
	陶　林	《家有小豆豆》	27.00
	徐　洁	《教师的心灵温度》	26.50
	赵　徽　荆秀红	《解密高效课堂》	27.00
	赖配根	《新经典课堂》	29.00
	严育洪	《这样教书不累人》	27.00
	管锡基	《中小学综合实践活动课程资源包》	39.80
	孟繁华	《赏识你的学生》	29.80
	申屠待旦	《教育新概念——教师成长的密码》	27.00
	严育洪　管国贤	《让学生灵性成长》	28.00

"新课程教学问题与解决丛书"荣获第七届全国高校出版社优秀畅销书一等奖！

《陶行知教育名篇》荣获第八届全国高校出版社优秀畅销书一等奖！

"大师背影书系"荣获第八届全国高校出版社优秀畅销书二等奖！

《名师作业设计经验》（语文卷）、《名师作业设计经验》（数学卷）、《名师备课经验》（语文卷）荣获第17届上海市中小学幼儿园优秀图书三等奖！

《西方教育思想史》荣获全国第二届教育科学优秀成果二等奖（1999）！

在2006年全国教师教育优秀课程资源评审中，"新课程教学问题与解决丛书"中的《新课程教学组织策略与技术》《新课程教学现场与教学细节》《新课程备课新思维》和《新课程说课、听课与评课》被认定为新课程通识课推荐使用课程资源，《陶行知教育名篇》被认定为新课程公共教育学推荐使用课程资源，《课改新课型》被认定为新课程通识课优秀课程资源，《小学语文课堂诊断》被认定为新课程语文课优秀课程资源，《小学数学课堂诊断》被认定为新课程数学课推荐使用课程资源！